尼尼微城（位于伊拉克）亚述巴尼拔王宫宫殿浮雕图，生动地再现了国王猎狮的场景。

巴比伦空中花园画作（19 世纪）

敦煌千佛洞丝绸画呈现的佛国图，来源于 1921 年出版的斯坦因《西域考古图记》。

敦煌千佛洞丝绸画呈现的菩萨图，来源于 1921 年出版的斯坦因《西域考古图记》。

敦煌千佛洞丝绸画呈现的天王图，来源于 1921 年出版的斯坦因《西域考古图记》。

柏孜克里克千佛洞壁画

大秦景教流行
中国碑

唐朝非常重视与大食国（阿拉伯帝国）之间的外交，大食使者多走海路由广州港抵达唐朝。图为清乾隆时期彩绘广州鸟瞰图。

坤舆万国全图

萬國全圖

奥斯曼帝国苏丹穆罕默德二世。攻占君士坦丁堡是他的一大成就，他统治期间的奥斯曼帝国已横跨三大洲。

反映印度种姓制度的图册

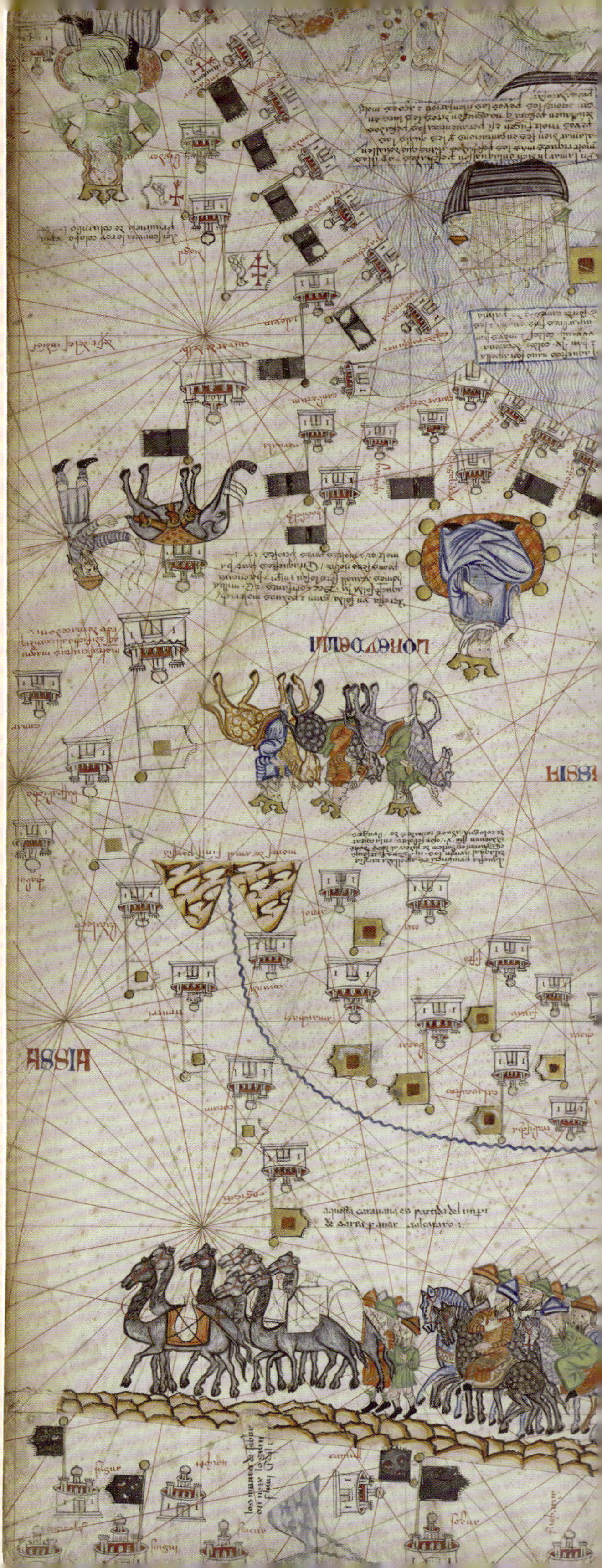
ASSIA
aquesta carauana es partida del impi
de sarra p anar al catayo.

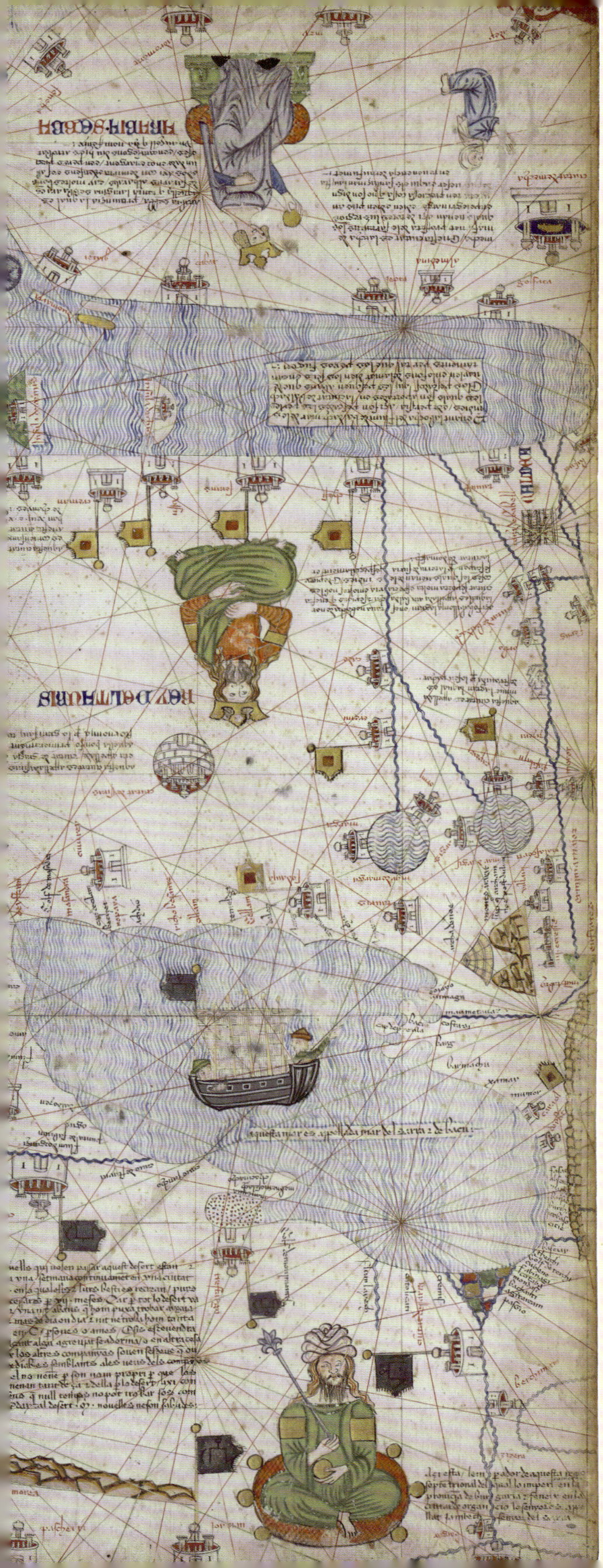

《加泰罗尼亚地图集》(局部)

《加泰罗尼亚地图集》是犹太绘图师亚伯拉罕父子及其他地图绘制者于 1375 年完成的，全部共十二幅（六张双层羊皮纸）。主要绘制的是从西班牙直布罗陀海峡到西欧、东欧、西亚、中亚直到中国的交通地图，以马队、驼队、象队等图像翔实绘出欧亚间的陆上丝绸之路，堪称“中世纪欧亚非大陆的百科全图”。

《史集》是伊利汗国宰相拉施都丁（又译作拉施特）主编的第一部世界通史，以《蒙古史》部分史料价值最高，以波斯语写就。

HNV 历史新视野

何新 作品

历史的枢纽

——中西亚史地新考

中国出版集团 现代出版社

图书在版编目（CIP）数据

历史的枢纽：中西亚史地新考 / 何新著. -- 北京：现代出版社，2023.1

ISBN 978-7-5143-9976-9

Ⅰ. ①历… Ⅱ. ①何… Ⅲ. ①历史地理－考证－中亚 ②历史地理－考证－西亚 Ⅳ. ①K930.6

中国版本图书馆CIP数据核字（2022）第191146号

历史的枢纽：中西亚史地新考

著　　者：何　新
责任编辑：张　霆　袁子茵
出版发行：现代出版社
通信地址：北京市安定门外安华里504号
邮政编码：100011
电　　话：010-64267325　64245264（传真）
网　　址：www.1980xd.com
印　　刷：三河市中晟雅豪印务有限公司

开　　本：710mm×1000mm　1/16
印　　张：22.75　　字　　数：329千
版　　次：2023年1月第1版　　印　　次：2023年1月第1次印刷
书　　号：ISBN 978-7-5143-9976-9
定　　价：88.00元

目录

中西亚史地考

阿拉伯帝国与欧洲

蒙古史札记

序言：研究中西亚与阿拉伯文明的地缘战略意义

在通行的主流世界历史教科书中，欧洲历史的一个重要阶段是被活埋的。这就是8世纪到11世纪阿拉伯人的倭马亚王朝曾经统治西欧地区包括整个西班牙和部分意大利、法国的历史时期。

711年阿拉伯人侵入西班牙半岛，714年灭逐这里的西哥特人。这个史称“后倭马亚王朝”的时期对欧洲后来的政治、经济、文化历史至关重要。

其间，被称为“阿拉伯亚里士多德主义”的学派在科尔多瓦王国兴起，影响中世纪后期和文艺复兴时期的欧洲思想界长达400年之久，对近代欧洲哲学与科学的形成影响深远。

事实上，近代欧洲人之所以了解亚里士多德学说，以及小亚细亚—希腊人的哲学思辨，完全是通过中世纪在欧洲兴起的阿拉伯学派——特别是通过几位不仅重新阐释，甚至可能重新创作了某些已失传的柏拉图和亚里士多德著作的阿拉伯哲学家，例如著名的阿维罗伊等。

然而耐人寻味的是，这些让文艺复兴以后的西方人知道了希腊哲学和亚里士多德学术的阿拉伯思想家，以及曾经流行于西班牙半岛、法兰西及意大利半岛等欧陆地区，也进而影响了法国和英国经院哲学的“阿拉伯亚里士多德主义”——在现代所有的西方哲学史中，却几乎找不到踪影——这一段欧洲人通过阿拉伯人学习所谓的“古希腊文明”的历史，已从文化上被掩盖和活埋了。

——因为这段欧洲曾经被阿拉伯人异教徒殖民和传播文明的历史，是让近现代西方欧美在文化上感到尴尬而羞于承认的一段历史。

近代西方人越过中世纪的阿拉伯哲学，直接把其近代资本主义文明的根子嫁接到子虚乌有的古希腊文明上，这也就是我此前所说的“希腊之伪史”。

实际上，真正的希腊文明起源于亚洲的黎凡特和小亚细亚地区。从中亚两河流域，越过波斯高原、波斯湾到西亚两河流域，包括中东、黎凡特、埃及以及小亚细亚地区，这片被称为“五海三洲两洋”之间的广袤大陆，不仅是亚欧大陆的地缘枢纽之地，也是古代东西方商业及文化交流的必经之道。

正是凭借这样的地缘条件，在7世纪以后，阿拉伯人和伊斯兰教统合了东西商路，整合了小亚细亚、阿拉伯半岛、北非（埃及等）地区、伊朗高原、图兰低地和中亚绿洲等分裂的地缘板块。

在东西方贸易带来的巨大经济利益驱使下，伊斯兰世界各个主要的地缘势力都在数百年中接受并致力于维护相对统一的宗教文化体系。显然，文化体系上的一致性和向心力，可以减少贸易过程中的摩擦和壁垒，提高商业效率，带来更多的经济收益。

直到北方蒙古民族兴起，同样以这个商路为枢纽而整合建立起一个更加巨大的世界性帝国。而在北方，随着俄罗斯的崛起和对东北亚的渗透，东西方陆上交通线后来被俄罗斯线路取代。而阿拉伯人退出欧洲后，西方的地理大航海运动，开辟了新的通向东方的海上商路。这一系列巨变最终使得中东地区失去了贸易枢纽的地位，伊斯兰世界失去了对东西方贸易的掌控权，而四分五裂走向没落。

本书值得关注的一点就是——只有了解古代中近东地区的中亚、波斯、阿拉伯文明等对于欧亚历史的重大意义，才会了解现代阿拉伯地区——包括叙利亚、伊朗问题，何以对于当代西方世界仍然如此重要，以至这一地区今天仍然是全球地缘政治和战争争夺的焦点。这种重要性，不仅源于各大国对于石油及金融问题的关注，也绝不是什么为了帮助阿拉伯人获得“自由”“民主”的问题。

中国未来同样不能忽视中亚和西亚地区。事实上，从周代的穆天子西狩直到唐、宋、元、明，中亚、西亚地区，对中国历史一直有着重要意义。

虽然拥有一部辉煌的历史，但现代精英却惊人地缺乏基本历史知识，对于中国当代学界来说——如果在未来50~100年里将面临非常之变，这个伟大的民族仍然要不断追求发展以至复兴，那么获得对以往世界历史以及地理政治和地理经济的正确而且全面的认知，乃是极为重要的！

是为序。

中东史地考

关于波斯、伊朗及“希腊化”问题

——何新《读世界历史新知札记》摘录

【何新按】

以下说法，是西方史学关于波斯历史的主流说法，但是这些说法并没有任何可信的历史文献能够证明，所以可信度极低。

古波斯的称谓

欧洲史学家认为，可能早在公元前600年左右，西亚及小亚细亚的“希伦”（Hellen）地区人就已把生活在里海和波斯湾之间伊朗高原地区的居民叫作“波斯人”。

据19世纪的西方史料，关于波斯人的第一个书面记录来自亚述人在公元前9世纪的叙述，他们称其为“帕尔苏阿舒”（Parsuash）及“帕尔苏阿”（Parsua）。诸如此类的词语，可能源自古伊朗语“Parsava”，大概是指“边界”“边陲”，用在地理上指称伊朗人（他们在种族上自称“雅利安人”，以示尊贵）。

帕尔苏阿与帕尔苏阿舒其实是两个不同的地方，后者位于伊朗西南部，在古波斯语当中为“伯尔萨”（Pirsa，今法尔斯）。希伦人在公元前6世纪使用“帕撒斯”（Perses）、“帕斯卡”（Persica）及“波西斯”（Persis）等词形容居鲁士二世的帝国，英语的波斯人（Persian）一词因此而来。

《圣经》常提及波斯帝国（如以斯帖记、但以理书、以斯拉及尼希米记等），称之为“派拉斯”（英语：Paras），如“Paras ve Madai”即是“波斯及米底王国”。直到1935年，欧洲人仍然使用“波斯”一词来称呼这个地区和位于这一地区的伊朗国家。

但是波斯人则从萨珊王朝开始称自己的国家为“埃兰沙赫尔”，意为“中古雅利安人帝国”。

1935年，波斯国王礼萨·汗宣布本国应被称作“伊朗”。名称来自蒙古波斯王朝“伊尔汗”王国。但“波斯”一词一直被人使用至今。

波斯诸帝国

在波斯地区，据西史传说历史上有多个帝国先后建立、兴盛和衰亡。

阿契美尼德王朝（公元前550年—公元前330年）

阿契美尼德帝国，又称波斯“第一帝国”。公元前559年居鲁士二世统一古波斯部落，建立阿契美尼德王朝。居鲁士二世于公元前550年击败了当时统治波斯的米底王国，使波斯成为一个强盛的帝国。公元前539年，居鲁士二世占领巴比伦。

冈比西斯二世时代，于公元前525年征服古埃及后王朝。

大流士一世时代，帝国疆域得到了空前的发展。大流士在公元前519年挥军东进印度河平原，向西面出兵征服多瑙河三角洲、色雷斯、马其顿，又跨海攻占希腊半岛。但据传说在著名的“马拉松战役”（公元前490年）中，波斯跨海大军被雅典领导的希腊半岛联军击败。其子薛西斯一世后来（公元前480年）再度对希腊半岛用兵，也未成功。

阿契美尼德王朝时代的波斯帝国，是当时世界上疆域最大、文明最发达的帝国。

公元前334年—公元前330年，据说马其顿王国的亚历山大三世，在征服希腊半岛后渡海远征，在小亚细亚地区击败大流士三世的军队，占领波斯地区，使其成为马其顿帝国的东方部分。

这种种说法都是西方史学的主流，但实际上都是杜撰的伪史。

传说中的亚历山大帝国

据西史说马其顿王亚历山大为波斯等地区带来了巴尔干半岛的语言和文化。这种影响，后来被西方史学家称作“希腊化”（Hellenistic）运动。但问题是，希腊半岛那段历史并不曾形成统一的民族和国家。所谓“希腊化”一词则很容易造成存在一个名字叫希腊（Greek）的国家，并且它的影响已扩散到东方地区的误解。所以这个语词是莫须有的。

实际上，中古代欧亚人所谓“希伦 Hellen/ 希腊 Hellenic”并不是指希腊国家，而是泛指既包括希腊半岛，也包括地中海东岸的安纳托利亚以及部分埃及地区的整个所谓“希伦”（或“海伦”）地区。这个地区由于直接接受、传承、发展西亚两河流域的上古文明传统，因此其语言、哲学及文明，既通过希腊半岛人和马其顿人深远地影响了意大利半岛和西方欧洲大陆的文明，也向东传播，融合于波斯地区。

必须指出，把广阔而概括的“希伦”地区有意误解为狭义的雅典希腊（今日的 Greek）城邦，是伪造古希腊历史文明的关键。这样就把地中海东部灿烂的古文明区域“希腊化”。为纠正这种误解，我倾向于将西方史学家所谓的“希腊化运动”改称为“希伦化运动”。也就是说，希伦并非希腊。

亚历山大死后，他的传说中的帝国（并无信史来自西方的传说）很快就分崩离析。

亚历山大手下大将塞琉西一世击败其他竞争者，最终在公元前 312 年（中国的战国时代）称王，建立塞琉古帝国。这个帝国以波斯地区的塞琉西亚和安条克为中心。

此后，波斯成为东西方贸易和交流的一个重要枢纽：后来欧洲人与中国建立贸易关系所形成的丝绸之路，即经波斯而连接中亚的河中地区向东到达中国，或向南通达古印度地区。

佛教在印度孔雀王朝时代从喜马拉雅高原传入波斯。而起源于苏美尔和古埃及的光明教——祆教，则在波斯成为琐罗亚斯德拜火教，西去影响了犹太教，东进中国演变为明教。

（2013 年 3 月 7 日原载何新博客）

崦嵫即安息、波斯之古名

战国时有一地名为崦嵫，崦嵫是何地，自古不明。

《山海经·西山经》:“鸟鼠同穴之山……西南三百六十里曰崦嵫之山。”

晋郭璞注:“日没所入山也。”——即太阳沉没之山。

屈原《离骚》曾谈及崦嵫:“吾令羲和弭节兮，望崦嵫而勿迫。”

原文

……

朝发轫于苍梧（南海）兮，

夕余至乎县圃（玄圃，昆仑，疑即传说的空中花园）。

欲少留此灵琐（灵所）兮，

日忽忽其将暮。

吾令羲和（太阳神）弭节兮，

望崦嵫（即安息）而勿迫。

路曼曼其修远兮，

吾将上下而求索。

……

译文

……

早晨启程我离开苍梧，

傍晚我来到昆仑的玄圃。
想在这仙境作片刻的停留，
可惜太阳即将沉沉而入暮。
我呼唤羲和停止扬鞭，
西方崦嵫已在望，不必急迫。
然而前路茫茫仍然遥远啊，
我将上天下地追求探索。
……

屈原诗句中以崦嵫为日落之地，在西极。

昔年我曾译此诗，注文指出："崦嵫，即汉代之安息，先秦人以为西方日落处，亦即今伊朗故称。"

崦嵫，即安息。"崦""安"古音通。"息"古音从"自"，"自""兹"通。崦嵫源自安息。窃以为安息地名出自"安息利亚"，也就是亚述——Asyria（阿西利亚）。亚述，别译即"阿叙利亚""安息利亚"。

〔附注：Asyria，转音亦近阿夏、大夏。汉代人所说的西方大夏，也很可能就是安息的别称，却被误会为两个国度〕

安息利亚，西方认为是传说的波斯第二王朝，立国于公元前 3 世纪。但此年代实际上毫不可信，因为没有任何史料根据，纯属臆测而已。包括西方史学家所说的开国君主阿萨息斯，都只是不可信的传说。

波斯第一王朝历史则出自《圣经》中的神话，也没有任何可信文字史料支持。直到文艺复兴以后欧洲人伪托波斯人"希罗多德"杜撰一部《希波战争史》（即《历史》），这个书中充满神话与谣言，毫无可信性。

但是在中国的战国时期，中国的西方即所谓西极日落处，确曾存在"崦嵫"，这应是安息国的别译。

汉武帝时期，张骞出使西域，已知道一个安息王国的存在。安息作为国家之名，最早是出现在《史记》《汉书》《后汉书》等汉代的史料中。

波斯国名出现在唐代史书中。“波斯”一名很可能与一个中亚古地名 Parthia 有关。

自魏晋以后，波斯胡商对中土经济、政治均有深刻影响。

至于现代的伊朗国名，则与蒙古王旭烈兀在波斯建立的伊利汗（亦称伊儿汗）王国有关，伊利汗国其实就是伊朗汗国。

据说，全盛时期的安息帝国疆域北达中亚细亚两河流域，西南至幼发拉底河流域及叙利亚。

出土的战国时期楚国的文物中，已经有安息出产的琉璃、玛瑙等宝物。可知当时中国与安息早已有人员及贸易的往来。

【附录】

《史记》《汉书》《后汉书》关于安息的史料摘录

安息在大月氏西可数千里。其俗土著，耕田，田稻麦，蒲陶酒。城邑如大宛。其属小大数百城，地方数千里，最为大国。临妫水（阿姆河），有市，民商贾用车及船，行旁国或数千里。以银为钱，钱如其王面，王死辄更钱，效王面焉。画革旁行以为书记。其西则条枝，北有奄蔡、黎轩。

……

初，汉使至安息，安息王令将二万骑迎于东界。东界去王都数千里。行比至，过数十城，人民相属甚多。汉使还，而后发使随汉使来观汉广大，以大鸟卵及黎轩善眩人献于汉。

——《史记·大宛列传》

安息国，王治番兜城，去长安万一千六百里，不属都护。北与康居、东与乌弋山离、西与条支接。土地风气，物类所有，民俗与乌弋、罽宾同。亦以银为钱，文独为王面，幕为夫人面。王死辄更铸钱。有大马爵。其属小大数百城，地方数千里，最大国也。临妫水，商贾车船行旁国。书草，旁行为书记。

武帝始遣使至安息，王令将将二万骑迎于东界。东界去王都数千里，行比至，过数十城，人民相属。因发使随汉使者来观汉地，以大鸟卵及犁靬眩人献于汉，天子大说。安息东则大月氏。

——《汉书·西域传》

安息国居和椟城，去洛阳二万五千里。北与康居接，南与乌弋山离接。地方数千里，小城数百，户口胜兵最为殷盛。其东界木鹿城，号为小安息，去洛阳二万里。

章帝章和元年，遣使献师子、符拔。符拔形似麟而无角。和帝永元九年，都护班超遣甘英使大秦，抵条支。临大海欲度，而安息西界船人谓英曰："海水广大，往来者逢善风三月乃得度，若遇迟风，亦有二岁者，故入海人皆赍三岁粮。海中善使人思土恋慕，数有死亡者。"英闻之乃止。十三年，安息王满屈复献师子及条支大鸟，时谓之安息雀。

——《后汉书·西域传》

（这些史料乃是中外历史中关于安息王国最早的可信文字史料）

横跨欧亚的古波斯帝国

【何新按】

必须指出：以下所述皆非可信的实在历史。如同西方史学关于埃及、希腊和马其顿的历史叙述一样，关于古代中亚、波斯以及印度次大陆，并不存在任何可信的古代成文历史。近代考古发现不乏伪造物，其对考古发现的解释和文字破译极其可疑。

西方史学建构这些历史的主要根据是《圣经》和可疑而且晚出于文艺复兴时代的希罗多德（一位传疑人物）及其传述的所谓“历史”等。西方史学的惯技，就是以《圣经》等的传说证验考古，以考古佐证《圣经》等的神话。

因此，西方关于波斯、印度的历史，类似于中国夏代前关于伏羲女娲、尧舜禹及三皇五帝的传说，都只能看作一些传说而已。

波斯：传说中的一个横跨欧亚的史前帝国

“波斯”（Persia）这个名字，有人认为其本义是“骑士”和“马夫”，原是对善于骑射以及操印欧语的剽悍民族的称呼。另有人认为其源自古伊朗语“Parsava”，大概是“边界”“边陲”的意思。

当最早的“雅利安人”（伊兰人先祖，一个根据传说而拟构的人类种族）进入伊朗高原并最终在伊兰（今伊朗高原）东部的安善地区（Anshan）定居下来的时候，“波斯族人”就成为他们相对固定的称呼。因为他们的存在，这一地区也开始被称为“波斯”。

波斯作为地区名最早在什么时间开始使用，现在人们难以说清楚，但对于波斯作为地名使用的最早记载似乎还有据可查。

西方学界认为：两河流域的亚述泥版铭文曾提到，公元前 843 年，亚述国王撒缦以色三世（Shalmaneser Ⅲ，公元前 858 年—公元前 824 年）远征乌尔米耶湖（Lake Urmia）南部，洗劫了当地一个名叫 Parsua 的地区。有人认为，Parsua 就是波斯。这是波斯这个名称第一次见于文字的记载。此外，Parsua 的变体，如 Barsua、Parsuash、Parsumash，也出现在后来亚述帝国的其他文献上。

“波斯”之国名，最早出现在《圣经》，代下三十六：20：“凡脱离刀剑的，迦勒底王都掳到巴比伦去，作他和他子孙的仆婢，直到波斯国兴起来。”

迦勒底王被掳之后，“波斯”的名字在《圣经》出现的次数就增加了。在《以斯拉记》《尼希米记》和《以斯帖记》中共出现 21 次。至于先知书，“波斯”的名字只出现在《以西结书》（两次，结二十七：10，三十八：5），但在《但以理书》则有九次，其中五次和“玛代”（或米底亚）同列。

传说中的波斯古历史

西方近代史学根据《圣经》认为：伊朗古称波斯，在公元前 28 世纪建立的古伊兰王国和之后建立的米底王国是伊朗高原文明的发源地。

波斯人的部落首领阿契美尼德被认为是古代波斯王族的祖先。波斯人的第一个王朝阿契美尼德就是以他的名字命名。有人认为，阿契美尼德王朝（Achaemenid dynasty，公元前 539 年—公元前 312 年）的建立是波斯帝国历史的开端。

现代西方史学根据传疑人物——希腊史家希罗多德（Herodotus，约公元前 484 年—公元前 425 年）和据说为居鲁士二世圆柱体（Cyrus Cylinder）与贝希斯敦铭文（Behistun inscription）的楔形文字的记载，勾勒出阿契美尼德王朝的以下谱系：

阿契美尼德（Achaemenes，公元前 700 年—公元前 675 年）

铁伊斯佩斯（Teispes，公元前 675 年—公元前 640 年）

居鲁士一世（Cyrus Ⅰ，公元前 640 年—公元前 600 年？）= 阿里亚当尼斯（Ariaramnes，公元前 640 年—公元前 615 年？）

冈比西斯一世（Cambyses Ⅰ，公元前 600/580 年？—公元前 559 年）= 阿萨米斯（Arsames，公元前 590 年—公元前 550 年）

居鲁士二世 = 古列，Cyrus Ⅱ，（公元前 559 年—公元前 529 年）

大流士一世 =Darius Ⅰ，Darius the Great，或大利乌一世，（公元前 522 年—公元前 486 年）

王朝开国之主阿契美尼德的儿子铁伊斯佩斯继承了王位。《圣经》记载，铁伊斯佩斯在位的时候，亚述是在亚述巴尼拔（Ashurbanipal，公元前 669 年—公元前 627 年）的统治下；米底亚则在国王普拉欧尔铁斯（Kashtariti 或 Phraortes，公元前 647 年—公元前 625 年）的统治下。他征服了雅利安人建立的波斯，把波斯势力扩展到波斯湾北部，藩属于以南的自治区的安善地区（Anshan/Parsumash，安善在书珊城西北），力图在伊兰（公元前 639 年被亚述灭）与亚述两个强国之间保持中立的地位。

以后他的统治分为两支，就是将波斯的土地分成东、西两个部分由其两个儿子分别统治，即西支的居鲁士一世和东支的阿里亚当尼斯（Ariaramnes，公元前 640 年—公元前 615 年）。他们死后，他们的儿子冈比西斯一世和阿萨米斯分别继承了王位。冈比西斯一世统治时期兼并了东支，势力逐渐强大，到居鲁士二世统治时期，波斯已实现了统一。

居鲁士一世，正如对他的父亲铁伊斯佩斯，我们也是所知不多，只知道他也被称为“安善的居鲁士”（Cyrus of Anshan）。大概是父亲把西部安善地区的统治传给他的缘故。

考古学家找到一枚图章（Seal），上有伊兰文“Cyrus of Anshan，son of Teipes”，证实居鲁士一世确有其人。

在居鲁士一世做安善王的时候，巴比伦的新王波帕拉萨尔（Nabopolassar，公元前 630 年—公元前 605 年）和米底亚国王库阿克斯列斯（Huvakhstra 或

Cyaxares，公元前 625 年—公元前 585 年）联手，在公元前 612 年围攻尼尼微，三年后（公元前 609 年）亚述灭亡，新巴比伦帝国（Neo-Babylonia）开始称霸两河流域。

波帕拉萨尔驾崩后，尼布甲尼撒二世（Nebuchadrezzar II，公元前 605 年—公元前 562 年）登基做王，在他统治时期，新巴比伦达到了它的全盛时期。

米底亚和巴比伦瓜分亚述所占领的土地，安善（Anshan）大概落在米底亚国王库阿克斯列斯的手中，接续居鲁士一世的是他的儿子冈比西斯一世。

我们对冈比西斯一世也是所知不多。希腊希罗多德（Herodotus，约公元前 484 年—公元前 425 年）说他是一个很顾家、没有什么不良嗜好的人。他和米底亚国王阿司杜阿该斯（Arstivaiga 或 Astyages，公元前 585 年—公元前 550 年）同一时期。有说他与米底亚王的女儿 Mandane 结婚，生下儿子居鲁士二世。根据罗马史学家 Nicolas of Damascus 的说法，冈比西斯是在一场与米底亚王阿司杜阿该斯在波斯边境的战斗中不幸身亡。接续他的是响当当的居鲁士二世。

西方学者主要根据《圣经》而建立古波斯史

居鲁士二世（或塞鲁士，或古列，Cyrus II，公元前 559 年—公元前 529 年），是出现在《圣经》里的第一个波斯王。

代下三十六：22—23

波斯王塞鲁士元年，耶和华为要应验借耶利米口所说的话，就激动波斯王塞鲁士的心，使他下诏通告全国说：“波斯王塞鲁士如此说：‘耶和华——天上的上帝，已将天下万国赐给我，又嘱咐我在犹大的耶路撒冷为他建造殿宇。你们中间凡作他子民的，可以上去，愿耶和华——他的上帝与他同在。’”

然后是在《以斯拉记》：

拉一：1—2、7—8

波斯王塞鲁士元年，耶和华为要应验借耶利米口所说的话，就激动波斯王塞鲁士的心，使他下诏通告全国说：“波斯王塞鲁士如此说：‘耶和华天上的上帝，已将天下万国赐给我，又嘱咐我在犹大的耶路撒冷为他建造殿宇……’……居鲁士王也将耶和华殿的器皿拿出来，这器皿是尼布甲尼撒从耶路撒冷掠来，放在自己神之庙中的。波斯王居鲁士派库官米提利达将这器皿拿出来，按数交给犹大的首领设巴萨。”

拉三：7

他们又将银子给石匠、木匠，把粮食、酒、油给西顿人、推罗人，使他们将香柏树从黎巴嫩运到海里，浮海运到约帕，是照波斯王塞鲁士所允准的。

拉四：3、5

但所罗巴伯、耶书亚和其余以色列的族长对他们说：“我们建造上帝的殿与你们无干，我们自己为耶和华以色列的上帝协力建造，是照波斯王塞鲁士所吩咐的。”……从波斯王塞鲁士年间，直到波斯王大利乌（或大流士一世 Darius Ⅰ, Darius the Great，公元前 522 年—公元前 486 年）登基的时候，贿买谋士，要败坏他们的谋算。

拉五：13、14、17

然而巴比伦王塞鲁士元年，他降旨允准建造上帝的这殿。上帝殿中的金银、器皿，就是尼布甲尼撒从耶路撒冷的殿中掠去带到巴比伦庙里的，塞鲁士王从巴比伦庙里取出来，交给派为省长的，名叫设巴萨。现在王若以为美，请察巴比伦王的府库，看塞鲁士王降旨，允准在耶路撒冷建造上帝的殿没有。王的心意如何，请降旨晓谕我们。

拉六：3、14

塞鲁士王元年，他降旨论到耶路撒冷上帝的殿，要建造这殿为献祭之处，坚立殿的根基。殿高六十肘，宽六十肘。犹大长老因先知哈该和易多的孙子撒迦利亚所说劝勉的话，就建造这殿，凡事亨通。他们遵着以色列上帝的命令和波斯王塞鲁士、大利乌、亚达薛西（Artaxerxes I，公元前 465 年—公元前 425 年）的旨意，建造完毕。

在先知书上，我们也可以看到他的名字：

但一：21 到塞鲁士王元年，但以理还在。

但六：28 如此，这但以理当大利乌王在位的时候和波斯王塞鲁士在位的时候，大享亨通。

但十：1 波斯王塞鲁士第三年，伯提沙撒但以理，看到了预言。这事是真的，是指着大争战。但以理通达这事，明白这异象。

但最令人惊讶的是，先知以赛亚竟然预言塞鲁士在历史舞台上的出现，这是不可思议的事，因为以赛亚是在"乌西雅（Uzziah，公元前 776/775 年—公元前 736/735 年）、约坦（Jotham，公元前 750 年—公元前 735/730 年）、亚哈斯（Ahaz，公元前 735/734 年或公元前 731/730 年—公元前 715 年）、希西家（Hezekiah，公元前 715 年—公元前 687/686 年）作犹大王的时候得默示"（赛一：1），这是在塞鲁士（Cyrus II）出生之前约两百年。有可能吗？

不信派的人当然说不可能，特别是名字都出现在《以赛亚书》三十九章之后：

赛四十四：28

论塞鲁士说："他是我的牧人，必成就我所喜悦的，必下令建造耶路撒冷，发命立稳圣殿的根基。"

赛四十五：1

我耶和华所膏的塞鲁士，我搀扶他的右手，使列国降伏在他面前。我也要放松列王的腰带，使城门在他面前敞开，不得关闭。我对他如此说。

赛四十五：13

我凭公义兴起塞鲁士，又要修直他一切道路。他必建造我的城，释放我被掳的民，不是为工价，也不是为赏赐。这是万军之耶和华说的。

还有赛四十一：2—3、25—26，赛四十六：11 都暗示着"塞鲁士"的到来。

当理性主义抬头，批判哲学当道的时候，启蒙派的学者挑战权威，把《以赛亚书》肢解，就如 19 世纪末的威尔浩生（Julius Wellhausen，1844—1918 年）肢解旧约五经，发展出所谓 JEDP 等四个版本，将书卷分为第一以赛亚（或原始以赛亚 Proto-Isaiah，1—39 章），第二以赛亚（Deutero-Isaiah，40—55 章）和第三以赛亚（Trito-Isaiah，56—66 章）。

他们认为第二和第三以赛亚书是犹太人被掳之后的产品，所以才会出现“塞鲁士”的名字。

比“塞鲁士”的出现更令人惊讶的是，上帝竟然透过以赛亚，称塞鲁士为“我的牧人（Shepherd）”（赛四十四：28）和“我耶和华所膏的（Anointed）”（赛四十五：1，希伯来文是 messiah“弥赛亚”）。上帝怎么可以把一个外邦人的帝王冠以这样的头衔？难怪犹太教的拉比，特别是公元前 2 世纪至公元 5 世纪塔木德（Talmud）时代，每逢读到这些经文就很不自在。有的把赛四十五：1 当作耶和华和弥赛亚的对话（参考：*Tractate Megillah in the Talmud*）。

总之，“耶和华为要应验借耶利米口所说的话，就激动波斯王塞鲁士的心，使他下诏。”（代下三十六：22—23）让犹太人从被掳之地回归圣地，重建圣城和圣殿。

巴比伦帝国被波斯帝国征服

居鲁士二世是怎样崛起的呢？

新巴比伦帝国在尼布甲尼撒二世去世后，国势逐渐衰落。

居鲁士二世继承了父亲冈比西斯一世的王位后，约于公元前 559 年成为安善（Anshan）的领袖，他迅速地团结起这个藩属于米底亚的自治区，并且趁着米底亚和巴比伦不断的冲突和长期的拉锯战，米底亚王国的内部又发生了叛乱，从公元前 553 年，他就开始背叛宗主阿司杜阿该斯（Arstivaiga 或亚斯太亚济 Astyages，公元前 585 年—公元前 550 年），经过三年艰苦的战争，终于在公元前 550 年灭掉了米底亚王国，国王阿司杜阿该斯被俘，米底亚的大部分地区被纳入波斯人的统治之下。

因为他的兴起，周边的国家就联合起来对付他，其中之一就是小亚细亚的吕底亚王（Lydia）克洛伊索（或克鲁索 Croesus）。由于所处的优越地理位置，吕底亚富甲天下，还拥有强大的骑兵。

居鲁士二世不敢贸然进攻，而是以计谋取胜（细节从略），在公元前 546 年使吕底亚以失败而告终。接下来他把矛头对准巴比伦，同样，他深知凭自己的实力，要想强攻巴比伦城，取胜的可能性很小。因此，他先从巴比伦的北部迂回向小亚细亚进军，征服了小亚细亚地区后，再回师伊朗高原东北部，扫荡那里的游牧民族，控制两河流域通往印度河流域的商道，孤立了巴比伦城，断绝了城里人的生活来源，加上当时的巴比伦王拿波尼度（Nabonidus 或 Nabu-Naid，公元前 555 年—公元前 539 年）的不得人心，在公元前 539 年长驱直入巴比伦，几乎没有遇到任何抵抗。

拿波尼度被贵族们当作礼物献给了居鲁士二世，成为波斯人的俘虏，存在八十八年的新巴比伦国并入了波斯帝国的版图。

古列圆柱（Cyrus cylinder）记录了巴比伦的守护神马尔杜克（Marduk）如何帮助他得胜："马尔杜克指引他去到他的城巴比伦，带他上路去巴比伦，好像朋友同伴在他身边。令他毫无阻拦地进入巴比伦，他使巴比伦免受战役之苦。"

也有传说他改变幼发拉底河水流的方向，带领手下沿着河床进入巴比伦，获取了这座攻不破的城市。

米底亚（公元前 550 年）、吕底亚（公元前 546 年）和巴比伦（公元前 539 年）相继被居鲁士二世摧毁后，他定都在帕萨尔迦德（Pasargadae），把米底亚的都城哈马丹（Hamadan 或 Ecbatana）作为第二个首都（夏都），这是因为那里不但经济繁荣，而且战略地位十分重要，又是古代丝绸之路的重要枢纽；至于伊兰的首都书珊城则成为波斯的第三个首都。

他还先后征服了原臣服于米底亚王国的帕提亚（Parthia）、希尔卡尼亚（Golestan）和亚美尼亚（Armenia）等地。经过长期的征战，居鲁士二世逐步占有了伊朗高原西部的大部分地区，并开始向两河流域和伊朗高原东部扩张，初步奠定了帝国的版图，并获得了版图内大部分被征服国家神庙祭司集团和工商业奴隶主的支持。

与古代许多霸主不同的是，居鲁士二世不但具有雄才伟略，古代文献中还把他形容为一个圣明的君王，在被征服地区民众的心目中，他不仅声名显赫，而且是一位救世主。古代希腊作家对居鲁士的描写充满溢美之词，认为他在古代著名君王中，是一个理想的君王。

他不仅胸怀博大，而且有一颗仁慈的心，他尊重各地风俗习惯，善待被征服地区的上层阶级和普通民众，吸收各地贵族和上层阶级参与被征服地区政权建设和社会管理。他的一个主要举措，就是一改亚述帝国君王烧杀抢掠的惯例，允许被征服地区人民继续生活在自己的家园而不被强制移民到他乡充当奴隶。

在公元前 539 年，也就是代下三十六：22—23 所说的“波斯王塞鲁士（居鲁士）（Cyrus king of Persia）元年”“耶和华为要应验借耶利米口所说的话，就激动波斯王塞鲁士的心，使他下诏通告全国说：‘波斯王塞鲁士如此说：耶和华——天上的上帝，已将天下万国赐给我，又嘱咐我在犹大的耶路撒冷为他建造殿宇。你们中间凡作他子民的，可以上去，愿耶和华——他的上帝与他同在。’”

古列圆柱记录了这项诏令：

“由……亚书（Ashur）与书珊（Susa）、亚吉（Agade）、亚士兰力（Ashnunnak）、森班（Zamban）、米推奴（Meturnu）、底里（Deri）、古添（Gutium）地的境界，底格里斯河对岸的城市。诸神居于其中，我将他们带回其地，又集合诸民，使他们回归所居之地……”

这些被称为“巴比伦之囚”的犹太人返回耶路撒冷，并得到帮助重建圣殿和重组家园，此举使犹太人感恩，称他为“马尔杜克（Marduk）爱心的王”。以赛亚书上的居鲁士二世被冠以“他是我的牧人”（赛四十四：28）和“耶和华所膏的（弥赛亚）”（赛四十五：1）是名副其实的。

公元前 531 年，居鲁士二世把帝国一分为二：儿子冈比西斯二世（Cambyses Ⅱ，公元前 529 年—公元前 522 年）成为巴比伦的王；另一儿子高墨达（Bardiya）则掌管波斯东部地区。

他自己把矛头对准埃及。这时的埃及已孤立地处于北非一隅，并不是强大的波斯帝国的对手，征服它似乎唾手可得。但这时由于帝国东北部游牧民族的不断侵袭，他感到来自后方的威胁越来越大，就决定放弃进攻埃及的计划，派兵长驱直入中亚草原。公元前 529 年，在没有盟友和后援的支助下，他亲率大军深入中亚马萨革太（Massagetae，在里海以东，咸海沿岸）人的腹地，不但全军覆没，自己也成为俘虏，被马萨革太的女王下令砍头，成为祭神的祭品。他的尸体后来被葬在帕萨尔迦德（Pasargadae），其子冈比西斯二世继承了王位。

冈比西斯二世的名字并没有出现在《圣经》上，可能是他在位的那段时间，圣殿的重建被拦阻。

（拉四：4—5 那地的民就在犹太人建造的时候，使他们的手发软，扰乱他们。从波斯王居鲁士年间，直到波斯王大利乌登基的时候，贿买谋士，要败坏他们的谋算）

冈比西斯二世继位后，可能由于惧怕中亚游牧民族的战马铁刀，他放弃了为居鲁士二世复仇，而是把目标转向了埃及。当时的埃及，正处于第二十六王朝的阿玛西斯（Amasis，约公元前 570 年—公元前 526 年）和萨迈提库斯三世（约公元前 526 年—公元前 525 年）统治时期，内部阶级矛盾十分尖锐，面对崛起的波斯帝国，埃及决定和邻邦联合。

但在公元前 525 年，冈比西斯二世率领大军与腓尼基舰队水陆并进，埃及一触即溃，波斯大军很快占领了埃及首都底比斯（Thebes），埃及第二十六王朝就这样瓦解。冈比西斯二世征服埃及后，以法老的身份自居，建立了埃及第二十七王朝，在埃及历史上出现了第一个波斯王朝（公元前 525 年—公元前 404 年），这在世界文明史上是一件令人称奇的事情。

此后波斯通过任命总督或是地方官员，统治埃及大约 120 年。但埃及人始终没有停止对波斯统治者的反抗，在公元前 404 年，他们设法摆脱了波斯的统治，但只持续了约 60 年光景。公元前 332 年，希腊马其顿王亚历山大大帝侵入埃及，灭波斯王朝，结束了延续 3000 年之久的法老时代。

占领埃及后，冈比西斯二世便以它为根据地，进一步把波斯势力范围扩大到非洲，但遭到顽强的反抗。公元前524年埃及也爆发了反波斯统治者的起义。公元前522年，米底亚也举起反抗波斯的旗帜，冈比西斯二世想迅速赶回国内，却意外地在途中暴卒。

位于帕萨尔迦德（Pasargadae）石坛上的塞鲁士（或古列，Cyrus II）的坟墓

帝国陷入非常混乱的状况，起义的浪潮席卷了帝国全境。按大流士一世的贝希斯敦铭文（Behistun inscription）所记，冈比西斯二世在侵入埃及之前，就已经杀了弟弟高墨达，在群龙无首的情况下，帝国出现了一个冒充高墨达的术士（Gaumata），并得到全国的支持，王位遂落到他的手上。

但冈比西斯二世的堂弟大流士一世（Darius Ⅰ，Darius the Great，或大利乌一世，公元前522年—公元前486年，他的妻子爱托纱（Atossa）是古列大帝的女儿）觉得王位理应由他去继承，于是下手杀了这个冒充高墨达（或士每第）的术士。各地诸侯不服，反抗大流士一世；大流士一世东征西讨，打了十九场战役，公元前518年才算正式平定叛乱。

大流士一世时代的波斯帝国是一个超级大帝国，是世界历史上第一个跨欧、亚、非三洲的大帝国。

（注：文中《圣经》等资料引文，来自钟鹏章编著的《圣经课程》）

亚历山大：波斯地区传说中之神王

亚历山大，在波斯语中本来意义是“守护者”。

在波斯人的口传史诗《列王记》中，亚历山大是古波斯的一个传奇王子，半人半神，能征善战，骁勇非凡，关于他的诗句占据了5000行。

据《列王记》说，亚历山大是著名的波斯王大流士三世（公元前336年—公元前330年在位）同父异母的兄弟。

关于亚历山大的故事也流传在阿拉伯地区，亚历山大的阿拉伯名字是英雄伊斯坎达尔。

中世纪以后，亚历山大的故事随阿拉伯商人流传到东南亚。在东南亚的口传文学《马来纪年》（*Sejarah Melayu*）中，亚历山大成为马来人的英雄祖先。

《马来纪年》记述了东南亚版的亚历山大故事，即《亚历山大·左勒盖尔奈英传》。

据说，亚历山大大帝来自波斯，曾经进攻印度国（Negeri Hindi）。印度国吉达国王（Raja Kida）战败后，把女儿莎鲁尔·巴莉亚公主（Putri Syahrul Bariah）献给了亚历山大国王（Raja Iskandar）。

《马来纪年》说，亚历山大的后代来到希坤塘山（Bukit Si Gun-tang），成为巨港（Palembang）的国王，而巨港国王便是后来的马来国王的祖先。

至今，霹雳州（Perak）的国王还拥有一把据说是从亚历山大的后裔桑·苏巴尔帕（Sang Sapurba）王传下来的剑和印章。

后来桑·苏巴尔帕手下的战士贝尔马斯古·曼邦（Permasku Mambang）曾

经手持此剑杀死了大蛇“沙克迪莫那（Saktimuna）”。

《伊斯坎达尔传》在马来地区有许多不同的文本。例如苏门答腊文本和马来亚文本，这两个文本的讲述有所不同。

苏门答腊文本以“一切赞颂全归真主，全世界的主”开始。然后安拉向阿丹明示了他的后代，说阿丹的后代是以巴哈曼（Bahaman，源自波斯《列王记》中的一位国王）为祖先的家族。

马来亚文本讲述的则是巴哈曼与自己的女儿结婚，但是故事更长。苏门答腊文本以亚历山大与努拉尼（Nurani）结婚为结局。在马来亚文本中还有其他故事。例如，亚历山大与黑德尔国王的公主结婚；亚历山大潜入大海的故事；亚历山大寻求生命之水未果，而被黑德尔先知轻易获得的故事等。

根据马来亚文本，亚历山大国王不断发动远征。在征服印度后，印度国王希迪（Khidi）把巴德鲁尔・库姆利雅（Badrul Qumriya）公主献给了他。

此后的亚历山大国王的故事越来越神奇，充满了神秘的色彩。亚历山大来到环绕世界的大海边，在这里，亚历山大遇见了米卡伊勒（Mikail）和其他天使。

亚历山大钻进一个箱子潜入海底。大鱼吞食了这个箱子，但后来又把箱子吐了出来，这样，亚历山大重回他的军队。

亚历山大继续前行，经过麦加来到一片漆黑的旷野。据说，那里有生命之泉，可以使饮用者长生不老。于是亚历山大国王悄悄地寻找生命之泉，但是他未能如愿。

然而，原本没想寻找生命之泉的黑德尔却意外地发现了泉水，亚历山大感到万分遗憾。至此，亚历山大故事才结束。

在另外一部马来地区的民间史传《马来米萨》（*Misa Melayu*）中，亚历山大则是从新加坡逃出来的王子，后来建立马六甲王朝，成为新加坡国王。他的名字叫作罗阇・伊斯坎达（Raja Iskandar），由于继承了祖先的名号，所以他以后的封号叫苏丹伊斯坎达・左勒盖尔奈英（双角王）（Sultan Iskandar Dzulkarnain）。

（2019 年 10 月 18 日原载何新博客）

黎凡特与安条克

黎凡特（Levant）在历史上是一个模糊的地理名称，广义指地中海东岸的一块新月形地区。其地西临地中海，南临埃及及阿拉伯海（波斯湾），北临小亚细亚（安纳托利亚），东临伊朗，包括托罗斯山脉以南、地中海东岸、阿拉伯沙漠以北和上美索不达米亚以西区域，跨接今日叙利亚西海岸、伊拉克以及黎巴嫩、约旦、巴勒斯坦、以色列的部分地区。

在中古法语中，Levant 一词指太阳升起之地。

历史上，黎凡特是中世纪东西方贸易的中转站，阿拉伯商人通过陆路将印度的香料等货物运到地中海黎凡特地区，威尼斯和热那亚的商人从黎凡特将货物运往欧洲各地。

犁鞬与黎凡特

黎凡特是一个古老的地名，我国汉代称其为黎轩、犁鞬，亦作犁靬、牦靬、骊靬、广鞬，皆同音异字。都应是黎凡特的译音。

《后汉书·西域传》记："大秦国，一名犁鞬，以在海西，亦云海西国。地方数千里，有四百余城。小国役属者数十。以石为城郭。列置邮亭，皆垩塈之。有松柏诸木百草。"

我个人怀疑，大秦国即东罗马（小亚细亚半岛）与美索不达米亚地区之间的今日叙利亚、伊拉克地区，其政治经济中心为大马士革，古代波斯语为"大马士奇"（Dimashq），意为丝绸之城，而汉译则音近"大秦"。

《后汉书》所说的大秦，其都城即古大马士革，其西海即里海，而所谓“犁鞬”，即古代欧亚人所说的黎凡特地区。

大马士革

大马士革（Damascus）在中古波斯语中称其为“钐城”（Shām—Damascus，沙姆—大马士革，简称沙姆 Shām，即“苫”）。此也就是叙利亚（大秦）古称“苫国”的由来。

沙姆，英文 Hejaz，中文音译希贾兹（汉志），也就是《史记》《汉书》所说的夏或大夏。

20 世纪 50 年代对大马士革地区 Tell Ramad 的考古发掘证实，早在公元前 10000 年到公元前 8000 年，大马士革已经有人居住。大马士革古城至少建于公元前 3 世纪。因此大马士革被称为世界上最古老的持续有人居住的都市。

在欧洲语言中，大马士革 Damasco 有丝绸、绸缎的意义，寓意为丝绸之城。英语的缎子 Damask 一词即来源于此。

大马士革在欧亚古代商业及交通方面位置极为重要，大马士革建在丝绸之路陆路岔口的绿洲上，位于黎巴嫩山脉和叙利亚沙漠之间的平原地带。它是连接南方巴格达、阿拉伯半岛、帕尔米拉、佩特拉以及始于中国丝绸之路的欧亚商路的一个汇集点和转折点。

“人间若有天堂，大马士革必在其中，天堂若在天空，大马士革必与之齐名。”这是阿拉伯古书中对大马士革的赞美。《晋书·列传第六十七·四夷传》所描述的西亚古城：

> 屋宇皆以珊瑚为棁栭，琉璃为墙壁，水精为柱础。其王有五宫，其宫相去各十里，每旦于一宫听事，终而复始。若国有灾异，辄更立贤人，放其旧王，被放者亦不敢怨。有官曹簿领，而文字习胡，亦有白盖小车、旌旗之属，及邮驿制置，一如中州。其人长大，貌类中国人而胡服。其土多出金玉宝物、明珠、大贝，有夜光璧、骇鸡犀及火浣布，又能刺金缕绣及积锦缕罽。以金银为钱，银钱十当金

钱之一。

这一段记述的古城有人认为是君士坦丁堡，但我则认为应是大马士革。

丝绸之路亚洲部分过大马士革后的最后一站，即著名古城安条克。

安条克

《晋书·列传第六十七·四夷传》又记：

安息、天竺人与之交市于海中，其利百倍。邻国使到者，辄廪以金钱。途经大海，海水咸苦不可食，商客往来皆赍三岁粮，是以至者稀少。

汉时都护班超遣掾甘英使其国，入海，船人曰："海中有思慕之物，往者莫不悲怀。若汉使不恋父母妻子者，可入。"英不能渡。武帝太康中，其王遣使贡献。

阿拉米语族

古代西域与中原地区早有往来，其语言文字的交流见于汉代。《汉书·西域传》上记载："自宛以西至安息国，虽颇异言，然大同，自相知晓也。"按西方语言学家说法，天山南路的古代西域文字大都源于印度婆罗米文字系统，天山北麓，多源于阿拉米文字系统。

公元前6世纪，波斯帝国征服了腓尼基人，由于自己没有文字，便参照腓尼基文字，形成了以其自身语言为载体的阿拉米字母文字。

腓尼基文字是一种字母文字，在此基础上形成了希腊语等欧洲拼音文字。

公元前5世纪，波斯帝国征服了中亚细亚和印度西北部，阿拉米文在这些地区被确定为官方文字。传说耶稣使用的即是阿拉米语的一种方言。一直到今天，叙利亚大马士革北部的一些小社团和黎巴嫩的一些偏僻村庄，还有人在使用阿拉米语的方言。

因此，在中东伊斯兰化之前叙利亚地区通用的官方语言是阿拉米语。

〔阿拉米语（Aramaic language）又称亚兰语，是古代波斯帝国的官方语言和中东地区的通用语言，在近代则指流传于叙利亚的一种古老语言。

此语言也是《圣经》的《旧约》书写时所用的语言，被认为是耶稣基督时代的犹太人的日常用语，《新约》中的马太福音也属于同一语言。它是黎凡特区域大多数人日常沟通的主要口语，是阿拉伯语的一种方言，是新月地带自公元前11世纪到阿拉伯化之前使用的语言。

一些研究人员称，阿拉伯语中至少有一半的词汇来自阿拉米语。但是从语言学的角度来看，黎凡特语实际是一种独立语言，因为无法与其他地方的阿拉伯语变体（如埃及阿拉伯语、半岛阿拉伯语、马格里布阿拉伯语等）互通。〕

黎凡特阿拉伯语的方言包括叙利亚阿拉伯语、黎巴嫩阿拉伯语、约旦阿拉伯语、巴勒斯坦阿拉伯语等。

巴格达

巴格达一词来自古波斯语，意为神赐的天城（神〔bagh〕的赠赐〔dād〕），“神的花园”（据古代波斯旅行家伊本·白图泰的解释），巴格达就是中国古代所说的“天方”或者“天城”。巴格达是丝绸之路的重要中转地，长期是古亚述、西亚两河流域以及中古阿拉伯世界的政治、经济、文化及宗教中心。

（2018年5月9日原载何新博客）

古叙利亚与亚述

——国人所不知道的亚洲古史

亚述（Assyria）和叙利亚（Syria）两个词有语源联系，亚述（Assyria），可以译为阿—叙利亚，而叙利亚（Syria）一词则是亚述 as+syria 的缩写。

在地理上，现代叙利亚是古代传说中的亚述帝国的一部分。亚述是一个传说中的古代西方帝国，兴起于西亚的两河流域，主要包括今日的伊拉克以及叙利亚，即古代的美索不达米亚。美索不达米亚北部即叙利亚，美索不达米亚南部被称为巴比伦尼亚。亚述的主要城市包括今日伊拉克的巴格达，尼尼微（今伊拉克摩苏尔），以及位于叙利亚的埃勃拉、帕尔米拉、大马士革、黎凡特、安条克等。

亚述的都城在尼尼微。

亚述帝国存在于西亚两河流域的时间据说近两千年（自约公元前 2000 年前到公元前 500 年左右）。直到传说中的巴比伦帝国兴起（公元前 600 年？），亚述帝国分崩离析，亚述人失去了霸主地位，此后即不再有独立的国家了。但是这个古老的亚述民族至今存在，叙利亚人是其后裔之一。

在古代的“希腊”语言地区（小亚细亚地区），“叙利亚”和“亚述”指的是相同的地域，可以互换使用。

在罗马帝国时期，叙利亚和亚述则是指两个不同的地区。叙利亚在罗马帝国是指“帝国位于小亚细亚和埃及之间的部分”，也就是黎凡特的西部地区，而亚述指黎凡特的北部地区。

在罗马时代初期，叙利亚地区隶属波斯—安息帝国。罗马帝国的全盛时期，叙利亚成为罗马帝国和东方罗马帝国的一个亚洲行政省。

在古代中国与叙利亚早有来往。

唐代称叙利亚为苫国，语源可能是阿拉伯文 Ash-Sham。今阿拉伯文仍称大马士革为 Ash-Sham。

（唐）杜环《经行记》：苫国“在大食西界，周回数千里”。《新唐书·西域传》：“大食之西有苫者，亦自国。”

【附录】

西方记述的古叙利亚历史

在公元前 64 年，叙利亚成为罗马帝国的一个省。叙利亚省包括犹太区（公元 135 年后改名巴勒斯坦，其范围相当于现在的以色列、巴勒斯坦和约旦），北达腓尼基。

193 年，叙利亚被分为叙利亚和柯里叙利亚两个省份。

在 330 年到 350 年的这一段时间（可能是 341 年），叙利亚又分出了幼发拉底省，其范围大致相当于旧科马吉尼王国，省府设在希拉波利斯。

415 年，隶属东罗马的叙利亚行省又进一步分为两个省。其中一个省以安条克为省府，另一个则以阿帕米亚为省府。

〔安提阿（希腊语：'Αντιόχεια），又翻译为安条克或安塔基雅，天主教典籍称其为安提约基雅，是黎凡特西北部奥龙特斯河东侧的一个古老城市。其遗址位于现在土耳其的安塔基亚〕

528 年，东罗马皇帝查士丁尼一世又从这两个省的沿海地区分出了部分土地，另设 Theodorias 省。

叙利亚地区在阿拉伯帝国于雅穆克战役战胜东罗马帝国后被并入阿拉伯帝国，并有了阿拉伯语名称 ash-Shām。

在倭马亚王朝时期，Shām 被分为五个军事区（Jund），分别是大马士革区、赫姆斯区、Filastin 区和 al-Urdunn 区，以及后来又从赫姆斯区分出的 Qinnasrin 区。

一直到阿拔斯王朝，叙利亚的大马士革乃是整个阿拉伯帝国的首都。

【附注】

西亚古史悠久，遗留文物众多，但没有可信的成文历史和文献典籍传留。西方所引述的西亚古史史料，主要来自《圣经》以及文艺复兴以后传入西方的阿拉伯、东罗马和所谓希腊人的资料。真伪混淆，难辨难证。

19 世纪中叶出版的一本百科全书指出："在过去，亚述帝国的历史可说是世界史上最模糊的时期之一。""我们对古尼尼微所知的一切，若非来自圣经的零星间接论述和预言，便是来自狄奥多罗斯……和其他学者随笔写下的亚述历史的残存片断。"

尼尼微（Nineveh）是一座地处今伊拉克摩苏尔附近的亚述古城遗址。

狄奥多罗斯是生于 2000 年前的小亚细亚的作家。他声称尼尼微是个四角形的城市，四边共长 480 斯达地（1 斯达地 =607 英尺 =0.3048 米），周长相当于 96 公里！《圣经》也作了类似的论述，指出尼尼微是个极大的城，"要走三天、才走得完。"

尼尼微，西亚古城，是早期亚述、中期亚述的重镇和亚述帝国都城，传说最早为古代中东地区的胡里特人建立，其遗址位于现在伊拉克的北部尼尼微省，底格里斯河的东岸，隔河与今天的摩苏尔城相望，意为"上帝所见的最伟大城市"。《圣经》中曾提到尼尼微城被上帝诅咒："耶和华必伸手攻击北方，毁灭亚述，使尼尼微荒凉，又干旱如旷野。"

名城尼尼微在美索不达米亚的历史烟尘中消失了很长时间。许多探险者费尽千辛万苦寻找它的踪迹，但直到 1842 年这座古亚述王国的首都才终于现身。

1845 年，考古学家奥斯汀·亨利·莱亚德在科萨巴西南约 42 公里的一处被称为尼姆鲁德的地方着手发掘废墟。这个废墟后来证实是迦拉，即创世记 10：11 论及的四个亚述城市中的一个。

后来，莱亚德于 1849 年在迦拉与科萨巴之间的一处名叫库扬积的地方挖掘出一座宏伟宫殿的遗迹。这座宫殿现在被证实是尼尼微城的一部分。此外，在迦拉和科萨巴之间还有其他建筑物的残迹，其中包括卡兰里斯土丘。莱亚德评论说："若将尼姆鲁德（迦拉）、库扬积（尼尼微）、科萨巴和卡兰里斯四大土丘视作一个正方形的四角，我们会发现四边的长度恰巧相等于地理学家所说的480斯达地或96公里，这就是（约拿）先知说要走三天才走得完的路程。"（创世记10：11）

1843年，法国考古学家保罗－埃米尔·博塔在这里发现了一座皇宫的遗迹，后来证实是亚述城市的一部分。

尼尼微皇宫有70多个房间，外墙有3公里长。墙上遗留着烧焦了的雕刻，上面记着各场胜仗及其他功绩。但它们大多已损毁不堪。莱亚德快要离去时发现了一个保存得很好的房间，墙上展示的浮雕描述了一个坚固城市遭敌军攻陷，御驾亲征的国王坐在城外一个宝座上，俘虏在他面前列队走过。国王的上头刻了一些亚述文字，专家们将这些文字译作如下："世界的王亚述国王西拿基立（辛那赫里布）坐在尼米杜宝座上，检阅从拉吉夺得的战利品。"

考古学家在尼尼微的废墟中还发掘出了其他铭刻。

莱亚德在其著作《尼尼微与巴比伦》一书中说："在一堆焦土和垃圾底下竟是尼尼微的所在地。这项记录证实《圣经》甚至在细节上也准确无误。"

（2018年4月25日原载何新博客）

古叙利亚是所谓“古希腊”文明的中心地

要看真正的建筑古文明遗迹，不在希腊和罗马，而在叙利亚。

叙利亚居于亚欧地理战略的枢纽地位

从政治经济上彻底控制中东地区，是美、英、法共济会百年以来一直追求的战略目标。自从 2012 年初阿拉伯花朵革命以来，这一战略目标的实现已经日趋成熟。在相继拿下伊拉克、阿富汗、突尼斯、利比亚、埃及之后，必然要最终控制叙利亚和伊朗。

但是，在多数国人心目中，叙利亚似乎仅是一个富有石油的遥远沙漠中的伊斯兰国家，那里发生的事情与中国关系不大。

现代中国人不了解叙利亚的历史及其与中国的关系

有些人几乎不知道早在汉唐时期，古叙利亚和东罗马帝国，一直与中国有着极其久远、密切的经济、政治和文化的联系。

那个位于西亚的古叙利亚与小亚细亚的土耳其半岛一样，是西方所谓“古希腊罗马文明”的真正起源地和中心地区。

希腊文字的前身是腓尼基文字，起源于叙利亚。

所谓的“古希腊语言文字”，并非源自那个雅典伪希腊的语言文字，而是在古代的爱奥尼亚（即小亚细亚）和西亚的古叙利亚地区使用的部族方言。

西方研究者普遍承认，传疑诗人荷马之史诗的原初文本，并非产生于雅典希腊，而是产生于小亚细亚或古叙利亚一带。荷马（如果确有其人）是亚洲人，荷马诗篇使用的是流行于小亚细亚和古叙利亚地区的语言。

叙利亚曾经是持续上千年的东方罗马帝国（即欧美史学家所谓的那个伪“拜占庭帝国”）的主要属地。俄罗斯自沙皇时代以来，一直认为自己是东罗马帝国全部政治及宗教遗产（“东方正教”）的真正继承者（俄罗斯的国旗和国徽双头鹰符号均来自东罗马帝国，意义是雄踞欧亚）。所以，从沙皇以来，俄罗斯一直高度关注叙利亚问题。

叙利亚首都大马士革是人类最古老的城市之一，考研发现其距今已经有 1 万年的历史。

大马士革修筑的古代城市水道，是著名的罗马水道建筑理念的起源。

叙利亚北部重镇阿勒颇也是人类最古老的定居点之一，考古学家发现在公元前第 11 个千年时这里就有人类居住。小亚细亚地区的“古希腊人”（与雅典希腊无关），称这座古老城市为“贝罗埃亚”。

隋唐时期传入并流行于中国的景教（从东正教分裂出来的基督教教派），也来自叙利亚。唐朝著名的“大秦景教流行中国碑”是用古叙利亚文写成的。据该碑记述，唐太宗的名相房玄龄和中唐名将郭子仪都是波斯、叙利亚传来的景教的信徒。

由此可见，叙利亚自古不仅是东西方文明与商业的交汇之地，也是所谓西方文明的真正根脉所在。所以，叙利亚地区自古以来是世界帝国构建者的必争之地。中世纪至今，叙利亚是共济会、十字军与阿拉伯人争夺了千年的战略必得之地。十字军征战的主要战场就在叙利亚。

叙利亚是古代丝绸之路的必经之地，是连接欧、亚、非——东西方文明的交叉路口。

叙利亚位于地中海东岸，属于西亚国家，与小亚细亚的土耳其、伊拉克、约旦、黎巴嫩和以色列为邻，西濒地中海。叙利亚拥有极其丰富的人文和自然资源。在其 18.5 万平方公里的国土上，散布着 3500 多处古迹，是裸露在蓝天下的一个庞大博物馆，是人类历史文明的古老见证。

叙利亚简介

叙利亚位于亚洲大陆西部，地中海东岸，北靠土耳其，东南邻伊拉克，南连约旦，西南与黎巴嫩（原来属于叙利亚）、巴勒斯坦地区接壤，西与塞浦路斯隔海相望，海岸线长 183 公里。境内沿海和北部地区属亚热带地中海式气候，南部地区属热带沙漠气候。沙漠地区冬季雨量较少，夏季干燥炎热，全年最低气温也在 0℃以上，最高气温达 40℃左右；年平均降水量沿海地区 1000 毫米以上，南部地区仅为 100 毫米。

幼发拉底河自土耳其流经叙利亚中部，入伊拉克，注入波斯湾。底格里斯河自土耳其流经叙利亚北部，入伊拉克，注入波斯湾。著名的两河流域古文明，就产生在两河流经的土耳其、叙利亚，特别是下游的伊拉克地区。

考古发掘证明，叙利亚在公元前 3000 年时已经有原始城邦国家存在。公元前 8 世纪起，叙利亚先后被亚述、马其顿、罗马、阿拉伯、欧洲十字军、埃及马姆鲁克王朝和奥斯曼帝国等统治。

1920 年 4 月，叙利亚沦为法国委任统治地。1940 年 6 月，叙利亚被纳粹德国控制。1941 年 9 月 27 日，“自由法兰西军”总司令贾德鲁将军以盟国名义宣布叙利亚独立。1943 年 8 月，叙利亚成立自己的政府，舒克里 · 库阿特利当选叙利亚共和国首任总统。

1946 年 4 月 17 日，英、法被迫撤军，叙利亚获得完全独立。1958 年 2 月 1 日，叙利亚和埃及宣布合并，成立阿拉伯联合共和国。

1961 年 9 月 28 日，叙利亚宣布脱离阿拉伯联合共和国，成立阿拉伯叙利亚共和国。

近几年来，西方以反对独裁为名鼓动叙利亚发起内战，目的是建立一个亲美的可控制的叙利亚政权，进而控制整个中东。

历史文明

叙利亚有着极为悠久的历史文明，古迹众多。大马士革的考古历史有 1 万年，其中有文字可追溯的历史有 5000 年。

古迹包括据说建立于罗马时代（可疑的西方年代学。其实叙利亚遗址年代可能早得多）的阿拉伯半岛古罗马都城夏哈巴及布什拉圆形剧场。

阿拉伯女皇宰努比亚（旧唐书中称为“女国”）时期曾经作为古丝绸之路重要驿站的台德穆尔（帕尔米拉）古城，以及公元前 400 年斯卢格时代的阿法米亚古城等也都极为著名。

叙利亚是世界最古老文明的发源地之一，在并入罗马帝国疆域以前曾经历腓尼基、赫梯、米坦尼王国、亚述帝国、古巴比伦王国、古埃及、波斯帝国、马其顿帝国和后来的塞琉古帝国时期。

根据《圣经》所说：公元前 3000 年—公元前 1000 年，在阿拉伯半岛游牧的塞姆人，向叙利亚及其附近地区进行了三次大迁徙。公元前第三千纪的最后几百年，塞姆人中的阿莫雷人进入叙利亚，并建立了许多小王国，这是叙利亚的第一次塞姆人化。

公元前第二千纪前后，第二支大规模移入叙利亚、黎巴嫩和巴勒斯坦的塞姆人为迦南人。他们在地中海东岸及内陆建立了一些各自为政的城邦，创造了迦南文化。公元前第二千纪末叶，叙利亚进入铁器时代。当时居住在地中海东岸中部的一支迦南人，即腓尼基人，他们以航海技术而闻名，创造了有 22 个辅音字母的腓尼基文字，他们可能是小亚细亚和西亚地区所谓古希腊文明的真正缔造者，对世界文化做出了伟大贡献。

公元前第二千纪到公元前第一千纪中叶，第三支迁入叙利亚的塞姆人为阿拉米人。他们在建筑的哈马和大马士革等城市中使用的阿拉米文字，是叙利亚古文化的宝贵遗产。

出大马士革城 56 公里，就到了著名的基督教村庄——马卢拉村。远眺村庄，房屋大多悬建或雕凿在山石之上，一层高过一层，下面一层的房顶就是上面住房的走廊或庭院，斑斑点点融入黄褐色石山，如同一幅画卷，使人意识到基督教的存在。村庄及其附近的约 1.2 万村民是世界上唯一讲几乎绝迹的阿拉米语的群体。阿拉米语是耶稣传播基督教时使用的语言。

633 年以前，叙利亚是基督教的传播中心。后来阿拉伯帝国在中东地区兴起，7 世纪到 16 世纪初叶，叙利亚是伊斯兰教传播中心之一。

世界文明古城大马士革

大马士革位于叙利亚西南部、黎巴嫩山东麓，在雄伟的卡辛山下，巴拉达河和阿瓦什河的交汇处。

1946 年，叙利亚独立，大马士革被定为叙利亚首都。大马士革素有“古迹之城”的称号，是所谓古希腊和东方罗马古文物的荟萃之地。

这里的名胜古迹集中在市内的老城区，主要古迹都在直街及其附近。老城区有条著名的直街，是古罗马统治时期的主要街道，因它自东而西纵贯古城而被称为“直街”。

老城区还有奥马亚清真寺，萨拉丁陵，大马士革城堡等，都是奇美珍贵、闻名于世的古迹，这些建筑都富丽堂皇、庄严壮丽，堪称世界建筑史上的奇葩。

“大马士革”一词是东方的希腊文记录下来的阿拉伯语，意为“手工作坊”。在阿拉伯语中，这座城市被称作“北方之城”。希腊语的名字“大马士革”源于这个城市的阿拉米语名字，意思是“一个水源充足的地方”。

在埃伯拉出土的前阿拉米文献中，把埃伯拉南边的地方称为“大马士基”，因此大马士革这个名字很可能早于阿拉米时代。大马士革在中国的《旧唐书》中有记载，称作“克夏腊”——“钐城”（Sham）。

对大马士革市郊的 Tell Ramad 的考古发掘证实，早在公元前 10000 年到公元前 8000 年，大马士革就已经有人居住。

大马士革是世界上最古老的持续有人居住的城市。然而大马士革在阿拉米人到来前并不是一个重要的城市。

阿拉米人，是《圣经》主流汉译本中的“亚兰人”，来自阿拉伯半岛的游牧部落，属于闪米特语族。

阿拉米人建造了大马士革的供水系统，方法是开凿运河地下水道以最大限度地利用巴拉达河的水资源。

这套供水系统后来被罗马人和阿拉伯倭马亚王朝采用和改造，至今仍然是大马士革老城区的基本供水系统。

在公元前 12 世纪，大马士革成为强大的阿拉米人国家“阿拉米大马士革”的首都。

阿拉米大马士革的国王们多次参与反对亚述人和北国以色列人的战争。其中的一位本—哈达德二世与亚述王萨尔玛那萨尔三世曾在卡卡（Karkar）激战。公元前 732 年，亚述王提格拉特帕拉沙尔三世攻克并摧毁了这座城市，之后的几百年大马士革丧失了独立地位。在公元前 572 年归新巴比伦王国的尼布甲尼撒二世统治。公元前 538 年居鲁士二世的波斯军队攻占大马士革，将它作为波斯帝国叙利亚行省的首府。

传说来自巴尔干半岛马其顿王国的亚历山大横扫亚洲的远征，使大马士革首次接受西方人的统治。

公元前 323 年亚历山大去世后，大马士革沦为塞琉西王朝和托勒密王朝的战场。此城的控制权频繁地在两大帝国间转移。亚历山大的部将之一，塞琉西王朝的创立者塞琉古一世，以安条克为其帝国的首都，削弱了大马士革的重要地位。

公元前 64 年，罗马统帅庞培将叙利亚西部设为罗马的行省。罗马人占据大马士革将它并入德卡波利斯，使其成为十个城市的其中一个。因为罗马人认为大马士革是文化的中心。

2 世纪初，大马士革成了罗马帝国最重要的城市之一，222 年皇帝塞普提米乌斯·塞维鲁斯将它升格为“罗马殖民地”。随着罗马和平时代的到来，大马士革以及叙利亚行省大体上走向了繁荣。大马士革的重要性在商业交通方面更为显著。它是始于南方阿拉伯半岛、帕尔米拉、佩特拉以及始于中国的丝绸之路的汇集点。此城作为贸易中心，满足了罗马人对东方奢侈品的需求。

近两年的频仍战乱，使得叙利亚东北部地区大量文物毁灭流失，至少 18 幅古代壁画被盗。这批壁画以描绘荷马史诗《奥德赛》为主要内容，异常珍贵。

《旧唐书》中记载的“克夏腊”——“钐城”，即古代的大马士革

拂菻国（何新按：即东罗马帝国），一名大秦。在西海之上，东南与波斯接，地方万余里，列城四百，邑居连属。其宫宇柱栊，多以水精琉璃为之。有贵臣十二人共治国政（何新按：即元老院）。常使一人将囊随王车，百姓有事者，即以书投囊中，王还宫省发，理其枉直。其王无常人，简贤者而立之（何新按：即选举制）。

国中灾异及风雨不时，辄废而更立。其王冠形如鸟举翼，冠及璎珞，皆缀以珠宝，著锦绣衣，前不开襟，坐金花床。有一鸟似鹅，其毛绿色，常在王边倚枕上坐，每进食有毒，其鸟辄鸣。

其都城（何新按：即君士坦丁堡）叠石为之，尤绝高峻，凡有十万余户，南临大海。

城东面有大门，其高二十余丈，自上及下，饰以黄金，光辉灿烂，连曜数里。自外至王室，凡有大门三重，列异宝雕饰。第二门之楼中，悬一大金秤，以金丸十二枚属于衡端，以候日之十二时焉；为一金人，其大如人，立于侧，每至一时，其金丸辄落，铿然发声，引唱以纪日时，毫厘无失。

其殿以瑟瑟为柱，黄金为地，象牙为门扇，香木为栋梁。其俗无瓦，捣白石为末，罗之涂屋上，其坚密光润，还如玉石。至于盛暑之节，人厌嚣热，乃引水潜流，上遍于屋宇，机制巧密，人莫之知。观者唯闻屋上泉鸣，俄见四檐飞溜，悬波如瀑，激气成凉风，其巧妙如此。

风俗，男子剪发，披帔而右袒，妇人不开襟，锦为头巾。家资满亿，封以上位。有羊羔生于土中，其国人候其欲萌，乃筑墙以院之，防外兽所食也。然其脐与地连，割之则死，唯人著甲走马及击鼓以骇之，其羔警鸣而脐绝，便逐水草。俗皆髡而衣绣，乘辎軿白盖小车，出入击鼓，建旌旗幡帜。

土多金银奇宝，有夜光璧、明月珠、骇鸡犀、大贝、车渠、玛瑙、孔翠、珊瑚、琥珀，凡西域诸珍异多出其国。隋炀帝常将通拂菻，竟不能致。

贞观十七年，拂菻王波多力遣使献赤玻璃、绿金精等物。太宗降玺书答慰，

赐以绫绮焉。

自大食（何新按：指阿拉伯人）强盛，渐陵诸国，乃遣大将军摩栧伐其都城，因约为和好，请每岁输之金帛，遂臣属大食焉。乾封二年，遣使献底也伽。

大足元年，复遣使来朝。开元七年正月，其主遣吐火罗大首领献狮子、羚羊各二。不数月，又遣大德僧来朝贡。

大食国，本在波斯之西。大业中，有波斯胡人牧驼于俱纷摩地那之山，忽有狮子人语谓之曰："此山西有三穴，穴中大有兵器，汝可取之。穴中并有黑石白文，读之便作王位。"胡人依言，果见穴中有石及槊刃甚多，上有文，教其反叛。于是纠合亡命，渡恒曷水，劫夺商旅，其众渐盛，遂割据波斯西境，自立为王。波斯、拂菻各遣兵讨之，皆为所败。

永徽二年，始遣使朝贡。其王姓大食氏，名敢密莫末腻，自云有国已三十四年，历三主矣。

其国男儿色黑多须，鼻大而长，似婆罗门；妇人白皙。亦有文字。出驼马，大于诸国。兵刃劲利，其俗勇于战斗，好事天神。土多沙石，不堪耕种，唯食驼马等肉。（何新按：驼马，即单峰骆驼）

俱纷摩地那山在国之西南，邻于大海，其王移穴中黑石置之于国。又尝遣人乘船，将衣粮入海，经八年而未及西岸。海中见一方石，石上有树，干赤叶青，树上总生小儿；长六七寸，见人皆笑，动其手脚，头著树枝，其使摘取一枝，小儿便死，收在大食王宫。

又有女（王）国，在其西北，相去三月行。

龙朔初，击破波斯，又破拂菻，始有米面之属。又将兵南侵婆罗门，吞并诸胡国，胜兵四十余万。

长安中，遣使献良马。景云二年，又献方物。

开元初，遣使来朝，进马及宝钿带等方物。其使谒见，唯平立不拜，宪司欲纠之，中书令张说奏曰："大食殊俗，慕义远来，不可置罪。"上特许之。

寻又遣使朝献，自云在本国惟拜天神，虽见王亦无致拜之法（何新按：伊斯兰来使拒绝跪拜中国皇帝），所司屡诘责之，其使遂请依汉法致拜。其时西域康国、石国之类，皆臣属之。其境东西万里，东与突骑施相接焉。

一云隋开皇中，大食族中有孤列种代为酋长，孤列种中又有两姓：一号盆泥奚深，一号盆泥末换。

其奚深后有摩诃末（何新按：即穆罕默德）者，勇健多智，众立之为主，东西征伐，开地三千里，兼“克夏腊”，一名钐城（钐音所鉴反）。

摩诃末后十四代，至末换。末换杀其兄伊疾而自立，复残忍，其下怨之。

有呼罗珊木粗人并波悉林举义兵，应者悉令著黑衣，旬月间众盈数万。

鼓行而西，生擒末换，杀之，遂求得奚深种阿蒲罗拔，立之。末换已前谓之白衣大食，自阿蒲罗拔后改为黑衣大食。阿蒲罗拔卒，立其弟阿蒲恭拂。至德初遣使朝贡，代宗时为元帅，亦用其国兵以收两都。

宝应、大历中频遣使来。恭拂卒，子迷地立。迷地卒，子牟栖立，牟栖卒，弟诃论立。

贞元中，与吐蕃为劲敌。蕃军太半西御大食，故鲜为边患，其力不足也。十四年，诏以黑衣大食使含嵯、焉鸡、沙北三人并为中郎将，各放还蕃。

史臣曰：西方之国，绵亘山川，自张骞奉使已来，介子立功之后，通于中国者多矣。有唐拓境，远极安西，弱者德以怀之，强者力以制之。开元之前，贡输不绝。天宝之乱，边徼多虞，邠郊之西，即为戎狄，藁街之邸，来朝亦稀。故古先哲王，务宁华夏，语曰：“近者悦，远者来。”斯之谓矣！

赞曰：大蒙之人，西方之国，与时盛衰，随世通塞。勿谓戎心，不怀我德；贞观、开元，藁街充斥。

（注：本文原题《何新：古叙利亚，所谓“古希腊”文明与（东）罗马帝国的真正中心地——攻击叙利亚，新十字军东征的起点》）

（2013 年 9 月 1 日原载何新博客）

拼音字母起源于亚洲叙利亚

古希腊文明的母本是亚洲叙利亚的腓尼基文明

许多证据和考古资料表明，所谓“古希腊文明”的主要母本是亚洲的腓尼基文明。

腓尼基（Phoenicians）是古代地中海东岸地区亚洲部分一系列小城邦和民族的总称。

公元前12世纪初，腓尼基达到极盛时期。腓尼基全盛时期领地包括小亚细亚（今土耳其）、叙利亚、黎巴嫩（原属于叙利亚后独立）、巴勒斯坦（古迦南地区），其商业范围达到希腊—巴尔干半岛、意大利、法兰西以及北非突尼斯沿海地区。

古腓尼基人是一个国际化的商业民族、一个擅长航海的西亚洲民族。

腓尼基人的族源，西方人认为是闪米特人的一支，可能与阿拉伯人、历史上的犹太人（与现代犹太人并非同种）有亲缘关系。

腓尼基人在全盛期控制了环地中海地区的贸易，建立了大量商业城镇，但是不曾建立统一的国家。

腓尼基人创造的腓尼基字母，是希伯来字母、希腊字母、拉丁字母、阿拉伯字母，即所有西方拼音文字的共同起源。

腓尼基人的基因与现代的黎巴嫩、叙利亚人接近

2004年10月，由美国国家地理学会出资，请牛津大学人类基因专家斯宾塞·威

尔斯和黎巴嫩人类基因专家皮埃尔·札卢亚用基因法寻找腓尼基人的后裔，经过两年的研究终于有了结果。

威尔斯和札卢亚沿着地中海岸收集人类血样，总共收集了 2000 份。腓尼基人的原始基因参照来自黎巴嫩拉斯基法（Raskifa）的一个山洞中的遗骸，在这里，考古工作者发现了多具 4000 多年前的腓尼基人遗骸。他们将这些遗骸中的基因与采集到的现代人血液基因做比较。

研究的结果是：在 2000 个现代东地中海人的血样中，古代腓尼基人与今天的黎巴嫩—叙利亚人遗传特征最接近，特别是沿海的黎巴嫩人。也就是说，腓尼基人很可能就是今天的黎巴嫩—叙利亚人。

西方拼音文字的起源

腓尼基字母是腓尼基人用以书写腓尼基语（属北闪族语言）的一套字母，在公元前 1000 年出现，由原始迦南字母演化出来。曾在考古遗址中发现腓尼基铭文，包括一些腓尼基城市及地中海周边的殖民地，例如比布鲁斯（今黎巴嫩）和迦太基（今突尼斯）。

腓尼基字母被认为是当今所有拼音字母的祖先，起源于古埃及的象形文字圣书体。

多种记录腓尼基文字的泥版出土于叙利亚及黎巴嫩（原属于叙利亚），与叙利亚沿海的一种由楔形文字演化而来的乌加里特字母，何者发明较早尚未有定论。

（2013 年 9 月 5 日原载何新博客）

西方建筑原型：叙利亚帕尔米拉

城市文明的起源地

帕尔米拉（Palmyra）古城遗址，坐落于叙利亚大马士革东北方向 215 公里处的沙漠。

帕尔米拉曾经是丝绸之路上的著名古城，位于叙利亚中部、地中海东岸和幼发拉底河之间的沙漠边缘的一个绿洲上。早在史前时期，就已经有人类在此穴居，至今尚留有考古痕迹。在公元前 1 世纪前后，这里是联结古波斯与亚述以及波斯湾和地中海之间东西贸易的中心，繁荣持续了 300 年以上。

古城仅存的门廊、庙宇、纪念碑，还有像蛇一样盘旋在石灰岩圆柱上的古代铭文，距今可能已有 3000 年以上的历史。这些铭文使得人们了解这座沙漠古城的过去，知道这里的商人曾牢牢掌控地中海和美索不达米亚之间的贸易，长达数个世纪之久。

帕尔米拉人曾经保护古代的远行商队穿过叙利亚沙漠抵达幼发拉底河（Euphrates River），直到波斯湾，把东方的丝绸、宝石和香料运往地中海的各个市场，有的路线远至中国长安和印度河流域。

〔西方近代考古学和历史学不可信。但是有资料称公元前 19 世纪，关于帕尔米拉城的记载就已出现在卡帕多西亚泥板的楔形文字上——那么此城历史即已接近 4000 年。同叙利亚的大马士革、阿勒颇以及伊拉克摩苏尔的尼尼微等古城并列，帕尔米拉也是世界上最古老的城市之一〕

沙漠中的废墟震撼世界

帕尔米拉遗迹存在的不仅仅是石头，也不仅仅是残垣断壁和根根圆柱，那里可能是人类最古老城市文明的起源。

帕尔米拉古城处于古老的亚述—波斯文明的交界地域。事实上，它并非西方伪史系统所说的希腊罗马文明的东方模板，相反地，它是小亚细亚以及欧罗巴文明（包括希腊、罗马）的原型。

但是，这个古城并没有任何见诸东西方的可信史籍记载。今日人们关于这个城邦历史的所有说法都不过是来自传说和推测。

这座城市是1957年在叙利亚沙漠地带的阿勒颇地区建设石油管道的工程中被施工者偶然发现的。古老辉煌的历史在人们毫无准备的情况下，突然敞开了它璀璨神秘的大门一角——簇拥的石块、耸立的圆柱、碉堡般的坟墓，在阳光的照耀下泛着金光。它仿佛在每一个夕阳下诉说，这里曾经是多么辉煌，这里的文明曾经是多么伟大。

这座集叙利亚、阿拉伯、希腊、罗马风格于一体的古城，1979年被列入世界遗产名录。但是近些年无休止的战乱，正在彻底摧毁它的壮丽容颜。

经过西方美术史家近三十年的研究分析，他们不得不承认帕尔米拉建筑文明比希腊罗马文明出现得更早，帕尔米拉的建筑和装饰，很早就已经被进入古叙利亚地区的入侵者模仿和借鉴了，这里和相邻的约旦、黎巴嫩地区的古建筑是西方小亚细亚和欧洲希腊罗马建筑的设计原型！

商业中心与绿洲

帕尔米拉在古叙利亚语中是“椰枣林”的意思，阿拉伯语为塔德莫尔，也与此同义。表明这座如今已被沙漠吞噬的古城在古代曾经是一片绿洲。

这座古城也许曾是古丝绸之路上最繁荣、最有文化底蕴的一座绿洲城市。两千年前，作为连接波斯湾、地中海与中国长安和欧洲罗马之间的贸易中转站，它居于东西贸易通道上，这个重要的地理位置使得帕尔米拉的繁荣持续了几百年之久。

帕尔米拉位于西亚新月沃地的中间位置。新月沃地分为西部的埃及—西亚裂谷带和东部的两河流域，两者在西亚裂谷带的北端的阿勒颇地区最为接近。

古城格局在 1957 年出土时保存较为完好，依稀可以看到当年的辉煌景象。

帕尔米拉古城位于河道（al-Qubur）北侧，其东北是现代的帕尔米拉市。

古城城墙遗址至今依然清晰可见，著名的贝尔神庙和巴尔夏明神庙均位于城内，城外西北方高处有一处守卫城市的要塞。

古城内建筑众多，功能多样，城外有数处巨大墓葬区。

柱廊大道贯通全城，中间以四门碑（一种立方形的门型纪念碑——罗马及巴黎凯旋门的原型，四面开门，一般建在十字路口）为城市交通枢纽，经纪念拱门直通贝尔神庙，大马士革门朝向大马士革（商路终点）。

从西北方的法赫尔丁·麦阿尼要塞（Fakhr-al-Din al-Maani Castle）俯视，柱廊道为城市主干道，四门碑为十字路口。

无论在古代还是现代，宝贵的水源都是养育城市之母。处于沙漠边缘的帕尔米拉建造了高悬的巨型人工水道解决城市的供水问题，此水道也应是著名的罗马水道的设计原型。城市中央的贯通驰道则以其商业路线将不同文明及民族连接在一起。

残垣断壁见证昔年辉煌

在此处众多的古迹中，贝尔神庙是最为雄伟的宗教建筑，据考察仅西廊两侧就建有 390 根巨大的米黄色石柱，如今只剩下 7 根。从远古时代对自然神的崇拜，到成为基督教诞生地叙利亚的基督教教堂，贝尔神庙因不同时期的文明而发生着变化，不同时期、不同文明的遗迹都被完好无损地保存了下来。

贝尔神庙的 3 座殿堂呈 U 形分布，围成一座广场。神庙正面有扶墙柱，长方形窗户上方有三角形装饰，15 米高的圆柱环绕在神殿四周。

在古城中曲道回廊处，有一个露天剧场，边上有宫殿残墙，当年的高甍画栋，已不复存在。一条青石道路，通向古殿堂的深处，这就是著名的帕尔米拉大街。

全长 1600 米，皆为石方铺面。

不仅帕尔米拉大街遗址震撼人心，沿街长长的廊柱，高大的门和门廊式街道也令人叹为观止。大街两边每隔 10 米一根的浮雕石柱，横托起沉重的青石水槽（此设施据说既有通水的功能，又有降温的效用。这在燥热的沙漠城市，确实是一大发明），石槽横悬在 10 米高空，相连成一条巨龙，偃卧在蓝天白云下，奇伟壮丽，气势如虹。

古城城下还有极其巨大的地下公共墓室，有数百具的石棺。这座地下墓室在大马士革博物馆内重建。但墓室内的死者塑像目前则流散陈列在世界多个博物馆内。

惨遭 ISIS 毒手

很不幸的是，如此宝贵的人类文化遗产在 2015 年被 ISIS（伊拉克和黎凡特伊斯兰国）占领，并遭到严重破坏。

自 2011 年叙利亚内战以来，帕尔米拉古城遗址数易其主。

2015 年帕尔米拉古城落入极端武装组织 ISIS 之手。2015 年 5 月 21 日，极端武装组织彻底占领帕尔米拉古城之后开始大肆破坏。

2015 年 8 月 25 日，ISIS 武装分子在网络上公布炸毁巴尔夏明神庙的视频震惊了世界。

联合国教科文组织称 ISIS 收集文物并在黑市交易以换取恐怖活动资金。

2016 年 3 月，叙利亚政府军重占帕尔米拉。12 月 11 日，叙利亚政府军被击退，极端武装组织再次占领古城并开始报复性破坏。

虽然叙利亚官方在收复帕尔米拉后表示“最糟糕的状况并没有发生”，大部分古迹得到保存，并将花费五年时间来修复，但人类文明的遗产巴尔夏明神庙和贝尔神庙（似乎只剩一堵墙）已被炸毁。

（2018 年 5 月 17 日原载何新博客）

东方伊奥尼亚是希腊文明的起源地

【何新按】

国内出版的几乎所有关于希腊历史的书无不这样说："希腊文化是西方（欧美）文化的源头。希腊文化开始于爱琴文化，爱琴文化包括克里特文化和迈锡尼文化。希腊文化一产生，就显示出自己的独特性质……"云云。

殊不知，这些说法完全违背考古实证，也没有任何可资考证的史料作为支持。

一

文艺复兴以后西方人所说的古希腊文明，是指从公元前8世纪的古风时期（以来自神话传说的首次奥林匹克运动会为起点）开始，到公元前146年被罗马征服为止的这段时间的希腊文明。当时西方史学家还未考虑解释希腊文明的来源问题。

而19世纪以后的西方学者则认为，原始的希腊文明开始于公元前23世纪至公元前17世纪。公元前1600年到公元前1100年这段时期被称为"迈锡尼时期"。这个时期的一些考古发现，被西方史学家与荷马可疑的神话相比较——断言荷马神话中的阿伽门农王以及特洛伊战争与迈锡尼文化有关，认为迈锡尼时期也是《荷马史诗》的年代。

迈锡尼文化的考古线索到公元前1100年中断。从这时期到公元前8世纪的历史，被西方史学家称为希腊史的黑暗时代。因为这一时代很少文字记述，也缺乏考古证据，仅有一些二手乃至三手的文字资料，例如希罗多德的《历史》、帕萨尼亚斯的《希腊志》、狄奥多罗斯的《历史丛书》以及哲罗姆的《编年史》记录的这个时期的简要历史和国王名单，即使西方也承认这是不可靠的记述。

18 世纪以来，西方史学家为填补希腊早期文明来源的空白，将可疑的荷马神话传说历史化，莫须有地编造了一个来自半岛北部的“多利安人”的入侵神话。称约在公元前 1200 年，自北方南下的“多利亚人”入侵毁灭了迈锡尼文明，使得希腊历史进入所谓“黑暗时代”。西方史学家试图以传说中虚构的多利安人的故事，把欧洲北方的白种人与希腊文明的起源相衔接。但是，所谓的“多利安人”在历史、考古中并不见踪影，只在所谓的荷马史诗中模糊地提到过。而关于荷马史诗的不可靠性——包括荷马其人究竟是否存在以及这些史诗的来源、地理及著述年代，至今西方学术界仍难以形成定论。

实际上，关于希腊文明的早期历史和来源，至今尚是西方史学家一个似乎不能解决的问题。而这个问题的真正答案其实就在于：原初的希腊文明起源于地中海东方的小亚细亚（土耳其半岛）的安纳托利亚（即爱奥尼亚）地区，亚裔的黑发种族（包括闪族的犹太人）乃是希腊文明的原创者。这一文明后来跨海传播到希腊—巴尔干半岛和欧洲，而不是相反。

二

西方史学家都承认，伊奥尼亚（也称作爱奥尼亚、爱欧尼亚）是希腊民族和文明的起源。那么，伊奥尼亚究竟在哪里？

有趣的是，在希腊半岛的西部，地中海意大利半岛（亚平宁半岛）与希腊半岛（巴尔干半岛的一部分）之间的海域叫伊奥尼亚海（IONIAN SEA）。

但诡异而奇怪的是，地理上真正的伊奥尼亚却并不在这个伊奥尼亚海周边，而是远在东方——地中海的东岸，小亚细亚土耳其安纳托利亚西南海岸地区，其北端约位于今天的伊兹密尔，南部到哈利卡尔那索斯以北，还包括希俄斯岛和萨摩斯岛。

为什么会出现这样奇怪的现象？这个问题关系到希腊文明的起源。

“伊奥尼亚”这个名字的来源，西方史学中有两种说法：

1. 来自女神伊俄，爱奥尼亚海即伊俄之海。传说伊俄是河神或银河之神伊阿索思的女儿。古人经常把伊俄和月球联系起来；在埃斯库罗斯的《被缚的普罗米修斯》中，伊俄对普罗米修斯说自己是“有角的童贞女”，暗示她与牛（牛角在古希腊文化中常象征新月）和月亮有关联。

西方一些现代研究者认为，伊俄神话实际是来自中东地区神系中古老的月神（中国的月神女娲——女娥，音也相近），后来被希腊的奥林帕斯教引入自己的神系之中。

在所谓“希腊化”时代，希腊人将伊俄与埃及最重要的女神伊西斯混为一体，并认为她与宙斯的儿子是古埃及的神牛阿庇斯（希腊人称之为厄帕福斯）。据说伊俄曾经爱上被锁于亚洲高加索山顶的盗火神普罗米修斯。普罗米修斯预言伊俄将是希腊最伟大的英雄赫拉克勒斯的始祖。伊俄后来渡过伊奥尼亚海（“伊俄之海”）来到埃及。

但是我们会注意到，这个临近意大利半岛的伊俄之海的海域，与地中海通向埃及的方向，完全是南辕北辙。

2. 地理上的伊奥尼亚位于小亚细亚—土耳其半岛的安纳托利亚地区。这个地名据说来自一个叫作伊奥尼亚人的部落。这一区域的人种是黑发，肤色为黑白或黄白混血的亚裔人，其中有一些部族，可能是来自中东地区（腓尼基—迦南地区）的犹太人。所以腓尼基也是希腊文字的来源地。其特有语言是安纳托利亚语（今已消失），应当归入闪含语系（亚非语系）。

三

伊奥尼亚部落可能是于公元前2000年后期，开始在小亚细亚的爱琴海沿岸定居。这个部落在形成前本来很分散，种族来源也不单一，但当他们在小亚细亚的西岸定居后，逐渐结合成一个共同体。

伊奥尼亚最重要的城市是以弗所、米利都和伊兹密尔，这些城市在公元前1000年左右靠贸易富强起来，结盟为西方史学家所说的“伊奥尼亚联盟”。

一些重要的所谓“古希腊艺术风格”，实际不是在希腊，而是在小亚细亚的伊奥尼亚地区形成的——并且它们承袭着远古中近东地区（亚述、巴比伦）巨石建筑的一贯风格。西方古典建筑中的所谓“希腊风”，实际就是发端于小亚细亚之伊奥尼亚风格。

爱奥尼柱式：起源于公元前6世纪中叶的爱奥尼亚——小亚细亚西南海岸和岛屿，而非起源于希腊（几百年来这一起源于亚洲的建筑风格被欧洲史学家诡称为来自希腊）。

小亚细亚——土耳其半岛的这个地区，也是地中海、爱琴海中的那些海岛（基克拉泽斯文明、米诺斯文明）和地中海沿海（包括希腊半岛的迈锡尼等）早期文明的发源地。而欧美的希腊史学家，纯粹是出于白色种族主义的文化落后自卑心理，而对这一铁的历史事实，一直故意避而不谈。

考古学发现，早在希腊古文明兴起之约公元前800年，爱琴海地区已经存在基克拉泽斯海岛文明、克里特海岛文明和希腊半岛上靠近爱琴海东岸的迈锡尼文明。

这些文明的来源，都并非指向欧洲北陆的白种人，而是指向地中海东岸的中东近东地区。

四

考古证据表明，公元前3000年—公元前1000年，一波又一波移民潮自中近东地区向希腊—巴尔干半岛和意大利半岛扩散（而非相反）——正是他们为南欧地区带来了新的文明。

总之，古希腊文明并非起源于欧洲北部和西部内陆的日耳曼人、高卢人、盎格鲁–撒克逊白种人（在希腊和罗马人眼中，这些白种人根本就是没有进入文明的野蛮人，“蛮族”），而是来自中近东的文明地区。而那里的人种，多数都是黑发，肤色浅黑、褐色或黄色的亚裔人类。

公元前6世纪—公元前5世纪，正是在小亚细亚的伊奥尼亚地区（而不是在希腊）出现了泰勒斯、阿那克西曼德和赫拉克利特、毕达哥拉斯等一批重要的哲学家、数学家、思想家。他们也与那些白种人、北部欧洲人无关，都是亚裔的黑发人种。

公元前7世纪吕底亚人控制了伊奥尼亚。吕底亚（Lydia）也是小亚细亚中西部的一个古国（建国时间在公元前1300年或更早），位置濒临爱琴海。

公元前547年，波斯帝国的居鲁士二世征服了伊奥尼亚。

公元前500年爆发了伊奥尼亚人反对波斯人的起义，这个时候希腊半岛上的一些城邦（包括雅典）开始强大。由于雅典的介入，导致了希波战争。

公元前470年希腊—伊奥尼亚联盟战胜波斯人，整个小亚细亚西海岸，包括伊奥尼亚，短暂地脱离了波斯的统治。但公元前386年，伊奥尼亚再次落入波斯人之手。

后来，来自北方内陆的一个蛮族部落——非希腊人的马其顿亚历山大征服希腊半岛后，击败波斯帝国，使伊奥尼亚并入了马其顿帝国。

亚历山大死后，伊奥尼亚于公元前133年成为罗马的亚细亚省的一部分。

395年后这个地区属于东罗马帝国。

11世纪末期塞尔柱突厥人占领伊奥尼亚，但又被东罗马人驱逐。1359年之后伊奥尼亚终于被奥斯曼帝国征服。

直到20世纪初第一次世界大战后由英国主导签订的《色佛尔条约》将这里强行划给希腊。后来的《洛桑条约》将其归还给土耳其，今天这个地区——历史上著名的伊奥尼亚地区仍是土耳其共和国的一部分。

〔注：关于伊俄神话可参阅（苏联）M.H. 鲍特文尼克等编著的《神话辞典》。〕

（2012年8月14日原载何新博客）

小亚细亚文化之源及反“希腊化”

在近代西方关于希腊的主流史书中，今土耳其半岛之安纳托利亚地区（希腊人称为爱奥尼亚），常被称作“希腊在小亚细亚的主要殖民地”，认为这里的人讲希腊语，这里的文明是希腊人带来的，希腊文明高于亚洲文明。并且称历史上曾经历过一个东方的亚洲人学习希腊文化的泛“希腊化”阶段。

例如，在中国抄撮西方的一些词典中，即如是介绍土耳其之“安纳托利亚—爱奥尼亚”文化：

“伊奥尼亚”（Ionia，一译“爱奥尼亚”，古地名）是古希腊时代对今天土耳其安纳托利亚西南海岸地区的称呼，是爱琴海东岸的希腊爱奥尼亚人殖民地。其北端约位于今天的伊兹密尔，南部到哈利卡尔那索斯以北，此外还包括希奥岛和萨摩斯岛。

伊奥尼亚这个名字来自希腊本土一个叫作爱奥尼亚的部落。这个部落于公元前 2000 年后期在爱琴海岸定居。这个部落本来很分散，但当他们在小亚细亚定居后开始形成一个共同体。伊奥尼亚重要的城市有以弗所、米利都和伊兹密尔。这些城市靠贸易富强起来，它们结盟为伊奥尼亚联盟。

一些重要的古希腊艺术风格是在伊奥尼亚形成的。公元前 6 世纪和公元前 5 世纪在希腊的伊奥尼亚出现了泰勒斯、阿那克西曼德和赫拉克利特等重要的哲学家。

公元前 7 世纪吕底亚人开始控制伊奥尼亚；公元前 547 年，波斯帝国的居鲁士二世征服了爱奥尼亚，但此后爱奥尼亚的希腊语城邦一直在寻求独立。

我们此前的讨论已经论证过，将安纳托利亚作为希腊附属殖民地的说法，是没有任何历史实据（出自可疑的荷马神话）的臆想。即使在西方史学中，这一观点也备受争议。

那么，也许人们会问，土耳其本地的历史学家对此会怎么看呢？以下就是一位土耳其历史学者关于安纳托利亚—爱奥尼亚地区历史文化的介绍：

现代考古学的研究发现，早在旧石器时代，就已经有以打猎和采集果实为生的早期原始人在安纳托利亚居住。

大约在公元前 7000 年，这里已经有人类开始了定居生活。大约在公元前 6500 年，Catalhoyuk 城邦开始兴盛发展起来，这可能是土耳其有史以来的第一座城市。从此，安纳托利亚已经成为各种创新的中心。当地人发展了农作物灌溉技术、驯养猪羊技术，创制了独具一格的陶器。现在，在安卡拉的安纳托利亚文明史博物馆（Ankara's Museum of Anatolian Civilisations）里，你可以看到这个时期遗留下来的诸多文物古迹。

〔何新按：这些话清楚地表明，安纳托利亚的文明是本地古人类连续性创造的，并非什么来自希腊的殖民文化——不是希腊人带过来的。实际上，这个时期世界上还没有所谓“希腊文化”。〕

距今 4000 年左右，铜石器并用时代在今天安纳托利亚中部的 Haclar 开始发展起来。东南部也出现了很多部落，他们的生活方式深受美索不达米亚平原的影响，其中包括对金属工具的使用等。在整个安纳托利亚，数量更多、规模更大的部落也正在不断兴起，他们之间有一定的交流和往来，但这种交往并不总是友好的，无论如何，定居方式得到了进一步的巩固。

公元前 3000 年左右，冶金术的发展使权力开始集中，从而导致众多新王国在安纳托利亚建立起来。这里也受到了高加索文化的影响，从某个方面证明了当时贸易交往之活跃，已经不再局限于安纳托利亚高原。

在西部的沿海地区，主要是特洛伊人与爱琴海上的一些岛屿以及希腊大陆进行贸易。但在公元前 2000 年左右，是哈梯人（Hatti）在 Kanesh（Kultepe，位于开塞利附近）建都，并控制了一个贸易网。

安纳托利亚的历史，在这个时期第一次跳出了考古学上猜测推断的范畴，开始变得“真实”起来——保存下来的泥板为后世留下了关于当时日期、事件和人物的书面记载。

哈梯人出现在历史上只是短暂的一瞬，当他们衰落以后，赫梯人（Hittite）便出现了，并控制了哈梯人原来的地区。

公元前1800年左右，赫梯人把首都从Alacahoyuk迁到了哈图撒（Hattusa，今天的博阿兹卡莱附近）。

赫梯人留下的遗产除了他们伟大的首都，还有（用楔形文字写在泥板上的）国家档案，以及特立独行的艺术风格。

公元前1450年，赫梯人的王国在经历了多次内乱后，重新成为一个帝国，这也是安纳托利亚历史上的第一个帝国。赫梯人好战，但是他们也展现了自己的政治技巧——他们对数不清的邦国和诸王进行统治。

〔何新按：小亚细亚地区文明曾经对中国早期金属文明产生过重大的影响，卫斯在《新疆早铁器时代铁器考古发现概述——兼论新疆的铁器来源与冶铁术的传播问题》中说：“一般都认为，古代近东的土耳其北部，小亚帕夫拉戈尼亚（Paphlagonia）是铁器的起源地，因为这里出土铁匕首的阿拉卡遗址文化共分四层，出土铁匕首的是在第三层，整个文化是属于早期青铜文化Ⅱ期，与小亚西部的特洛耶（Troy）Ⅱ期同时代。这个阿拉卡Ⅲ层文化既没有美索不达米亚，也没受到爱琴文化的强烈影响，而是当地土生土长的土著文化。虽然该遗址王墓中发现的头颅是短型的，跟当地的长头颅不同，可能是外来的，但也不是在公元前2300年以后才进入此地的赫梯人的。铁器并不是赫梯人最早发明的，而是原始的小亚土著人民创造的。时间大约在公元前2000纪中叶。后来，这里不仅成为亚述帝国在喀纳斯（Kane）的殖民地的供应金属的地区，赫梯帝国也从这里崛起。”考古发现表明小亚细亚地区发明的铁器在公元前1000年左右，传入中国新疆地区。公元前500年左右，相当于我国的春秋晚期，冶铁术在新疆出现并传入中国中原地区。〕

在公元前1298年，赫梯人入侵拉美西斯二世（Ramses Ⅱ）统治下的埃及，不过，最终赫梯人还是和拉美西斯言归于好，并把一位公主嫁给了他。

根据某些传说（主要是来自荷马史诗），公元前1250年前后安纳托利亚地区发生了特洛伊战争（Trojan War）。当时的希腊人被认为是“来自海上的民族，他们似乎已懂得了制造铁器”。

〔何新按：这位土耳其史学家所引述的系荷马的说法，此与安纳托利亚的考古发现完全不符。铁器，绝非如荷马所说是希腊人带给小亚细亚的——恰恰相反，在小亚细亚地区考古学发现了人类历史上最早的铁器，后来传给了希腊半岛和世界的其他地区。关于这个问题，可参考前面引卫斯先生的论文中的一段文字。〕

在特洛伊，传说时代的一个新的王朝建立起来，并控制了周边地区。而一些赫梯的残余部落在托罗斯山脉（Taurus）生存了下来，但是帝国却灰飞烟灭了。一些城邦小国创造了一种新赫梯文化，这吸引了希腊地区的商人，并形成美索不达米亚地区特有的宗教和艺术形式，而传及希腊。

赫梯帝国之后，安纳托利亚境内出现了多个种族：安纳托利亚人和新的外来入侵者。在乌拉尔图人（Urartian）王国的东部，安纳托利亚胡利安人（Hurrian）的后裔在凡湖（Van Golu）附近建立了一个王国。

公元前8世纪，佛里吉亚人（Phrygians）进入安纳托利亚西部。在系下戈尔迪之结（Gordian knot，见34）的王国戈尔迪统治下，佛里吉亚人在戈尔迪（Gordion）建立了首都。在国王迈达斯（Midas）统治时期，国家的实力达到巅峰。公元前725年，骑在马背上的民族西米里人（Cimmerian）征服了戈尔迪。

在西南的海边，利西亚人（Lycian）建立了一个由多个独立的城邦组成的联邦，覆盖了今天从费特西耶到安塔利亚的广大区域。在内陆地区，吕底亚人则建都萨迪斯（Sardis），控制了安纳托利亚的西部地区，并发明了最早的货币。

吕底亚艺术融合了波斯和安纳托利亚的艺术形式。

公元前547年，波斯皇帝居鲁士二世入侵土耳其地区，控制了利西亚，后来又进一步把势力范围扩大到爱琴海。过了一段时间，在皇帝大流士一世和薛西斯的统治下，波斯人阻止了沿海希腊贸易殖民者及海盗的不断入侵。他们还进一步控制了内陆地区，并结束了安纳托利亚内陆众多王国各自发展的局面。

波斯人通过控制顺从的当地辖区进行统治，但是这种统治并不是那么一帆风顺，他们时不时会遇到好战的安纳托利亚人的反抗，如公元前494年发生在爱奥尼亚城市米利都的反叛，据说这个叛乱就是由雅典人煽动的，不过这场叛乱很快被波斯人镇压了下去。

事实上，波斯对安纳托利亚的统治一直持续到公元前324年。在这一年之后，马其顿王亚历山大的大军终于击败了波斯人，横扫过这个地区。之后，使得这个地区成为一座国际化的文化交融的熔炉。

安纳托利亚地区在马其顿人到来之后出现的历代统治者中，最伟大的也许要算欧迈尼斯（Eumenes），他曾经控制了从达达尼尔海峡直到托罗斯山脉的广大地区，并且修建了我们今天仍能见到的帕加马卫城。公元前279年，凯尔特人（Celts）从欧洲东南部进入安纳托利亚地区。以Ancyra（今安卡拉）为中心，建立了加拉提亚（Galatia）王国。在东北方，米特拉达梯国王（Mithridate）此前也以阿马西亚（Amasya）为中心，建立了本都（Pontus）王国。

而帕加马这个后亚历山大时期最宏大的城市，后来成为罗马人控制安纳托利亚的一个工具。〔《土耳其简史》（*A Brief History of Turkey*），Subhi Mustafa，2003〕

尽管这位土耳其学者对于这个地区的历史描述，难以完全摆脱近代希腊——欧洲中心论的历史观影响，未否定难以据为信史的荷马著作。因为文学只是文学，神话只是神话，不能据为信史（理由我们已经多次讨论过）。但是在此文中已对荷马故事的可信性有所保留，同时作者还特别提到：

有人认为，公元前700年荷马就出生在土耳其的Smyma（今天土耳其的伊兹密尔城）。

总之，根据安纳托利亚的考古实证，这个地区的历史文化主体并非希腊人，而是来自亚洲地区（包括埃及、波斯、高加索）的东方民族，这种历史脉络是十分清楚的。

我个人认为，从考古文物展示的真实历史看，希腊本土在先史时代并没有创造出什么属于自己的特有的原生文化。希腊早期文明及哲学思想（包括荷马、泰勒斯、赫拉克利特等早期哲学家的创作），主要都是来自东方亚细亚地区。因此希腊文明的来源包括：一是苏美尔、埃及和腓尼基的先史文明，二是小亚细亚地区安纳托利亚（希腊人所说的“爱奥尼亚”）文明。

因此我也认为，所谓“希腊化”这个概念，其实是一个文化虚构。没有希腊化，真实的历史是希腊和欧洲在先史时期的东方化。

其实所谓“希腊化”这个概念，在中古以前的波斯人、阿拉伯人或其他亚洲人的著作中，并没有出现过。这个概念也是来自文艺复兴以后的欧洲史学，是一个伪概念。

在近代以前的历史上，根本没有什么东方文明被“希腊化”的过程——在文艺复兴以前，东方亚洲地区是经济富庶、文明发展水平大大高于欧洲的先进地区，是希腊、罗马及欧洲追求、学习和模仿的对象。

所谓泛“希腊化”，其实质恰恰是希腊、马其顿及欧洲的东方化进程——不仅希腊和马其顿人曾经接受东方的腓尼基、安纳托利亚的文明、哲学、语言和文字，而且随着马其顿人的远征——安纳托利亚文化向更远的欧、亚范围传播。后来的罗马也是东方文明的学生。正是文明的东方化进程，彻底改变了希腊、马其顿、罗马和欧洲。

亚历山大向东方进军的目的，以至后来十字军骑士们对东方远征的目的，都是寻找东方的财富之源，以及比当时欧洲更高级、更文明的生活形态，是为了寻求小亚细亚、近东、中东和远东（中国）地区的先进文明。

至于近代东方的落后以及文艺复兴以后西方世界的崛起，那就是需要再讨论的另一个问题了。

〔注：本文原题《何新希腊伪史批判：小亚细亚文化之源及反“希腊化”的历史》。〕

（2012 年 9 月 7 日原载何新博客）

一次浩大的抢劫——文艺复兴的起源

罗马有两个

希腊有两个。同样，罗马帝国也有两个。一个罗马是意大利罗马帝国——欧洲罗马，即人们所熟知的西方罗马。另一个是位于小亚细亚与欧洲交界处的君士坦丁堡罗马——东方的罗马帝国，主要领土包括地中海东岸的今土耳其、黎巴嫩、叙利亚和伊拉克。这个罗马比西方那个意大利罗马的存在要久远得多，富庶得多，强大得多，历史上的影响也大得多。

但是多数中国人却几乎不了解这个罗马，这是因为西方史学希望人们忘记它、抹杀它、黑掉它。为此西方史学甚至为这个罗马改了名字，给它起了一个历史上根本不存在的假名字——伪“拜占庭”帝国。

西方的意大利罗马帝国，于 5 世纪被来自东方的匈奴王阿提拉摧毁，后来被日耳曼蛮族灭亡。而东方的罗马帝国，则于 13 世纪被来自西方的第四次十字军东征和威尼斯的银行家、商人们所摧毁。

第四次十字军东征

第四次十字军东征（1202—1204 年）由教皇英诺森三世号召发动，主要军队是法国的圣殿骑士十字军，由香槟伯爵提奥波德三世率领。除了法国的圣殿骑士（现在仍然是共济会的核心骑士团），这次的十字军还包括威尼斯共和国的意大利雇佣军和日耳曼的条顿骑士团。十字军的远征资金由威尼斯银行家和商人的

十字军圣殿骑士团

秘密组织共济会提供，投资了大约 8 万银马克。

十字军打着夺取圣地耶路撒冷的幌子，其真正目标却是夺取东罗马帝国的首都君士坦丁堡。攻取这座城市，是意大利半岛的威尼斯、佛罗伦萨银行家和商人们的夙愿。

君士坦丁堡，作为东罗马帝国的首都，当时已经存在了千年。这座名城自古以来就是东西方商业贸易的国际中心、丝绸之路的西方终点，也是威尼斯银行家和意大利及犹太商人们的主要竞争地。君士坦丁堡是当时世界上最富庶的商业城市，是一座承继了古老东方文明遗产——包括东方希腊斯遗产的著名文化和艺术都市。

中国的《旧唐书》曾经这样描述君士坦丁堡的繁荣和富庶：

（大秦）都城（即君士坦丁堡）叠石为之，尤绝高峻，凡有十万余户，南临大海。城东面有大门，其高二十余丈，自上及下，饰以黄金，光辉灿烂，连曜数里。自外至王室，凡有大门三重，列异宝雕饰。

第二门之楼中，悬一大金秤，以金丸十二枚属于衡端，以候日之十二时焉；为一金人，其大如人，立于侧，每至一时，其金丸辄落，铿然发声，引唱以纪日时，毫厘无失。其殿以瑟瑟为柱，黄金为地，象牙为门扇，香木为栋梁。其俗无瓦，捣白石为末，罗之涂屋上，其坚密光润，还如玉石。

至于盛暑之节，人厌嚣热，乃引水潜流，上遍于屋宇，机制巧密，人莫之知。观者唯闻屋上泉鸣，俄见四檐飞溜，悬波如瀑，激气成凉风，其巧妙如此。

风俗，男子剪发，披帔而右袒，妇人不开襟，锦为头巾。家资满亿，封以上位。有羊羔生于土中，其国人候其欲萌，乃筑墙以院之，防外兽所食也。然其脐与地连，割之则死，唯人著甲走马及击鼓以骇之，其羔警鸣而脐绝，便逐水草。俗皆髡而衣绣，乘辎軿白盖小车，出入击鼓，建旌旗幡帜。

土多金银奇宝，有夜光璧、明月珠、骇鸡犀、大贝、车渠、玛瑙、孔翠、珊瑚、琥珀，凡西域诸珍异多出其国。

威尼斯共和国当时的总督名为恩里科·丹多洛，是一名瞎子、银行家，据史书记载那时他已年逾八十。但丹多洛精明的头脑和威尼斯银行家的财力，使他仍然成为这支十字军的最高统帅。他指挥威尼斯的雇佣军和船队，与十字军骑士一起前进。

抢劫罗马城——君士坦丁堡

西来的十字军利用东罗马帝国当时发生的内乱，于1204年4月13日攻陷首都君士坦丁堡。破城后，十字军被允许集体抢劫、焚烧、血腥屠城三天。

于是发生了一场史无前例的浩劫。在这场大劫掠中，著名的圣索菲亚大教堂被疯狂的十字军骑士洗劫一空，著名的罗马帝国皇家图书馆也被纵火烧毁，馆藏书籍被遍地丢弃。一些汇聚古代东方希腊文化与智慧的典籍，后来被廉价地卖到意大利和法兰西，成为滋润文艺复兴的源泉。

一位随军的天主教士维拉哈都因，对这种空前的骇人暴行感到无比震撼，他记载，“这座圣城遭受的财富损失就连最精于算数的威尼斯人都无法准确估计”。

三天后，十字军的孟菲拉特侯爵才宣布停止一切掠夺，上缴一切战利品，私藏者将处刑示众。指定圣索菲亚大教堂为占领军司令部和战利品清点中心，展开收缴统计工作。

宝物堆积如山——意大利文艺复兴的起源

但是，圣索菲亚大教堂这座庞大的建筑物竟然无法容纳十字军在三日屠戮之中劫掠而来的全部宝物，各种金银宝石、丝绸皮草、艺术品与雕刻塑像在广场上堆积如山。

经过一个多月耗日费时的清算，威尼斯会计师给出报告，估算战利品的总值为 50 万银马克左右。这笔钱是什么概念呢？据英国著名历史学家吉本估计，这是当时英国一年税收的 7 倍。这个数字在当时的欧洲是天文数字。教士维拉哈都因说："这是一笔足以让所有脑筋正常的人类都丧失理智的无法置信的数字。"

不仅如此，此次战后，银行家领导的威尼斯共和国夺去东罗马帝国近一半的领土（包括爱琴海、亚得里亚海沿岸许多港口和克里特岛）。而十字军则以君士坦丁堡为中心建立了威尼斯的殖民地——拉丁帝国和附庸于拉丁帝国的附属国、雅典公国及亚细亚侯国。

直到 1261 年，拉丁帝国被推翻，东罗马帝国才得以短暂地复国。但 1453 年又被奥斯曼土耳其的突厥人彻底灭国。此后，罗马及其文明消失得无影无踪。君士坦丁堡那个曾经繁盛的东方基督教的希腊斯——罗马文明，此后就被伊斯兰文明完全取代和覆盖了。

有趣而且耐人寻味的是，西方的意大利罗马，是在 5 世纪被匈奴王阿提拉和高卢以及日耳曼蛮族联合灭亡的。而东方的第二罗马帝国，则是在 13 世纪被由威尼斯的共济会银行家、法兰西（高卢）的圣殿骑士和日耳曼人的条顿骑士组成的国际联军摧毁的。最后被来自东方草原信仰伊斯兰教的突厥人所灭亡。

东罗马帝国的国徽。双头鹰寓意：雄视欧亚东西方。

第四次十字军东征是十字军的十次东征中最重要的一次。这次十字军东征对君士坦丁堡的大劫掠，实现了近代金融资本主义最重要的一次原始积累。对君士坦丁堡的文化艺术大劫掠，成为文艺复兴运动的起点。很多人迄今对此几乎一无所知。因为西方的主流史学极力隐瞒和掩盖了这一次经济和文化的大劫掠！

罗马希腊式建筑的亚洲起源

黎巴嫩位于地中海东岸，小亚细亚地区西南，是一个人文历史极为古老的地区。黎巴嫩的巴尔贝克神庙，是欧洲的早期建筑模式的发源地。

巴尔贝克神庙位于贝鲁特东北 85 公里的贝卡平原北部。相传这座神秘庙宇为太阳祭祀神庙。

巴尔贝克神庙是世界上规模最宏伟的石刻建筑群，迄今为止，没有找到比巴尔贝克神庙更完整、更宏伟的神庙遗址。

传说在公元前 3000 年的时候，崇拜太阳神的迦南人在这里修建了祭祀太阳神“巴尔”的庙宇，即巴尔贝克神庙。

传说后来此庙由腓尼基人扩建。据说恺撒时代罗马帝国扩张到亚洲，这座古老的神庙在罗马人手中得到重建。但是这种说法十分可疑，也没有可信的古代史料能够给予支持。

黎巴嫩巴尔贝克神庙实际上很可能是古代亚洲文明的产物。它所体现的圆柱造型和建筑样式，都起源于东方的波斯或者埃及文化。这个巨石神秘庙宇群后来成为欧洲所谓罗马、希腊石柱样式（所谓多利克柱式 Doric order、爱奥尼克柱式 Ionic order、科林斯柱式 Corinthian order 等）的最古老和最完美的原型和典范。

巴尔贝克神庙历经近 2000 年的刀兵水火，现已残败不堪，但其遗址仍然宏伟壮观，让人惊叹不已。

神庙采用大规模的巨石雕凿建造而成，石庙的底层基石最大的石头有 1500

吨，约 68 × 14 × 14 立方英尺（1 英尺≈ 0.3048 米），是地球上最大的完整石材。这些神秘的巨石是怎么被移到此地的，超出人类今天所掌握的科技知识和工技水平。

（2017 年 5 月 30 日原载何新博客）

为何焚毁亚历山大图书馆？

【何新按】

必须指出：以下所述皆非可信的历史。如同西方史学关于埃及、希腊的大部分历史叙述一样，关于马其顿帝国以及亚历山大大帝并不存在任何可信的成文史料。其近代考古亦不乏伪造物，对考古发现的解释和文字破译都极其可疑。以下叙述转自西方不可信的史料，姑妄言之。

据说公元前 4 世纪中叶希腊半岛兴起了一个野蛮帝国——三代蛮族专制王者击败民主自由的雅典诸城邦——当时希腊人与今天英美等国一样皆以“普世价值”作为划分野蛮与文明的准则，不民主、不自由、不普世的都是蛮族——北部巴尔干的马其顿人既非与希腊人同文，也非同种，更不普世，所以都是蛮族。但是在这个马其顿蛮族的两代菲利普王和后生小王亚历山大的打击下，以雅典为首的希腊同盟被击败、被征服，终于不得不解散同盟，对专制王权俯首称臣。野蛮人亚历山大在历史上第一次统一此前小邦林立除斯巴达外都号称民主典范的希腊诸城邦，而成为亚历山大王国的属地。（这之后的帝国历史，在英国 19 世纪最强大的希腊史学家格罗的名著 14 卷《希腊史》中是希腊的耻辱。）

然后亚历山大挥师东进，击败波斯，灭亡波斯，占领埃及，于公元前 332 年驻跸埃及的亚历山大港湾——此后这个港湾即以“亚历山大”命名并建筑城市，这就是埃及的亚历山大里亚。

半人半神的马其顿神王亚历山大大帝

据说亚历山大大帝南征北战十余年，建立了一个横跨欧亚非的庞大帝国。这个帝国沿袭了马其顿先统治的希腊半岛文化。而亚历山大建立的这个马其顿帝国，也被西方史学家称为“马其顿的大希腊帝国”——19世纪的西方史学家为了更加突出这个帝国具有的希腊文化色彩发明了一个新词——“希腊化时代”。

但是在亚历山大大帝死后，马其顿帝国陷入分裂状态。亚历山大手下的埃及总督托勒密在埃及建立了一个托勒密王朝，继续以亚历山大里亚作为王朝的首都。

亚历山大里亚在历史上之所以著名，主要是由于两大奇迹，一个是亚历山大港口的灯塔，被誉为古代世界七大奇观之一。另一个就是在亚历山大里亚建立的图书馆。

据说，埃及托勒密王朝对西方科学的发展意义极其重大，它的最大的贡献是建立了当时世界上最大的学术中心——缪赛学院，后来英语的“博物馆”（museum）一词即来源于此。亚历山大里亚的图书馆就是缪赛学院的图书馆。据说在这个学院和图书馆之中，集聚了美索不达米亚文明以来亚洲两河流域数千年古老文化的结晶和智慧，其中可能也包括来自小亚细亚——爱奥尼亚和希腊半岛的文化和智慧。

传说，托勒密王朝二世国王乌基曼迪亚斯主持兴建了亚历山大图书馆的巨大工程。修建亚历山大图书馆的目的是“收集全世界的知识之书”，实现“世界智慧总汇”的梦想。

图书馆建成后，王朝出重金让缪赛学院雇用了一大批抄写文书的人员，主要以埃及的纸草为媒介，誊抄来自古埃及、古巴比伦、古波斯和希腊的文献。所使用的文字主要是希伯来文字和部分的希腊文字。

为了广泛收集书籍，据说托勒密王朝有命令，所有到达亚历山大港的船只都要被检查，船上携带的文书一律收缴检验，由亚历山大图书馆派员抄录，留下原件，将复制件奉还原主。

就这样，亚历山大图书馆拥有了数量浩繁的藏书，据说最多时藏书达到 50 万 ~70 万卷。可以这样说，地中海沿岸地区古往今来所有重要文献几乎都汇聚到了亚历山大图书馆。这里也就是集大成的西方知识源泉之所在。

据欧洲文艺复兴时代流传的一种说法，在全盛时期的亚历山大图书馆中，藏书达到约 540000 纸草手卷，其中既包括东方著作也包括希腊半岛学人的全部著作——诸如古希腊三大悲剧作家欧里庇得斯、埃斯库罗斯和索福克勒斯的手稿原本，荷马的全部诗稿，包括《几何原本》在内的小亚细亚数学家欧几里得、毕达哥拉斯等的许多真迹。[1] 早在公元前 270 年就提出了地圆论和日心说理论的天文学家托勒密的著作；有西方医学奠基人之称的希波克拉底的许多著述手稿；第一本希伯来文本的《圣经》旧约摩西五经及其希腊文的译稿；还有亚里士多德和物理学者阿基米德的手稿。

17 世纪的欧洲铜版画：亚历山大图书馆。

据说，“地理学之父”托勒密曾被委任为亚历山大里亚图书馆的馆长。

除全部埃及著作外，古埃及、古巴比伦和古希腊的大批哲学、诗歌、文学、医学、宗教、伦理及其他古老的东方学术均有大批著作品收藏于此。

1. 文艺复兴后有一则传说讲到，当时古希腊三大悲剧作家欧里庇得斯、埃斯库罗斯和索福克勒斯的手稿原本收藏在雅典。托勒密三世得知此事后便设了一计，以制造副本为由先用一笔押金诱使雅典破例出借，可据说最后归还给希腊的实际上是复制件，而真迹原件却被送往亚历山大图书馆了。

另外，由于四方学者云集此地，使缪赛学院和亚历山大里亚图书馆享有了“世界智慧之源”的美名，在整个地中海世界传播文明数百年。

但是据说，在后来的三场浩劫和焚书灾难中，亚历山大图书馆被彻底地毁灭了。

第一场浩劫发生在公元前48年，罗马统帅恺撒在法萨罗战役中获胜，追击庞培进入埃及，作战时放火焚烧敌军的舰队和港口。这场大火蔓延到亚历山大里亚，致使图书馆遭殃，全部珍藏过半被毁。

第二场浩劫是由罗马独裁者恺撒发动的征服埃及战争，这次战争灭亡了托勒密王朝，乱兵也劫掠和焚烧了亚历山大里亚图书馆。

第三场更大的浩劫是4世纪罗马帝国皇帝狄奥多西一世发动的宗教战争。

379年，狄奥多西一世就任罗马帝国皇帝。他颁布敕令，将基督教定为国教，要求所有臣民成为基督教徒。391年，他下令拆毁亚历山大城所有异教教堂和庙宇，包括传播异教徒思想的亚历山大里亚图书馆。

亚历山大城的基督教大主教圣·狄奥菲鲁斯带领狂热的基督徒将萨拉贝姆神庙夷为平地，缪赛学院及其图书馆也被放火焚毁。

从此，有六百多年历史的亚历山大图书馆被毁灭而几乎荡然无存了。

但据说随后还发生了一场劫难。7世纪，阿拉伯帝国在阿拉伯半岛崛起。642年，阿拉伯军队在阿慕尔·伊本·阿斯率领下攻占了亚历山大城。

三年后，拜占庭帝国派兵收复亚历山大城。随后，阿慕尔奉命再次出征，于646年初再次占领亚历山大城。于是他又一次焚烧了这里的图书馆。

据说，阿慕尔占领亚历山大城之后，一位与他相识的学者表示，希望得到亚历山大图书馆流散民间的图书。

阿慕尔的回答是：“把所有书审查一下。如果其内容与《古兰经》相同，就无须保存。如果相悖，也无须保存，予以销毁。”阿慕尔下令，将所有从民间收集到的流散馆藏图书交给城里的4000多个公共澡堂做燃料，足足烧了6个月之久。这样，比秦始皇焚书坑儒还惨烈，民间壁藏的最后的少量古书也被收缴而彻底焚毁了——这包括所有的希腊人的手稿。[1]

但是，如果历史果真如此，那么欧洲人声称文艺复兴后出现的大批希腊、罗马以及阿拉伯人的著作，又从何而来呢？

【附录】

亚历山大港、图书馆和灯塔在古地理学意义上不存在

据地理学家陈中原教授的论文《尼罗河三角洲全新世海平面变动及其对环境的影响——与长江三角洲的对比》[2]：

“距今2000~3000年，……（尼罗河）三角洲平原上的潟湖已基本成型，但它们的规模远比现今大得多。据大量钻孔资料分析可知，这些潟湖的南界（也就是最大海侵范围）可继续向南延伸10~30 km不等，横向也远较现代扩展得多。例如三角洲平原中部的布鲁卢斯潟湖曾经向东扩展至达米亚德河的西侧（钻孔S40-31处），平原西部的伊德库潟湖西区都曾是潟湖环境（钻孔S73-76处）。”

程碧波副教授近期指出，地理学家指出古潟湖及沼泽的这个位置，基本就是西方所说的亚历山大港口以及灯塔和图书馆所在的位置（约北纬31°，东经29°）。

因此，这个地理探测报告具有重大的历史学意义。

也就是说，所传说的亚历山大港、灯塔以及图书馆的位置，在距今2000~3000年，那里曾经是潟湖以及沼泽区域。

另外，美国地质学家D.J.Stanley和A.G.Warne对过去35000年来尼罗河海平面变化、气候振荡、沉降和运输过程的相互作用所做的研究[3]，以及Hadeer Sheashaa、赵小双、Alaa Salem、刘演、赖晓鹤、陈中原采用C14测年、沉积物粒度和孢粉分析对尼罗河地区历史地理情况所进行的研究，结论皆认为：

1. 17世纪后，为了替文艺复兴以后大量平地涌出来的伪冒希腊文书古董辩护，也有人对这种焚书说提出质疑。例如，英国的埃尔弗雷德·乔舒亚·巴特勒（1850—1936年）在《阿拉伯征服埃及史》中说，约翰是6世纪中叶人，不可能知道7世纪阿慕尔征服亚历山大城的事情。而且亚历山大图书馆的藏书许多是用羊皮纸书写，而羊皮纸很难燃烧。因此，他认为，许多藏书还是能保存下来。
但是，20世纪的美国著名阿拉伯历史学家菲利普·希提在所著《阿拉伯通史》（1937年）中认为，最根本的历史事实是，在阿拉伯人征服埃及的时候，亚历山大图书馆及其文献已经在此前的两次焚书运动中基本都被销毁了。

2.《海洋学报》2002年，第2期。

3. D.J.Stanley, A.G.Warne. Nile delta:Recent geological evolution and human impact[J].Science,1993,260(5108):628—634.

尼罗河三角洲剖面150~100 cm地层为早全新世河流相沉积；100~27cm地层为早、中全新世（8000—4000 cal a BP）三角洲冲积平原沉积。[1]

程碧波副教授在上述古地质学研究的基础上，利用埃及地区的一批旧档案地图，对于尼罗河三角洲和两河流域的地理演化情况做了比较和分析。

他得出的结论是：根据埃及旧地图所展示的尼罗河三角洲变化，现在的尼罗河三角洲陆地的形成历史不超过600年。由此可以推及尼罗河三角洲上的其他相关人文古迹历史应不会超过700年。

根据两河流域旧地图，幼发拉底河与底格里斯河流到波斯湾西南陆地的形成历史也仅在距今不到900年。根据以上研究，程碧波、黄忠平等学者认为，亚历山大港、灯塔以及古图书馆在距今2000~3000年以前都不可能存在。

因为上述遗址的区位所在，几千年前或是潟湖及沼泽，或是汪洋大海。[2]

1. Hadeer Sheashaa、赵小双等．尼罗河三角洲早—中全新世气候——环境变化对早期农业发展的影响[J]. 湖泊科学，2018，30(3):857—864。
2. 程碧波．从古埃及地图研究尼罗河出海口与两河流域地理人文的演化。

中国史籍中记载的古代埃及

埃及古名

唐以前中国史书中无关于埃及的任何记述。

唐代以后的文史笔记中，陆续出现西方国名“密昔儿”，亦作“米西儿、密徐篱、勿斯里、米昔儿、密思儿、密乞儿”，此国即今埃及。

密昔儿语源 misr，乃埃及古名，出自阿拉伯语，乃古埃及地区人之自称。

在中国古籍中，此名最早见于（唐）段成式的笔记《酉阳杂俎》，书中记有“勿（古音：密）斯离国”，也即密昔儿国较早之译音。

宋《诸蕃志》记有“勿斯里国”。元人《西使记》作密乞儿、密昔尔。《元史》记作密昔儿或米西儿，《明史》记作米昔儿或密昔儿。此地苦旱无雨，只能种麦，产量很低，勉强自养。据《元史》，密昔儿——埃及在元世祖忽必烈时代，曾经被蒙古西部汗——成吉思汗的孙子旭列兀（Hulaghu，1217—1265 年）和其麾下的汉军将领郭侃（1217—1277 年）所征服，成为蒙元帝国在西亚的西土。但此事在波斯蒙古史《史集》中有不同说法，值得研究。

宋《诸蕃志》所记“勿斯里国”

“勿斯里国，属白达（即巴格达）国节制。（勿斯里）国王白晰，打缠头，着番衫，穿皂靴，出入乘马。前有看马三百匹，鞍辔尽饰以金宝。有虎十头，縻以铁索。伏虎者百人，弄铁索者五十人，持擂棒者一百人，臂鹰者三十人。又千骑围护，有亲奴三百，各带甲持剑；二人持御器械导王前。其后有百骑鸣鼓，仪从甚都。

“国人惟食饼肉，不食饭。其国多旱；管下一十六州，周回六十余程，有雨则人民耕种反为之漂坏。

“有江水极清甘，莫知水源所出。岁旱，诸国江水皆消减，惟此水如常；田畴充足，农民藉以耕种。岁率如此，人至有七八十岁不识雨者。

“旧传蒲啰吽第三代孙名十宿，曾据此国。为其无雨，恐有旱干之患，遂于近江择地置三百六十乡村，村皆种麦，递年供国人日食，每村供一日，三百六十村可足一年之食。

“又有州名憩野，傍近此江；两年或三年必有一老人自江水中出，头发黑短、须鬓皓白，坐于水中石上，惟现半身，掬水洗面剔甲。国人见之，知其为异，近前拜问今岁人民吉凶。如其人不语若笑，则其年丰稔，民无札瘥；若蹙额，则是年或次年必有凶歉、疾疫。坐良久，复没不见。

“江中有水骆驼、水马，时登岸啮草，见人则没入水。”

何新评注

上文所记的大江，似尼罗河也。按《永乐大典残卷》三万两千一百八十二记西域有“密斯儿麦国”：

“国朝遣使者至密斯儿之地，言其国有清水江一道，江岸古皆有人种植，今但有杂果木。其所遗小麦种大如黄豆，常自发生。”

又残卷三千五百二十六记：

“蜜昔儿之地有清江一道，名卢德尼勒，江源之上有圆水关一座。上有毫光，四边有门悬于虚空。每立春时，其门自开，水从东门中出，经四十日方闭，门紧闭，水从门槛下，细流而出。”

江名之“卢德尼勒”，即著名的尼罗河。所记似尼罗河的泛流与灌溉。

明代天启年间意大利传教士艾儒略著《职方外纪》记此河名为“泥禄河”。

13世纪元朝郭侃对埃及的征服

据《元史》卷三《宪宗纪》：宪宗二年，“秋七月，命忽必烈征大理，诸王秃儿花，撒（丘）〔立〕征身毒，怯的不花征没里奚，旭烈兀征西域素丹诸国。”

《元史·郭宝玉传》所附郭侃传：“丁巳岁（1257年），侃攻下天房（天方，麦加）”，“又西行……至密昔儿（即埃及）。”

综合元代史料：郭侃，汉族，字仲和，华州郑县（今陕西省华县）人，乃蒙古帝国大将。出身将门，其祖父郭宝玉，父亲郭德海，皆为成吉思汗麾下汉人名将。1252年，郭侃率领汉军火炮兵跟随蒙古汗王旭烈兀远征西亚。

郭侃在西亚屡破阿拉伯军，攻克百二十余城。其军队足迹远至麦加、埃及以及叙利亚。

1258年，郭侃军攻克阿拉伯帝国哈里发的京城——巴格达（“报答国”）。郭侃于底格里斯河畔接受了阿拔斯王朝哈里发的“投降”。立国达509年之久的阿拉伯阿拔斯王朝至此倾覆。郭侃为其征服之地的人所畏惧，对手惊呼其为“东天将军，神人也”。

旭烈兀在波斯创立了伊利汗国。在13—14世纪，波斯伊利汗国作为蒙元帝国的西部汗国，统治着西亚、西南亚，从尼罗河、阿姆河到印度洋，从幼发拉底河到信德（今巴基斯坦）及小亚细亚（今土耳其）和高加索的广大地域。

旭烈兀

旭烈兀是成吉思汗之孙，拖雷之子，蒙哥、忽必烈之弟。

蒙哥汗二年，受命出征波斯，西征未服诸国，陆续攻灭木剌夷、报达、哈里发等国，是为蒙古第三次西征。

蒙哥十年，蒙哥汗死，旭烈兀东返，至波斯，闻忽必烈即位而止。

元世祖忽必烈即位后，命其统辖阿姆河以西至密昔儿（埃及）之地。号称伊利可汗（伊勒儿汗），创立伊利汗国。

埃及对明朝的朝贡

《明史》列传第二百十七西域记：

米昔儿，一名密思儿。永乐中遣使朝贡。既宴赉，命五日一给酒馔、果饵，所经地皆置宴。

正统六年，王锁鲁檀阿失剌福复来贡。礼官言：其地极远，未有赐例。昔撒马儿罕初贡时，赐予过优，今宜稍损。赐王彩币十表里，纱、罗各三匹，白丝布、白将乐布各五匹，洗白布二十匹，王妻及使臣递减，从之。自后不复至。

明代地理书《名山藏》：

米昔儿即密思儿，正统六年朝贡，其王曰速鲁檀阿失剌福。

正统六年，朝议土鲁番久失贡，因米昔儿使臣还，令赍钞币赐其酋巴剌麻儿。

《明实录·英宗》记：

乙亥行在礼部言：米昔儿等处地面极远，今初来朝贡，未有赐例。

先是撒马儿罕地面初来贡时赐例过厚，今宜视其例少损之。赐王速鲁檀阿失剌福彩币十表里，纱罗各三疋，白毯丝布白将乐布各五疋，洗白布二十疋，王妻彩币视王减十之六，纱罗减三之一，白毯丝布白将乐布各减五之二，洗白布减其半。

使臣一如撒马儿罕使臣例，黑楼地面，旧时朝贡止赐其使。

今宜视米昔儿例又损之。赐其头目阿剌兀倒剌把都儿彩币纱罗诸布，一如米昔儿王妻例。使臣视旧少损之，赐彩币六表里，印花绢四疋，折钞绢五疋，其余地面到京使臣，并存留甘州打剌罕舍，人人等俱各如其例赐。

上从之。

米昔儿即蜜思儿，黑楼即哈烈番，语转而然也。

明笔记《玉堂嘉话》：

密昔儿，即唐拂菻地也，观其土产风俗可知已。又《新唐书》载："拂菻去京师四万里，在西海上。"所产珍异之物与今日地里正同，盖无疑也。（中统四年三月浑源刘郁记）

值得注意的是，关于埃及的记述中，没有任何关于大小金字塔及狮身人面像的文字。

（2019 年 10 月 11 日原载何新博客）

中国正史中首次记载的犹太国“如德亚”

读利玛窦地图按语

明代利玛窦、李之藻绘制之《坤舆万国全图》（日本新井白石本）西亚部分，“如德亚”之地名下，利玛窦标注：“天主降生于是地，故人谓之圣土（即巴勒斯坦）。”

〔参看《马太福音》:“当希律王的时候，耶稣生在犹太的伯利恒。”〕

又，如德亚之右（东）侧地名曰“西利亚”——即叙利亚。西利亚右侧之“欧法蜡得河”，即幼发拉底河。

如德亚之下有山当即秦山——西奈山，山下有海名“死海”，利玛窦注云：“此海无所产，名为死海，然水性常浮，人溺水其中不沉。”

明末耶稣会来华教士汤若望著《职方外纪》，亦有“亚细亚如德亚”之国名，略云：“天主降生于如德亚白德棱（即 bethlehern，伯利恒）之地，名曰耶稣，一言救世主也。”

如德亚，此地即《圣经》所记之迦南地，古代之犹太国，后来之巴勒斯坦（叙利亚语谓“圣地”之意）。

如德亚及西利亚下之地名“磕尔突牙”，即著名之西亚故地 caldea（卡尔德阿）——迦勒底。

如德亚西海中之大岛，名“止波里”者，即今之塞浦路斯岛也，在地中海东部。

《明史》所记之犹太国

《明史·列传第二百十四·外国七》记：

拂菻，即汉大秦，桓帝时始通中国。晋及魏皆曰大秦，尝入贡。唐曰拂菻，宋仍之，亦数入贡。而《宋史》谓历代未尝朝贡，疑其非大秦也。

元末，其国人捏古伦入市中国，元亡不能归。太祖闻之，以洪武四年（1372年）八月召见。命赍诏书还谕其王曰："自有宋失驭，天绝其祀。元兴沙漠，入主中国百有余年，天厌其昏淫，亦用陨绝其命。中原扰乱十有八年，当群雄初起时，朕为淮右布衣，起义救民。荷天之灵，授以文武诸臣，东渡江左，练兵养士，十有四年。西平汉王陈友谅，东缚吴王张士诚，南平闽、粤，戡定巴、蜀，北定幽、燕，奠安方夏，复我中国之旧疆。朕为臣民推戴即皇帝位，定有天下之号曰大明，建元洪武，于今四年矣。凡四夷诸邦皆遣官告谕，惟尔拂菻隔越西海，未及报知。今遣尔国之民捏古伦赍诏往谕。朕虽未及古先哲王，俾万方怀德，然不可不使天下知朕平定四海之意，故兹诏告。"

已而复命使臣普剌等赍敕书、彩币招谕。

其国乃遣使入贡，后不复至。

万历时，大西洋人至京师，言天主耶稣生于如德亚（Judea），即古大秦国也。

其国自开辟以来六千年，史书所载，世代相嬗，及万事万物原始，无不详悉，谓为天主肇生人类之邦。言颇诞谩不可信。其物产、珍宝之盛，具见前史。

按"如德亚"（Rudeya，Judea），即古叙利亚语（阿拉米语）犹太国之称，此记载当为中国正史之首见。如德亚所在，即《圣经》之以色列，东罗马国统治下之巴勒斯坦、叙利亚。

西方古代称中国为"大秦"即 sina（支那）。而西亚大秦之得名，应当来自犹太及西亚人崇拜之圣山——大秦山 Har Sinai，即西奈半岛之西奈山——月神山（sin，秦，西亚月神名）。

按:《明史》此记述可圈可点处颇多，兹略析数点如下：

1. 大秦即如德亚，即迦南、黎凡特、以色列、巴勒斯坦及古叙利亚所在地。

〔何新按：清人夏燮（江上蹇叟）著《中西纪事》云：“如德亚，即西人之所称为犹太，其地在大秦之东。”盖以大秦地为东罗马也。〕

2. 明太祖时大秦与明朝有使节往来，大秦曾经遣使入贡，后不复至。

此时的东罗马王是末代王朝巴列奥略王朝的约翰五世（1341—1376 年在位），安德洛尼卡三世之子。1373 年以后，东罗马乃称臣于奥斯曼突厥。1453 年奥斯曼突厥攻占君士坦丁堡。所以大秦灭亡，不可能再与明朝通使节也。

3. 万历时，大西洋人至京师。此大西洋人应即耶稣会士利玛窦、汤若望之属。

4. 这些西洋人根据《圣经》吹嘘大秦伪史云：“其国自开辟以来六千年，史书所载，世代相嬗，及万事万物原始，无不详悉，谓为天主肇生人类之邦。言颇诞谩不可信。”

——则西洋人（欧洲传教士）对西方伪史之鼓吹，自明代以来已经开始也。

（2019 年 12 月 12 日原载何新博客）

中西亚史地考

历史枢纽之地：西亚五海两河

自南亚次大陆的印度向西北，越过印度河流域的巴基斯坦，登阿富汗—伊朗高原，向北即进入中央亚细亚地区，中国古代所说的两河河中地。

向西，即来到西亚的两河流域，今日伊拉克境内的幼发拉底河与底格里斯河之间的美索不达米亚（河间）平原，由此再西到达叙利亚、巴勒斯坦、以色列，西北进入小亚细亚的安纳托利亚。

五海三洲之地，这一片广阔的次大陆地域，便是包括西南亚、中亚、西亚及环地中海文明的“五海三洲”之地。

所谓五海，即地中海、黑海、里海、红海和阿拉伯海。所谓三洲，指亚、非、欧。这一区域自古以来便是控制欧亚大陆的战略枢纽之地，战略地位极其重要。

人类最早的城市文明、青铜文明、黑铁文明，分别起源于欧亚大陆之东方的中国、中央的印度河流域地区，以及西亚的两河流域。

古文明三大起源地：自东而西——长江、黄河流域，巴基斯坦印度河流域，西亚两河流域小亚细亚的安纳托利亚，中东黎凡特新月地区与西亚两河流域，处在联系亚欧非三大洲、沟通大西洋和印度洋的枢纽，乃是两洋三洲五海交汇之地。

地理上的大西亚地区，包括现在的伊朗、巴基斯坦、阿富汗、格鲁吉亚亚洲地区、亚美尼亚、阿塞拜疆、叙利亚、伊拉克、土耳其、约旦、以色列、埃及、沙特阿拉伯、巴林、卡塔尔、也门、阿曼、阿拉伯联合酋长国、科威特、阿富汗、黎巴嫩、塞浦路斯等。

如果把中亚西亚的区域地形图换一个角度来看，会发现这一地区的自然条件非常艰难：有四大高原——通向波斯湾的两河平原北部为安纳托利亚高原，东部为伊朗高原和阿富汗高原，西部是阿拉伯高原。

这里有两个两河流域——西亚的两河流域与中亚的两河流域。四条河流所流经的平原和滋润的沃土，孕育了其周边古老的农业麦作文明。

西亚两河流域

著名的西亚两河流域，即幼发拉底河及底格里斯河，其怀抱下孕育的是美索不达米亚文明。

这两条大河皆发源于西北部小亚细亚的安纳托利亚高原，流经沙漠、荒原与著名的叙利亚草原。

古老的“美索不达米亚”（意为“河间之地”）文明，繁盛于今叙利亚及伊拉克境内，幼发拉底河和底格里斯河的中下游地区。

美索不达米亚两河流域分为南北两部分，北部称亚述（叙利亚），南部称巴比伦尼亚（伊拉克），巴比伦尼亚又分为南北两部分，北称阿卡德，南称苏美尔。

西亚的两河流域地处亚、非、欧三洲的交汇处，周围无大海、沙漠的阻隔，交通便利，成为民族迁徙和信息交流的集散点。古代两河流域曾经王朝兴替、人口流动频繁。

主要民族和人口为：闪人（阿拉伯及犹太人），苏美尔人、古波斯人、原始希腊人（希伯来人、犹太人）。

农耕文明的方式与幼发拉底河与底格里斯河有关，由于其发源地在安纳托利亚高原，每年 3 月开始，高山融雪和上游春雨为河流补给，由于流程短，沿山麓汇集支流多，常使河水暴涨、洪水泛滥，形成广阔肥沃的冲积平原。

由于两河流域正好处在亚、非、欧三大洲的交汇之处，开放式的地理区域，使得该地区自然而然地成为东西方文明融合的舞台。

这个地区几乎没有留下成文历史。但是，从最初传说的苏美尔人到阿卡德王国、古巴比伦王国，再到亚述帝国、新巴比伦王国、波斯帝国、亚历山大帝国、罗马帝国、阿拉伯帝国，直至最后的奥斯曼土耳其帝国，都在这里留下了统治的印迹。

犹太教、古波斯拜火教（琐罗亚斯德教）及原始基督教的文化，最终都形成于这个地区。7 世纪时，穆罕默德在这里建立阿拉伯帝国，他所创立的伊斯兰文明在该地区取得统治地位直到今天。

中亚两河流域

中亚地区也有两条著名的大河，即阿姆河与锡尔河。

这两条大河流经的土地，以及那里的居民和部族与古代的中国关系极其密切，相互影响甚大。这个中亚两河流域在中国史书中被称为中亚两河的“河中之地”。

河中平原及周边草原，是古代匈奴及月氏、罽宾、突厥、回纥人的西翼地区。

这个地区今日属于哈萨克、乌兹别克、土库曼（突厥别语）、塔吉克等中亚诸国。

阿姆河（Amu Darya),《史记》《汉书》称其为妫水;《北史》称作乌许水;《隋书》《旧唐书》《新唐书》称作乌浒水,《大唐西域记》记为“缚刍水”。

阿姆河之名出自波斯及突厥语。古代波斯人称此河为乌许斯河（Oxus），可能来源于粟特语对河神乌许思的称呼。

妫水——阿姆河，发源于帕米尔高原（葱岭），源头是兴都库什山脉北坡东南部海拔 4900 米的高山冰川，流经土库曼斯坦及乌兹别克斯坦，曲折向西北，流入咸海。

阿姆河是中亚水量最大的内陆河，是咸海的两大水源之一。上游瓦赫基尔河位于阿富汗境内，自东向西流，汇合帕米尔河后，成为阿富汗与塔吉克斯坦的界河。

锡尔河（Syr Darya），中国古称药杀水。发源于天山山脉，分两源——右源纳伦河和左源卡拉达里亚河，纳伦河为正源，发源于吉尔吉斯斯坦。

两河在纳曼干附近汇合后向西流入费尔干纳谷地，在塔吉克斯坦苦盏出谷，流至别卡巴德后转而向西北，流经乌兹别克斯坦和哈萨克斯坦，注入咸海。全长约 3000 公里，流域包括图兰低地以及乌兹别克、塔吉克和哈萨克等国家，为中亚最长的河流。

突厥斯坦山脉是天山支脉，是中亚两河——锡尔河与阿姆河的分水岭。两河所处的“河中地区”——河中绿洲平原以及周边辽阔的中亚草原（哈萨克草原），毗邻南俄草原以及蒙古高原，是古代农牧文化以及匈奴、突厥民族的重要的发源地。

河中与昭武九部落

从地缘板块划分看，卡拉套山是中亚的农牧分割线。隋唐时期，卡拉套山与锡尔河之间，存在过来自中国西部的农业部族——昭武九姓。

据《隋书》记载，九姓部落的祖先是月氏人，原居祁连山昭武城（今甘肃临泽）。后为匈奴所逼，迁居葱岭，月氏部族分为多个小国（部落），其各王均以昭武为姓。即康、史、安、曹、石、米、何、火寻和戊地等九部姓（据《新唐书》，此外还有穆、东安、毕、沛捍、那色波、乌那曷、穆、漕等姓的说法）。故九部又称九姓胡。

昭武九国在南北朝时隶属哌哒，隋朝时隶属西突厥。唐平定西突厥后，划入康居都户府，归安西都护府管辖。

昭武九部人以畜牧及经商为业，善商贾，常往来于丝绸之路，和中国通商。故隋唐在中国的外商，以昭武九部人居多，其中又以康国人、石国人为主。

西安、洛阳均曾出土许多昭武九部中之曹、石、米、何、康、安诸姓的墓志，他们有的为唐朝立了军功，有的担任过唐朝的军政职务。

唐代石城守将康拂耽延，鸿胪卿康谦，琵琶乐师康昆仑，以及安禄山，都原为康国人（安禄山后改姓安）。哥舒翰之父为突厥，母为九姓胡。九姓部落由于世代经商，成为古代西亚文明、南亚文明与东亚文明的重要媒介。

石国、康国的胡腾舞、胡旋舞和柘枝舞，曾传入长安，为唐人所喜爱。而狮子、哈巴狗、汗血马等物种传入东土，也与九姓部落有关。

【附录】

中国史书所记中亚河中地

两河流入之咸海，史记《大宛传》中称作西海。

《史记·大宛传》记：

大月氏在大宛西可二三千里，居妫水北。其南则大夏，西则安息，北则康居。行国也，随畜移徙，与匈奴同俗。

控弦者可一二十万。故时彊，轻匈奴，及冒顿立，攻破月氏，至匈奴老上单于，杀月氏王，以其头为饮器。始月氏居敦煌、祁连间，及为匈奴所败，乃远去，过宛，西击大夏而臣之，遂都妫水北，为王庭。其余小众不能去者，保南山羌，号小月氏。

安息在大月氏西可数千里。其俗土著，耕田，田稻麦，蒲陶酒。城邑如大宛。其属小大数百城，地方数千里，最为大国。临妫水。有市。民商贾用车及船行旁国，或数千里。以银为钱，钱如其王面：王死，辄更钱，效王面焉。书革旁行以为书记。其西则条枝；北有奄蔡、犁轩……大夏在大宛西南二千余里妫水南。其俗土著，有城屋，与大宛同俗。无大（王）〔君〕长，往往城邑置小长。其兵弱，畏战。善贾市。及大月氏西徙，攻败之，皆臣畜大夏。大夏民多，可百余万。其都曰蓝市城，有市贩贾诸物。其东南有身毒国。

《新唐书·西域传》记：

安者，一曰布豁，又曰捕喝，元魏谓忸蜜者。东北至东安，西南至毕，皆百里所。西濒乌浒河，治阿滥谧城，即康居小君长罽王故地。大城四十，小堡千余……吐火罗，或曰土豁罗，曰睹货逻，元魏谓吐呼罗者。居葱岭西，乌浒河之南，古大夏地，与挹怛杂处。

胜兵十万。国土著，少女多男。北有颇黎山，其阳穴中有神马，国人游牧牝于侧，生驹辄汗血。其王号“叶护”。武德、贞观时再入献……石汗那，或曰斫汗那。自缚底野南入雪山，行四百里得帆延，东临乌浒河……护蜜者，或曰达摩悉铁帝，曰镬侃，元魏所谓钵和者，亦吐火罗故地。东南直京师九千里而赢，横千六百里，纵狭才四五里。王居塞迦审城，北临乌浒河……怛满，或曰怛没，东陀拔斯，南大食，皆一月行；北岐兰，二十日行；西即大食，一月行。居乌浒河北平川中。兽多师子。西北与史接，以铁关为限。

中亚河间沃原对中国历史的意义

锡尔河与阿姆河是亚洲中部最大的内陆河，两河之间被称为“河中”或者“河间”地区。中亚文明的摇篮锡尔河与阿姆河，发源于帕米尔高原。

阿姆河，古代中国人称其为妫水（汉代）、乌浒水（隋唐）。来源于粟特语对河神乌浒 Wxwsw 的称呼。《大唐西域记》记为“缚刍水”。

源头出自帕米尔高原东南部和兴都库什山脉海拔 4900 米的冰川，西流汇合源自帕米尔高原的帕米尔河，称喷赤河（Pyandzh），再曲折西流，汇合瓦赫基尔河后称阿姆河，向西北流入咸海。流经塔吉克斯坦、阿富汗、乌兹别克斯坦、土库曼斯坦四个国家。阿姆河长 1415 公里；从源头起算，全长 2540 公里，流域南北宽 960 公里，东西长 1400 公里，面积 46.5 万平方公里。靠高山冰川和融雪补给，每年有春、夏两次汛期。阿姆河也是文化的分界：3 世纪时是嚈哒与伊朗，后来是突厥与伊朗，泾渭分明。据记载，阿姆河历史上曾流入里海。

锡尔河，中国古称药杀水，源于天山山脉，流经图兰低地（费尔干纳盆地），其上游为纳伦河和卡拉河，流经乌兹别克斯坦、塔吉克斯坦和哈萨克斯坦三国，最后注入咸海。全长 2212 公里。中亚地区农牧分界线就在锡尔河流域。

中亚与西亚是三洲、五海交汇之地，处在亚、欧、非三大洲之间，沟通大西洋和印度洋。五海，指里海、黑海、红海、阿拉伯海、地中海。

了解中国秦汉历史的学者会知道，由两河的河间沃原到五海三洲交汇之地，自汉代以来，对中国历史就有着重要的意义。

近年史学界受西方误导，出现游牧文化强悍论，认为来自长城以北的游牧民族不断入侵，影响了中国文明和历史的走向。这实际是一种至为浅薄之论。

真正影响改变中国历史的不是来自草原的游牧民族，而是中亚西亚的商人和商队。游牧民族常常是他们的工具而已。

（2019 年 10 月 6 日原载何新博客）

关于中亚的河中府——撒马尔罕

河中（英语：Transoxiana），指中亚锡尔河和阿姆河流域以及泽拉夫尚河流域，包括今乌兹别克斯坦全境和哈萨克斯坦西南部。

河中府（今中亚境内乌兹别克斯坦撒马尔罕），即撒马尔罕，是中亚著名的文化古都，古名寻干、撒马尔，“干”或“罕”当地语指城池。

河中地区是古代欧亚陆路主商道丝绸之路的重要通道，是中亚的战略要地，为历代兵家所必争。

撒马尔罕建城于公元前 3 世纪。由于地处绿洲，是丝绸之路上中国和西亚、欧洲的中转交界处，成为亚欧商路货物的重要集散交流地，成就了当地的富庶、繁盛。

自波斯帝国（公元前 559 年—公元前 336 年）时期开始，该地区先后被突厥、唐朝、阿拉伯帝国、萨曼王朝、喀喇汗王朝、西辽王国、蒙古察合台汗国、帖木儿帝国以及明、清所统治。19 世纪后被俄国、苏联统治，现在为乌兹别克斯坦共和国所管辖。

中国古代称此地为“河中”，近代称之为“河中地区”，现代称之为“中亚河中地区”。这块土地自汉唐以来与中国历代王朝关系至为密切，但这一历史几乎在西方中亚历史书以及苏联历史书中被刻意地淡化、掩埋、抹杀。

中亚咸海、锡尔河和阿姆河流域交汇的河中地区

兹搜集有关历史资料，将河中地区的历史简况整理如下：

位于撒马尔罕市中心的列吉斯坦广场，是一组宏大的建筑群，建于15—17世纪。建筑群由三座神学院组成：左侧为兀鲁伯神学院（兀鲁伯为乌兹别克斯坦中世纪的学者、天文学家、诗人和哲学家），建于1417—1420年；正面为季里雅—卡利（意为镶金的）神学院，建于1646—1660年；右侧为希尔—多尔（意为藏狮的）神学院，建于1619—1636年。这三座建筑高大壮观、气势宏伟，内有金碧辉煌的清真寺。兀鲁伯神学院的正门和彩色的穹顶是用彩色的陶瓷装饰的，后遭地震破坏，又重新修建了高13米、直径13米的穹顶，建筑材料采用特殊金属。这些神学院是中世纪培养穆斯林神职人员的学府。其中兀鲁伯神学院是15世纪最好的穆斯林学府之一。据说，兀鲁伯曾亲自在此授课，这里是他统治期间世俗科学思想的中心。三座神学院虽建于不同时代，但风格组合相当成功，是中世纪中亚建筑的杰作。

河中府——撒马尔罕（乌兹别克语：Samarqand）

撒马尔罕是中亚地区的历史名城，也是伊斯兰学术中心。现在是乌兹别克斯坦的旧都兼第二大城市、撒马尔罕州的首府，有人口40万。Samar意为“肥沃”，Qand意为“土地”，撒马尔罕意为“肥沃的土地”；耶律楚材说：“寻思干者西人云肥也，以地土肥饶故名之。”唐代建州于此，汉名为河中府。

《魏书》称撒马尔罕为悉万斤，《隋书·西域记》称其为康国，（唐）慧超《往五天竺国传》称作康国，属昭武九姓之一，（唐）杜环《经行记》称作康国、萨末建，《新唐书》称为康国、萨秣建，（元）耶律楚材《西游录》称作寻思干，《长春真人西游记》称作邪米思干，《元史》称作薛迷思加，（明）陈诚《西域番国志》、《明史》、（明）严从简《殊域周咨录》均称作撒马儿罕。

14世纪时此地为帖木儿帝国国都，也是帖木儿陵墓的遗址Gur-e Amir所在地。Bibi-Khanym Mosque清真寺也是著名地标之一，Registan则是市区古老的中心。

〔2001年，联合国教育、科学及文化组织将拥有2750年历史的撒马尔罕编入世界遗产之列，称为Crossroads of Cultures（文化交汇之地）（亚洲和大洋洲世界遗产）。〕

早期居民是游牧民族

早期河中地区的居民为各个伊朗语民族以及突厥语民族，有伊朗系的斯基泰人、马萨格泰人等游牧民族，还有吐火罗人、波斯人、匈奴人、月氏人、乌孙人、粟特人等。

直至6世纪以前，无论在古代中国新疆的城郭诸国，还是在锡尔河以南的绿洲地区，都住着说伊朗—印欧语的农民和游牧人。

河中地区纪元前建造的惊世古城

河中—撒马尔汗地域，西方考古界称之为“中亚细亚的埃及”。因为在世界上还很难找到这么一个相对地域不大却集中了如此多古建筑遗址的地方，这里建于纪元前600年的古代要塞有几十座。它们像古埃及的金字塔，给第一次造访这里的人一种深深的震撼，不由得产生好些疑问：在缺乏应有建筑机械的情况下，古代工匠们是怎样建起如此高大的建筑物的呢？它们又何以能保存至今？因为这些建筑绝大部分已经有了两千年的历史。

而据乌兹别克斯坦共和国科学院历史、考古和民族学研究所的有关专家介绍，这块地域在纪元初期曾经相当繁荣，多处都在大兴土木。不少要塞历时两千年，如今看上去似乎其主人刚刚离开似的。可奇怪的是，尽管这些要塞如此高大雄伟，又保持得如此完好，可知道它的仅仅是少数的专家。也许是它们都建在远离通衢要道的地方，没有当地历史学家当向导一般人还真去不了。

这是非常浩大的工程，需要成千上万的民工不分白天黑夜不停地挖。其结果是河中地区留下了令世人震惊和叹服的工程。就以建于公元1世纪的托普拉克·卡拉（土城）为例，该城的城墙总长为1公里还多，是一座完整的城市，历史学家在城内发现有不下10个街区。就因为城市是建在平原上，所以一定得筑高墙以防敌人来犯。墙高10米，在最高处还建了一座城堡。

另一座卡孜勒—卡拉要塞（红城）的宏伟程度也丝毫不逊于前者，它曾于1—7世纪起到镇守边关的作用。尽管其规模不算太大（65米 ×65米），但曾经是一块使敌人感到难啃的骨头。城墙是双层的，宽 8 米、高 15 米。要塞分为两层，第一层有 4 米高的柱脚，好让敌人的攻城机发挥不了作用。

公元前 6 世纪，波斯帝国阿契美尼德王朝强盛之后，将势力扩展到此地，当时，这里有一系列伊朗人建立的小国，如康居、大宛等，这些河中地区的居民被称为东伊朗人、东伊兰人、粟特人等。

这片地区也是古波斯神话中农耕的“伊兰”世界（波斯帝国本身）与游牧的“图兰”（斯基泰人、马萨格泰人、匈奴人这些游牧的伊朗人与突厥人）世界对峙的中间区域。

历史上人口流动频繁

据不可靠的西方史料，在古波斯的君主制国家——阿契美尼德王朝之前，这里是米底亚王国（公元前 678 年—公元前 553 年）的领土。

据《汉书》《后汉书》记载，公元前 5 世纪—公元前 4 世纪匈奴兴起，河中为匈奴所据之地。

据西方说法，公元前 327 年，亚历山大大帝东征曾经到达此地，击溃了此地的军事力量，但因不堪此地匈奴、斯基泰人、马萨格泰人与粟特人游击战术的骚扰，停止了北上的步伐。

公元前 3 世纪—公元前 1 世纪为巴克特利亚王国（大夏）所统辖，此后又被阿萨息斯王朝（公元前 238 年—公元前 224 年）占领。

公元前 247 年，伊朗帕提亚王朝建立，河中地区为其势力范围。

60 年，为阿富汗、印度的贵霜帝国统治。

据《汉书》记载，汉朝时期河中地区被大宛（费尔干纳谷地）所辖。230 年左右，伊朗萨珊王朝兴起，从贵霜手中夺走了河中地区，并逐渐吞没了贵霜帝国。河中地区的经济文化在此时取得了较大程度的发展。

大约在 440 年，河中在恹哒匈奴（大月氏王寄多罗的后裔，424—558 年）与中古波斯地区的君主制国家依兰王国（224—651 年）、伊朗系的萨珊王朝之间易手。

6 世纪，突厥汗国在中亚兴起，河中粟特国家成为突厥汗国的附庸。

突厥的起源与中古史

突厥，本是金山（今新疆阿尔泰山）之南一个游牧部落的名称，最早出现于5世纪中叶。

突厥部落曾臣属于中国北方的柔然（即戎人）民族。6世纪初，突厥部落兴起。

552年，首领土门率部打败柔然，建立突厥汗国，土门自称为“伊利可汗”。汗国主力迁到漠北草原，并在郁督军山（今蒙古国杭爱山东部）建立汗廷。突厥又于553—558年与波斯夹攻中亚大哌哒，灭之，瓜分其土地，以阿姆河作为与波斯的界限。故中亚在名义上也成了突厥的领土。此后，突厥汗国发展成为一个“东至辽海以西，西达西海（今里海），南至沙漠以北，北至北海（今贝加尔湖）”的庞大游牧部落联合体。汗国内部包括许多归附的部族，主要有回纥、铁勒、高车、薛延陀等。

583年（隋朝初期），突厥汗国以金山为界分为东、西两个汗国。据史料记载，唐朝初期，不仅伊吾、高昌、焉耆（yān qí）、龟兹、疏勒和于阗诸地区都臣服役属于西突厥，而且各地的王族多娶突厥女为妻。突厥派吐屯、俟利发等官驻其地以监治其国，或摄其政。在这种情况下，越来越多的突厥人迁入今新疆南部各地，与当地的原住民互相影响。故《隋书》讲，高昌地区的妇女虽仍晋装，男子却须着胡服。典籍虽仍为汉字儒经，阅读却间用胡音。这是语言和习俗的初步突厥化。

627年唐太宗即位，630年降服了东突厥，640年向西征服高昌，并在西突厥设隶属安西都护府的瑶池都督府，西突厥首领阿史那贺鲁担任都督。649年唐太宗去世后，阿史那贺鲁举兵反叛。唐朝于652年派军讨伐追随阿史那贺鲁的处月、处密部落，次年撤销瑶池都督府。657年，唐朝又命苏定方统率大军，在回纥及西突厥部落的支持下，讨伐阿史那贺鲁，获得全胜，阿史那贺鲁被生擒。658年西突厥汗国被摧毁。

659年，唐朝正式设立安西四镇。661年中亚地区以河中地区为中心的广大区域列入了唐朝的版图。

680年，骨咄禄重建东突厥第二汗国（又称北突厥汗国）。744年，东突厥第二汗国被回纥骨力裴罗可汗所灭。突厥汗国彻底解体后，突厥民族也随之解体融合到其他民族之中，突厥汗国总共存在了 100 多年。突厥民族从兴起到解体总共存在了 200 多年，以后突厥民族不复存在，突厥的称谓也少有提及，即使提及，它的内涵也已发生变化，成为一种语言学概念或地理学概念。原因是突厥民族消亡了，突厥文字也消亡了。然而突厥语言还存在，曾经生活在突厥汗国统治下的其他民族和部族，大多讲着与突厥语相近的语言或接受了突厥语言。

唐天宝三年（744 年），回纥首领骨力裴罗建立回纥汗国，灭东突厥第二汗国。回纥汗国汗王接受唐朝册封。唐安史之乱后，唐军事力量退出西域，回纥汗国、阿拉伯帝国、吐蕃称雄中亚地区，回鹘语也流行于这一地区。唐贞元四年（788 年），改称回纥为回鹘。唐开成五年（840 年），回鹘政权被黠戛斯（读音：侠假斯）推翻后，大部分回鹘人分三路西迁：一支迁入吐鲁番盆地，称西州回鹘，又向西发展，以高昌（今新疆吐鲁番）为中心，建立了高昌回鹘政权，后来他们改称为“畏兀儿”，也就是今天维吾尔族的祖先。一支迁到葱岭以西，称葱岭西回鹘，他们在中亚及今新疆喀什、和田地区建立了喀喇汗王朝；一支迁到河西走廊，称河西回鹘，后来建立甘州回鹘政权，成为今天裕固族的祖先。在突厥人消亡后，回鹘人在广义上也可以被称为突厥人——讲突厥语的人，因为突厥语、回鹘语言同属阿尔泰语系突厥语族。

包括回鹘人在内的突厥人在中亚的发展中进一步加剧了中亚的突厥化。

在喀喇汗王朝时期（9—13 世纪初），由于大批突厥语的游牧民转入定居，加快了中亚土著民族突厥化的进程。999 年，喀喇汗王朝灭掉伊朗人的萨曼王朝。

11 世纪时，中亚河中地区属于喀喇汗王朝的领域，阿姆河以南今阿富汗之地则属于哥疾宁王朝（962 年建立，1037 年被塞尔柱赶出伊朗，1186 年西北印度被波斯化德里苏丹取代，哥疾宁王朝灭亡）。

1040 年，塞尔柱人（土库曼人）在谢腊赫斯与谋夫之间的丹丹坎地区击败哥疾宁朝苏丹马苏德，其首领托格里尔遂在呼罗珊建立塞尔柱王朝。

所有这些王朝都是突厥人建立的，当然也就在中亚推行突厥化的政策。以后，在塞尔柱王朝的废墟上建立起来的花剌子模沙王朝和阿富汗西北一带的古尔王朝，也都是突厥人所建。这些突厥王朝对于中亚的突厥化起了重大的作用。到成吉思汗兴起时，中亚地区的突厥化可说已基本完成了。

12世纪迁入中亚的契丹人和13世纪20年代蒙古西征以后迁来中亚的蒙古人，后来也逐渐地被突厥化。14世纪后期在中亚崛起的帖木儿即有突厥血统，他所建立的帝国，是一个突厥化的国家。

16世纪，乌兹别克人大量迁到河中地区并在此定居从事农业生产活动；17世纪末和18世纪初，俄国与蒙古准噶尔部将柯尔克孜人迁到安集延和喀什噶尔之间的山区等举措，都进一步加剧了中亚的突厥化。而中亚原有的伊朗语种族，不是被操突厥语的民族所同化，就是迁徙到边远地区，如帕米尔高原。

几经变迁，而今生活在中亚的维吾尔人、哈萨克人、吉尔吉斯人、土库曼人、乌兹别克人、阿塞拜疆人、鞑靼人，他们所说的语言都属于突厥语族，所以在“泛突厥主义”看来，他们仍然都是突厥人。

唐朝曾经在此建立州府

7世纪，唐朝在击溃东西突厥汗国之后在河中地区设置河中府。唐显庆三年（658年）于米国置南谧州，授其君昭武开拙为刺史。

《唐书》：唐朝在大将军苏定方平息阿史那贺鲁之乱的唐与西突厥之战的658年之后，在此区域设置河中府，唐显庆三年（658年）米国置南谧州，授其君昭武开拙为刺史。

唐朝退出后中亚被阿拉伯人控制

667年，伊斯兰哈里发的军队自北向南渡过乌浒河，占领了中亚河中地区，并一直统治到747年。

751年的怛逻斯之战以后，由阿拉伯帝国阿拔斯王朝统治。7世纪末期到8世纪早期，阿拉伯倭马亚王朝远征至河中，遭遇粟特国家与突厥国家（突骑施）的激烈抵抗，突骑施遭受唐朝暗算之后，阿拉伯穆斯林大军得以畅通无阻。伊斯兰教开始在此传播，与此地传统的波斯文化相互糅合。

突厥民族的再度兴起

840 年，漠北霍尔回鹘汗国覆灭后，由西域的回鹘人会同其他操突厥语的十箭回纥和样磨钟云等建立的君主制政权，前者以高昌（西州）地区为中心，后者控制了包括天山南部、于阗、河中等广大地区。

874 年，波斯萨曼王朝在此兴起，以布哈拉为首都，建立了强大的中央集权国家，并通过圣战与文化传播使得锡尔河东北、巴尔喀什湖地区、七河流域（今哈萨克斯坦东南部）、伊犁河谷的诸多突厥人接受了伊斯兰教，其中就有相当数量的回鹘人。东伊朗（东波斯）塔吉克民族在此时形成。

突厥喀喇汗王朝阿尔斯兰·伊列克·纳斯尔联合伽色尼王朝苏丹马哈茂德侵入河中地区，于 999 年 10 月 23 日进入布哈拉，监禁了马立克，吞并了河中地区。

10 世纪以后，随着城镇中突厥居民的不断增加，以及突厥系王朝的统治，突厥语言文化开始大范围流行，以往伊朗居民占主导地位的局面开始被逆转。

突厥文化同波斯—伊斯兰文化相互融合，形成了突厥—波斯—伊斯兰文化，或称突厥—伊斯兰文化。从而开启了河中地区突厥化历程。

〔在伊斯兰教产生并进入中亚以前，中亚地区的宗教主要有佛教、摩尼教、祆教、景教等，中亚地区的伊斯兰化是伴随着阿拉伯帝国的征服和伊斯兰教的传入而开始的。伊斯兰教 7 世纪初兴起于阿拉伯半岛，由麦加人穆罕默德所创立，并通过阿拉伯穆斯林的不断对外扩张、经商交往、文化交流、向各地派出传教士等多种途径向世界各地广泛传播。在第三任哈里发奥斯曼·伊本·阿凡时期（644—656 年），阿拉伯穆斯林在他们灭掉波斯萨珊王朝和征服呼罗珊地区以后，开始了对中亚的征服。〕

乌兹别克混合民族开始形成

10 世纪，河中地区为波斯萨曼王朝（布哈拉为首都）统治。突厥喀什噶尔黑汗王朝阿尔斯兰·伊列克·纳斯尔侵入河中地区，于 999 年 10 月 23 日进入布哈拉，监禁了马立克，吞并河中地区。

11 世纪时期，河中地区属于黑汗王朝管辖，阿姆河以南今阿富汗之地则属于哥疾宁王朝。

1032 年，阿里特勤仍去世后，喀喇汗王朝的另一支贝里特勤（桃花石汗）管理河中地区。10—11 世纪时期，河中地区属于喀喇汗王朝的领域，阿姆河以南今阿富汗之地则属于伽色尼王朝。

中亚农耕定居民族——乌兹别克族与维吾尔族的内核在此时基本形成。不过这时在河中定居的突厥人还没有“乌兹别克”这样的族名，而是被广泛地称为萨尔特（Sart），萨尔特突厥，词源来源于“粟特”。

花剌子模

1124 年（或 1128 年），喀喇契丹人耶律大石率众西迁，征服已经分裂为东西两部的喀喇汗王朝后建立西辽，东西两部喀喇汗王朝沦为傀儡，河中地区为西辽附属国花剌子模领地，后被花剌子模王朝吞并。花剌子模王朝短暂领有河中地区，1221 年以后被蒙古汗国侵占。

〔西辽（1124—1218 年）是古代契丹族建立的国家。亦称黑契丹，哈剌契丹。由辽朝大将耶律大石在金朝灭辽后，率部投靠喀喇汗王朝，并驻扎于蒙古国北部的可敦城，于西北召集残部建立。后来取代喀喇汗王朝统治中亚，首都撒马尔罕—虎思斡耳朵，曾为中亚强国，统治中亚 94 年。1218 年被成吉思汗的蒙古帝国灭亡。

花剌子模（乌兹别克语：Xorazm；英语：Khwarezmia 或 Chorasmia）是一片位于今日中亚西部的地理区域，在阿姆河下游、咸海南岸，今日乌兹别克斯坦及土库曼斯坦两国的土地上。

花剌子模有时也被写作“花拉子模”。在塞人的语言里解释为“太阳土地”的意思。12 世纪，这里兴建了以其命名的王朝，强盛时期囊括中亚河中地区、呼罗珊地区与伊朗高原大部，1231 年亡于蒙古帝国。〕

蒙古——元朝的控制地

蒙古兴起后，占据河中地区。成吉思汗和蒙哥汗的蒙古帝国政权，先后在撒马尔罕设阿姆河行中书省，管辖河中地区。

成吉思汗死后河中地区属于察合台汗国；大元末年察合台汗国分裂为东、西两部，西部以撒马尔罕为中心，统治河中地区。元朝时期蒙古民族和其他民族在此融合。统治中亚的蒙古人此时基本突厥化。

1350 年左右，察合台汗国分裂为东、西两部，西部后被帖木儿帝国所灭，东部以新疆北部的蒙兀儿斯坦为中心（今天伊犁、昌吉、乌鲁木齐等地），1360 年东察合台贵族秃黑鲁帖木儿短暂统一过两个汗国。

1369 年，蒙古贵族帖木儿以河中为基础建立了帖木儿帝国，推翻西察合台汗国，并四处征伐，占领伊朗、阿塞拜疆、阿富汗、北印度、伊拉克、叙利亚等地，并打败了金帐汗国、奥斯曼帝国、德里苏丹国与马穆鲁克王朝，领土广阔，盛极一时。15 世纪中期，在帖木儿的子孙沙哈鲁、兀鲁伯等统治之下，河中地区文化艺术十分繁荣，诗歌、细密画、音乐创作都很兴盛。

咸海北岸、锡尔河中下游的乌兹别克突厥游牧部落南下，征服了帖木儿王朝，建立了布哈拉汗国。乌兹别克游牧民同河中地区定居的萨尔特突厥居民融合，正式形成乌兹别克族。乌兹别克布哈拉汗国也曾盛极一时，与奥斯曼帝国结盟，一度是伊朗萨非王朝的强大对手。

17 世纪后，布哈拉汗国衰落，分裂出浩罕汗国、希瓦汗国两个小汗国，出现了三个汗国对峙的局面，国家实力因此而大大削弱。

明清时期仍为中国藩属地

明朝和清朝时期，河中地区都为中国的藩属。

南方的伊朗、北方的哈萨克、东方的准噶尔以及俄国都很觊觎这片土地。

俄罗斯帝国和苏联夺取河中

19 世纪 60 年代，俄国通过战争吞并了希瓦、布哈拉、浩罕三汗国，在河中地区设立了“土耳其斯坦总督区”，此后河中地区被西方称为“西土耳其斯坦”或“俄属土耳其斯坦”。

1917 年俄国二月革命之后俄罗斯帝国灭亡，1917 年 11 月 7 日十月革命之后，俄罗斯苏维埃联邦社会主义共和国建立，1918 年土耳其斯坦苏维埃社会主义自治共和国成立。

1924 年实行民族划分，河中地区被划入乌兹别克苏维埃社会主义共和国。

苏联解体后乌兹别克斯坦独立

1991 年苏联解体，乌兹别克斯坦共和国成立。

（本文 2014 年 2 月 12 日刊于何新网易博客）

大夏与塔吉克人

张骞西行最远到达大夏。汉武帝极为重视大夏，为找到打通西南方到达大夏的通道，而征服了西南夷人。但魏晋以后，隋书、两唐书西域传则均已不见大夏之名，盖已灭国矣。

《史记·大宛列传》记载：

大夏在大宛西南二千余里妫水南。其俗土著，有城屋，与大宛同俗。

无大（王）〔君〕长，往往城邑置小长。其兵弱，畏战。

善贾市。及大月氏西徙，攻败之，皆臣畜大夏。

大夏民多，可百余万。其都曰蓝市城，有市贩贾诸物。

其东南有身毒国。

据《史记》记载，大夏国都是蓝市城（在喀布尔东方，阿富汗巴尔赫附近）。

大夏人口达一百多万，善于经商，武力薄弱。

大月氏人西迁，大夏退居阿姆河南岸，臣服于大月氏。

汉张骞于公元前 128 年左右抵此时，大月氏人已经作为主子而“臣畜大夏”。

后大月氏越过妫水（今称阿姆河）南下，占领蓝市城，大夏退至妫水（今中亚阿姆河流域）上游之南。

大月氏人分为休密、双靡、贵霜、肸顿、高附（或都密）五个翕侯，保持着某种程度的自治权。1 世纪时，贵霜翕侯攻灭其他四翕侯，建立贵霜帝国。但中国仍称之为大月氏。

我颇怀疑今日之塔吉克人（Tājīk），乃是古代大夏人之后裔。

汉代大夏故地在阿姆河上游，包括今日塔吉克斯坦东北部、阿富汗东北部、巴基斯坦东北部以及新疆塔什库尔干部分地区。

（2019 年 10 月 7 日原载何新博客）

罽宾与镔铁

罽宾，又作凛宾国、劫宾国、羯宾国，西域国族，历史上与中国关系甚深。

我认为罽宾与历史上的羯人、羯部有关。

在佛教的一些典籍中，称罽宾为迦湿弥罗——克什米尔。

克什米尔位于今印度次大陆西北，喜马拉雅山之西麓。四面高山峻峭，中部是平原，地形为卵状，东南至西北约为137公里，宽约为40公里，面积约为4900平方公里。

但玄奘认为克什米尔不应翻译为罽宾。

实际上，历史上的罽宾国，包括巴基斯坦、阿富汗和克什米尔的部分地区。

喀布尔地区称Kophen，可能就是来自罽宾的音译。

自西汉时期至唐代，罽宾均指阿富汗的卡菲里斯坦（Kafiristan）至喀布尔河中下游之间的河谷平原、巴基斯坦的白沙瓦地区以及克什米尔西部。

据《后汉书》记载，罽宾人属于塞人，为塞王所治。

公元前2世纪，来自中亚地区的塞种人的一支越兴都库什山，占领喀布尔河流域，建都于修鲜城（或循鲜，在今克什米尔地区的斯利那加附近），此即汉代之罽宾。

此地农业发达，盛产稻米。城市中商业、手工业都很繁荣。

中国与罽宾建立关系始于汉武帝。

公元前115年，张骞出使乌孙，派副使至罽宾。当时罽宾地处西域南道的一条重要支线之上，罽宾商人经常来往中国。

1—3 世纪，罽宾被兴起于中亚的大月氏人的贵霜部落征服。

后来此地成为佛教中心之一，当地僧徒来中国传布佛教者甚多，中国僧徒亦多往罽宾参拜佛迹和求法取经。

约 4 世纪中叶，粟特人名馨孽者重建罽宾王朝。这一王朝大约延续到 7 世纪末，此即晋朝至唐代前期的罽宾，亦译作迦毕试国（Kapisa）。

唐显庆三年（658 年），其王曷撷支称臣于唐，唐以其地置修鲜都督府。

约在 8 世纪初，突厥首领阿耶率兵杀罽宾王而夺其位，此后系突厥族罽宾王朝即唐玄宗时代之罽宾。罽宾的政治中心迁到犍陀罗（今巴基斯坦白沙瓦一带）。

至乾元元年（758 年），罽宾仍遣使朝贡于唐，此后罽宾一词不再出现于中国史籍。

〔《汉书·西域志》：罽宾国，王治循鲜城，去长安万二千二百里。不属都护。户口胜兵多，大国也。东北至都护治所六千八百四十里，东至乌厲国二千二百五十里，东北至难兜国九日行，西北与大月氏、西南与乌弋山离接。

昔匈奴破大月氏，大月氏西君大夏，而塞王南君罽宾。塞种分散，往往为数国。自疏勒以西北，休循、捐毒之属，皆故塞种也。

罽宾地平，温和，有苜蓿、杂草、奇木、檀、槐、梓、竹、漆。种五谷、蒲陶诸果，粪治园田。地下湿，生稻，冬食生菜。其民巧，雕文刻镂，治宫室，织，刺文绣，好酒食。有金、银、铜、锡，以为器。市列。以金银为钱，文为骑马，幕为人面。出封牛、水牛、象、大狗、沐猴、孔爵、珠玑、珊瑚、虏魄、璧流离。它畜与诸国同。〕

晋高僧佛图澄曾学佛于此。

镔铁

镔铁，古代西域的一种钢，表面磨光可见花纹，又称“宾铁”。

“镔铁”最早记载于隋代的《不空罥索咒经》，见于史书最早为初唐的《周书》《隋书》。（唐）惠琳《一切经音义》“镔铁”：“以诸铁和合”。

镔铁原产波斯（今伊朗）、罽宾（今克什米尔）、印度河（巴基斯坦）等西域地区。约在南北朝时传入中国。此后中国也掌握了制炼镔铁的技术，元代工部有镔铁司。

古代西域镔铁分为两大类：一种以巴基斯坦乌茨（Wootz）钢为原料制成；一种以高碳钢和熟铁叠打而成。

镔铁主要用来制作刀剑，镔铁刀剑极其锋利，有“吹毛透风”之誉。

李白暖酒诗：

热暖将来镔铁文，暂时不动聚白云。

拨却白云见青天，掇头里许便成仙。

大意：

酒暖后漂起的酒花像镔铁花纹，

酒花不动了又像白云。

拨开酒花饮下清酒，

走不了一里路就飘飘欲仙。

（2019 年 10 月 8 日原载何新博客）

康居古王城的发现及有关资料

康居故地

2004年以来，在锡尔河支流阿雷斯河畔库勒塔佩遗址（今哈萨克斯坦奇姆肯特市西约54公里），考古多有发现。特别是发现了15块康居国的粟特铭文砖，这是目前发现的最早的粟特文字。考古学家认为，此地即《汉书·西域传》所记康居王的夏宫“蕃内地”。

考古还发现，康居王冬都“乐越诺地”，即《大唐西域记》所记“恭御城”，即今锡尔河与阿雷斯河交汇处的古城讹答剌。此地东距蕃内地约134里，与《汉书·西域传》所说康居两王庭相距“一百五十九里”基本相符。

北魏年间，粟特人摆脱康居游牧人的统治而独立。卑阗城成为石国都城，故址在今乌兹别克斯坦塔什干市西南80公里康家古城。

石国故地

石国即赭石国，布哈拉即附墨城，亦即《魏书》所说的扭密。考古学者认为，bumikath就是《汉书·西域传》所记粟特城邦“附墨”的粟特语名。

康居国上层统治者，是锡尔河北岸的塞人游牧人。康居国下层百姓是锡尔河南岸的粟特人，定居于河中地区的沙漠绿洲，以擅长经商而闻名于世。

石国的位置，在今天的塔什干绿洲。故都应在塔什干市东南80公里之外的康卡古城，南距锡尔河约8公里。

石国迁都

605 年，石国迁都至塔什干市东南 15 公里的明格鲁克（Mingurjuk）古城。这座古城始建于 5 世纪，在 605—705 年成为石国首都。

该古城相当宏伟，占地面积达 100 公顷。据《大唐西域记》所言，“赭时国周千余里，西临叶河（今锡尔河），东西狭，南北长。土宜气序，同笯赤建国，城邑数十，名别君长，既无总主，役属突厥”。

贞观三年（629 年），玄奘西行访问的赭时国，当在明格鲁克古城。石国宫廷和衙署在古城中心阿克塔佩（Aketepe）。

天宝九年（750 年），高仙芝远征中亚，诱降石国王那俱车鼻施，送至长安，就发生在这座宫殿中。

卑阗城为康居境内的一座粟特城镇。

《汉书 · 西域传》以卑阗城为坐标，介绍康居国地理范围。粟特人后来摆脱康居统治而独立，卑阗城则成为石国都城。故址在乌兹别克斯坦塔什干市西南 80 公里外的康卡古城。

张骞第一次出使西域时，访问过康居国。

张骞觐见康居王之地当在卑阗城（今康卡古城）。

大宛

大宛国在费尔干纳盆地，今乌兹别克斯坦国境内。大宛人为农耕定居民族，有城郭屋室。

而乌孙、康居、奄蔡、大月氏皆“行国”，即游牧民族，无固定的宫室城郭。

张骞时代，乌孙活动于新疆伊犁河上游和吉尔吉斯斯坦伊塞克湖东岸，奄蔡则在咸海和里海北岸草原游牧。

张骞说“康居在大宛西北可二千里”，那么，康居人应当游牧于锡尔河中游草原地带。游牧民族按照季节转换草场，故康居王有冬夏两王庭。

6 世纪中叶，突厥人尚无文字，目前所知突厥汗国碑铭皆采用粟特文。

568年，东罗马皇帝派使团回访西突厥汗国，“抵康居（Kanggar），有若干突厥人向其售铁，弥南以为其在向使臣示其国饶有铁矿”。

康曷里，《大唐西域记》称作“恭御城”，也就是康居。

塔拉斯

呾逻私即塔拉斯，或塔拉兹。

康居王的冬都“乐越诺地”在《大唐西域记》所记“恭御城”，即康居之别译。今讹答剌城，与蕃内地（今库勒塔佩）的直线距离为134里，与《汉书·西域传》说康居两王庭相距“一百五十九里”完全相符。

自古以来，这里就是欧亚大陆的重要交通枢纽。从蒙古高原到伏尔加河，乃至欧洲，锡尔河中游的讹答剌是必经之路。康卡古城就是汉代康居境内的卑阗城。康卡出土了许多粟特文钱币。

钱币正面为康居王胸像，背面有16个粟特铭文，意为“受到石国定居者赞美的胜利者”。

在粟特铭文中，定居者指河中地区沙漠绿洲的粟特人。

张骞到过康居

张骞第一次出使西域时，访问过康居国。

张骞是从别迭里山口（今新疆乌什县西北天山达坂），越过天山，至郁成城（今吉尔吉斯斯坦乌兹根市）。

贰师城（今吉尔吉斯斯坦奥什市）

大宛国首都贵山城（唐代西鞬城，今乌兹别克斯坦纳曼干市西北25公里），其西至康居国。

康居王派向导和翻译送张骞至阿姆河北岸的大月氏王庭。

从铁门（今乌兹别克斯坦南境铁尔梅茨）渡阿姆河，至大夏国都蓝市城（今阿富汗西北马扎里沙里夫），张骞觐见康居王之地在卑阗城（今康卡古城）。

速利，今乌兹别克斯坦塔什干南康卡古城，吐火罗，今阿富汗西北马扎里沙里夫。

康居

康居的粟特人擅长经商，常常到各地去进行贸易，足迹遍布中亚全境，因此康居也成为中亚各国交换国情及传播文化的中转站。汉武帝派张骞出使大夏时，康居还是一个弱小之国，经常派遣质子来华，并且经常贡献礼品。

古代中亚的游牧民族，游牧范围大致在哈萨克斯坦南部及锡尔河中下游。汉时，地处大宛西北，大月氏（即月氏）之北，乌孙以西，奄蔡之东，丁令、坚昆以南。公元前 2 世纪时，控弦仅有八九万人；公元前 1 世纪末，人口已达六十万，胜兵十二万，在中亚形成了一个大部落联盟。

他们的中心驻地为卑阗城，约在当今塔什干或奇姆肯特等地。

康居王族和一般草原游牧民族一样，随季节的变化而迁移，冬季南下栖息于锡尔河一带的“乐越匿地”，夏季北上至“蕃内地”，两地相距数千里。

张骞通西域以前，汉朝已传闻遥远的西方有康居人。张骞从西域归国后说，康居在中亚虽然部众不少，但仍然“南羁事月氏，东羁事匈奴”。

汉武帝太初二年（公元前 103 年）出兵伐大宛时，康居曾有意援助大宛，未逞。宣帝神爵四年（公元前 58 年）始，匈奴内乱，五单于纷争。

至五凤二年（公元前 56 年），呼屠吾斯自立为郅支单于，与其弟呼韩邪单于对立。呼韩邪南迁归汉，郅支则率部众向西北迁徙，先设王庭于坚昆（柯尔克孜草原），后应康居王之请，西南移至康居地区，在都赖水（怛逻斯河，Talas）上兴建了郅支城（今哈萨克斯坦塔拉斯），扩张势力。

汉元帝永光元年（公元前 43 年），康居王迎匈奴郅支单于居康居东部合力对抗乌孙。元帝建昭三年（公元前 36 年），西域都护甘延寿、副校尉陈汤率兵向西越帕米尔进击郅支，杀郅支单于于郅支城，稳定了西域形势，但康居对汉仍长期持敌对态度。

公元前后，康居强盛，曾威胁其南邻大月氏。1 世纪中叶，贵霜统一大月氏。国势转盛，康居则渐趋衰败。晋武帝泰始（265—274 年）年间，曾遣使献善马，南北朝时，役属于嚈哒。

《汉书·张骞传》地理摘记

身毒

身毒国在大夏东南可数千里。其俗土著与大夏同，而卑湿暑热。

其民乘象以战。其国临大水焉。

〔考注：临大水，旧注谓恒河。谬，此乃印度河也。〕

大夏

大夏去汉万二千里，居（中国）西南。

今身毒又居大夏东南数千里。有蜀物，此其去蜀不远矣。

今使大夏，从羌中，险，羌人恶之。少北，则为匈奴所得。从蜀，宜（便宜）径（路径），又无寇。

〔考注：蜀物，指邛竹杖、蜀布（锦也）。《御览》卷一六八引《蜀记》云："张骞奉始寻河源，得高节竹植于邛山。今缘山皆是，可以为杖。"又《说文》，蜀（产）细布（陈直《汉书新证》）。

羌中，古地域名。《史记·秦始皇本纪》述秦疆域："西至临洮、羌中。"秦时临洮包括后世的洮、岷二州，二州以西并为羌族所居，故称。"羌中"亦指羌人居住的地区，即今青海、西藏及四川西北部、甘肃西南部。〕

大宛

大宛及大夏、安息之属皆大国，多奇物。土著，颇与中国同俗，而兵弱，贵汉财物。

大月氏、康居

（按大夏）其北，则大月氏、康居之属，兵强。可以赂遗（按：赂，利禄也。遗，贻赠），设利朝也。

〔考注：张骞所去的大夏，在大月氏、康居之南。

旧说多误以为在大月氏（贵霜）、康居之北，误。汉武帝时大月氏王庭在阿姆河北。其南迁而为贵霜帝国系百年后也。〕

滇越

其西可千余里，有乘象国，名滇越，而蜀贾间出物者，或至焉。

于是，汉以求大夏道，始通滇国。

〔考注：滇越，古族名，分布于今云南腾冲一带。间（或）出物：谓出口贸易。或至，偶尔到达。〕

乌孙

乌孙王号昆莫。昆莫父难兜靡本与大月氏俱在祁连、敦煌间，小国也。

〔附注：乌孙：古族名。最初在祁连、敦煌间，公元前1世纪西迁至今伊犁河和伊塞克湖一带，都亦谷城。张骞使乌孙后，汉武帝两次以宗室女为公主嫁乌孙王，后来属西域都护。〕

大月氏（按：《史记》作“匈奴”,《汉书》为是）攻杀难兜靡，夺其地，人民亡走匈奴。

子昆莫新生，傅父（即保父）布就（名）领侯（翎侯，爵）抱亡，置草中。为求食（出为之觅食），还，见狼乳之，又乌衔肉翔其旁，以为神。遂持归匈奴，单于爱养之。及壮，以其父民众与昆莫，使将兵，数有功。

时，月氏已为匈奴所破，西击塞王，塞王（塞人之王，塞人，即粟末人）南走远徙。月氏居其地。昆莫既健，自请单于报父怨，遂西攻破大月氏。

〔塞：古族名，亦称色人。即粟末族，又作色目人。公元前 2 世纪以前分布于今伊犁河流域及伊塞克湖附近一带。公元前 2 世纪大月氏人西迁侵入其地，塞族分散，一部分南下征服罽宾等地，一部分留居故地与入侵的乌孙人混合。〕

大月氏复西走，徙大夏地。

昆莫略其众，因留居，兵稍强。会（匈奴）单于死，不肯复朝事匈奴。匈奴遣兵击之，不胜，益以为神而远之。

楼兰、姑师

楼兰、姑师小国，当空道（挡孔道），攻劫汉使王恢等尤甚。而匈奴奇兵又时时遮击之。使者争言外国利害，皆有城邑，兵弱易击。

于是天子遣从票侯破奴将属国骑及郡兵数万以击胡，胡皆去。

〔破奴：赵破奴。时破奴已失侯，因此役更封浞野侯。〕

明年，击破姑师，虏楼兰王。酒泉列亭鄣（障）至玉门矣。

〔明年：元封三年（公元前 108 年）。

姑师：西域古国。《大宛列传》："姑师邑有城郭，临盐泽（今罗布泊）。"《汉书·西域传》：汉宣帝时，卫司马郑吉破姑师，分其地为车师前国、车师后国及山北六国（《汉书西域传补注》：此六国为且弥东、西国，卑陆前、后国，蒲类前、后国）。据此，姑师当包括今新疆吐鲁番及其以北天山北麓广袤地区。

楼兰：古西域国。王居扜泥城（在今新疆若羌县治卡克里克）。在西域南道上。居民游牧。元凤四年（公元前 77 年）汉将傅介子杀其王安归，立尉屠耆为王，改名为鄯善。

姑师：即车师，古西域国名。约在初元元年（公元前 48 年）汉分其地为车师前后两部等，后来皆属西域都护。车师前部治交河城（今新疆吐鲁番县西交河古城遗址）。后部治务涂谷（今新疆吉木萨尔县南山中）。

玉门：王门关，在今甘肃敦煌西北。〕

河源

而大宛诸国发使随汉使来，观汉广大，以大鸟卵及犁靬眩（幻）人献于汉。

天子大说（悦）。而汉使穷河源，其山多玉石，采来。天子案古图书，名河所出山曰昆仑云。

〔眩人：魔术师。采：采取。〕

读《史记·大宛列传》西域地理考注

序

西域，是自汉以来对于玉门关以西地区的总称。狭义专指玉门关以西、葱岭以东的地区而言；广义则指葱岭东、西地区，包括中亚河间，亚洲中、西部、印度半岛，甚至更广阔的地方。

公元前138年（汉武帝刘彻建元三年），张骞奉命出使西域，寻访大月氏，欲联合抗击匈奴。此次出使未获成功，但是此乃"凿空"之旅，第一次沟通了汉朝与西域诸国的经济政治联系和国家交往。

西方之希腊罗马以及马其顿历史，悉文艺复兴以后伪造之神话、文学或者伪历史也。

而亚洲一些国家至于中古以前，亦并无可信之文字史料。因此中国古史之国际地理历史记录，乃周边诸国实际之世界史，有必要结合可信之历史考古及语言学证据，而做深入之研究也。

大宛，古西域国名，位于帕米尔高原西麓，锡尔河上、中游，也就是今乌兹别克斯坦费尔干纳盆地。居民以塞人为主，王治贵山城（今塔吉克之卡散塞）。下属城邑大小七十余座，以出产汗血马而著名。"国多善马，马汗血，其先天马种。其马有肉角数寸，或解人语言及知音乐，能舞。"

大宛，汉时为粟末人、塞人之大宛国。南北朝为突厥部落，称破洛那，隋唐时又作钹汗、跋贺那、拔汗那、沛汗、判汗等。位于今中亚两河流域河间之费尔干纳盆地，都城为贵山城，亦称渴塞城（今塔吉克塔什干东南之卡散塞）。唐天宝三年（744年）安西都护府改大宛（古音苑）为宁远。

一

大宛

大宛之迹，见自张骞。

张骞，汉中人。建元中为郎。

是时天子问匈奴降者，皆言匈奴破月氏王，以其头为饮器，月氏遁逃而常怨仇匈奴，无与共击之。汉方欲事灭胡，闻此言，因欲通使。道必更匈奴中，乃募能使者。骞以郎应募，使月氏，与堂邑氏胡奴甘父俱出陇西。

经匈奴，匈奴得之，传诣单于。单于留之，曰："月氏在吾北，汉何以得往使？吾欲使越，汉肯听我乎？"留骞十余岁，与妻，有子，然骞持汉节不失。

居匈奴中，益宽，骞因与其属亡乡月氏，西走数十日至大宛。

大宛闻汉之饶财，欲通不得，见骞，喜，问曰："若欲何之？"

骞曰："为汉使月氏，而为匈奴所闭道。今亡，唯王使人导送我。诚得至，反汉，汉之赂遗王财物不可胜言。"

康居

大宛以为然，遣骞，为发导绎，抵康居……

大月氏

康居传致大月氏。

大月氏王已为胡所杀，立其太子为王。既臣大夏而居，地肥饶，少寇，志安乐。又自以远汉，殊无报胡之心。

〔按：既臣大夏而居，有异解。一、臣服，二、以大夏为臣。但后有言月氏西击大夏，而臣之。〕

大夏

骞从月氏至大夏，竟不能得月氏要领。

留岁余，还，并（旁）南山，欲从羌中归，复为匈奴所得。

留岁余，单于死，左谷蠡王攻其太子自立。国内乱。

骞与胡妻及堂邑父俱亡归汉。汉拜骞为太中大夫，堂邑父为奉使君。

骞为人彊力，宽大信人，蛮夷爱之。堂邑父故胡人，善射，穷急射禽兽给食。

初，骞行时百余人，去十三岁，唯二人得还。

二

再谈大宛

骞身所至者大宛、大月氏、大夏、康居，而传闻其旁大国五六，具为天子言之。曰：

大宛在匈奴西南，在汉正西，去汉可万里。

其俗土著，耕田，田稻麦。有蒲陶酒。

多善马，马汗血，其先天马子也。

有城郭屋室。其属邑大小七十余城，众可数十万。

其兵弓矛骑射。

大宛都贵山城。

地理位置

（大宛）其北则康居，西则大月氏，西南则大夏，东北则乌孙，东则扜罙、于窴。

〔何新按：此处所言之地理位置殊可注意。大宛居中，北方康居，西南大夏，东北乌孙，西方大月氏（后又言，西北有奄蔡）。〕

于窴之西，则水皆西流，注西海；其东水东流，注盐泽。

盐泽潜行地下，其南则河源出焉。

多玉石，河注中国。

〔按：盐泽，蒲昌海，今新疆罗布泊。河源：黄河源头。〕

楼兰姑师

而楼兰、姑师邑有城郭，临盐泽。盐泽去长安可五千里。

〔盐泽，罗布泊，又称蒲昌海，汉代为大泽，地当西域东方之门户，为当时东西交通主要路线必经之地。

罗布泊为蒙古语“罗布诺尔”音兼意译，意为“汇入多水之湖”。古时候葱岭河（今喀什噶尔河）、于窴河（今和田河）合流后（即今塔里木河），注入蒲昌海。

现在孔雀河注入罗布泊，但水量日减，湖面逐渐缩小，沿岸盐滩广布。〕

匈奴右方居盐泽以东，至陇西长城，南接羌，隔汉道焉。

康居

康居在大宛西北可二千里，（在大月氏北）行国，与月氏大同俗。

控弦者八九万人。与大宛邻国。

国小，南羁事月氏，东羁事匈奴。

乌孙

乌孙在大宛东北可二千里，行国，随畜，与匈奴同俗。控弦者数万，敢战。故服匈奴，及盛，取其羁属，不肯往朝会焉。

奄蔡

奄蔡在康居西北可二千里，（在安息北）行国，与康居大同俗。控弦者十余万。临大泽，无崖，盖乃北海云。

〔奄蔡，即斯拉夫人。北海，即贝加尔湖也。

贝加尔湖，名称源于古肃慎语“北海儿湖”，汉代称为“北海”，位于东西伯利亚

南部，是世界上年代最久的湖泊，为世界第七大湖，为新月形，曾是中国古代北方游牧民族主要活动地区，汉代苏武牧羊之地。〕

大月氏

大月氏在大宛西可二三千里，居妫水北。

其南则大夏，西则安息，北则康居。

行国也，随畜移徙，与匈奴同俗。控弦者可一二十万。

故（旧）时彊，轻匈奴。及冒顿立，攻破月氏，至匈奴老上单于，杀月氏王，以其头为饮器。

始月氏居敦煌、祁连间，及为匈奴所败，乃远去。

过宛。西击大夏而臣之。

遂都妫水北，为王庭。

〔月氏进逼，大夏退至妫水（今阿姆河）上游之南。

大月氏人分为休密、双靡、贵霜、肸顿、高附（或都密）五翕侯，各保持自治权。百年后，贵霜翕侯攻灭其他四翕侯，遂为区域霸主。〕

其余（月氏）小众不能去者，保南山羌，号小月氏。

〔南山，金城南山，在甘肃。〕

安息

安息在大月氏西可数千里。

〔安息在距离大月氏更远的西方。〕

其俗土著，耕田，田稻麦，蒲陶酒。

城邑如大宛。其属小大数百城，地方数千里，最为大国。

临妫水，有市，民商贾用车及船，行旁国或数千里。

〔此时之安息，在河中地区，不在伊朗高原而在阿姆河下游，里海一带。〕

以银为钱，钱如其王面，王死辄更钱，效王面焉。画革旁行以为书记。

〔按：羊皮或者牛皮书始见诸记载。〕

其西则条枝，北有奄蔡、黎轩。

〔黎凡特，是一个古老的历史地名，汉代译名称作黎轩、犁鞬、亦作犁靬、牦靬、骊靬、广鞬，皆同音异字，都应是黎凡特的译音。〕

条支

条支在安息西数千里。临西海。

〔条支，即 tioch，又称 Antioch——安条克，即《圣经》之安提俄克。中古小亚细亚名城，亦为通向小亚细亚及欧洲之名港，东罗马人称其为东方明珠 Queen of the East。现名安塔基亚，属于土耳其。〕

暑湿。耕田，田稻。有大鸟，卵如瓮。

人众甚多，往往有小君长，而安息役属之，以为外国。国善眩。

弱水、西王母

安息长老传闻条支有弱水、西王母，而未尝见。

〔何新按：弱水，水性甚弱，而物甚强，故水不能沉物之意也。弱水即死海。死海位于黎凡特地区，以色列、巴勒斯坦、约旦交界，是世界上最低的湖泊，湖面海拔为 –430.5 米。海最深处为 380.29 米，最深处湖床海拔为 –800.112 米。湖水呈深蓝色，非常平静。富含盐分的水使人不会下沉或无法游泳。〕

大夏

大夏在大宛西南二千余里妫水南。其俗土著，有城屋，与大宛同俗。

无大长，往往城邑置小长。其兵弱，畏战。

善贾市。

及大月氏西徙，攻败之，皆臣畜大夏。

大夏民多，可百余万，其都曰蓝市城，有市贩贾诸物。

身毒

其（指大夏）东南有身毒国。

〔艾儒略《职方外纪》曰："中国之西南曰印弟亚，即天竺五印度也，在印度河左右。"即今之巴基斯坦也。〕

三

骞曰："臣在大夏时，见邛竹杖、蜀布。问曰：'安得此？'大夏国人曰：'吾贾人往市之身毒。身毒在大夏东南可数千里。其俗土著，大与大夏同，而卑湿暑热云。其人民乘象以战。其国临大水焉。'以骞度之，大夏去汉万二千里，居汉西南。〔大夏在汉朝西南〕今身毒国又居大夏东南数千里，有蜀物，此其去蜀不远矣。〔印度（今巴基斯坦）则在大夏东南数千里〕今使大夏，从羌中，险，羌人恶之；少北，则为匈奴所得；从蜀宜径，又无寇。"

天子既闻大宛及大夏、安息之属皆大国，多奇物，土著，颇与中国同业，而兵弱，贵汉财物；其北有大月氏、康居之属，兵彊，可以赂遗设利朝也。且诚得而以义属之，则广地万里，重九译，致殊俗，威德遍于四海。

天子欣然，以骞言为然，乃令骞因蜀犍为发间使，四道并出：出駹，出崖，出徙，出邛、僰，皆各行一二千里。

其北方闭氐、筰，南方闭嶲、昆明。昆明之属无君长，善寇盗，辄杀略汉使，终莫得通。然闻其西可千余里有乘象国，名曰滇越，而蜀贾奸出物者或至焉。

于是汉以求大夏道始通滇国。初，汉欲通西南夷，费多，道不通，罢之。

及张骞言可以通大夏，乃复事西南夷。

〔也就是说，张骞建议从四川西部走云南入缅甸，经孟加拉国、克什米尔，向西进入大夏。汉武帝为此而开始经营西南。〕

骞以校尉从大将军击匈奴，知水草处，军得以不乏，乃封骞为博望侯。是岁元朔六年也。其明年，骞为卫尉，与李广俱出右北平击匈奴。匈奴围李将军，军失亡多；而骞后期当斩，赎为庶人。

是岁，汉遣骠骑破匈奴西数万人，至祁连山。其明年，浑邪王率其民降汉，而金城、河西西并南山至盐泽空无匈奴。匈奴时有候者到，而希矣。其后二年，汉击走单于于幕北。

四

天子数问骞大夏之属。

〔表明汉武帝高度关注大夏，因其为商贸之国也。〕

骞既失侯，因言曰："臣居匈奴中，闻乌孙王号昆莫，昆莫之父，匈奴西边小国也。匈奴攻杀其父，而昆莫生，弃于野。乌嗛肉蜚其上，狼往乳之。单于怪以为神，而收长之。及壮，使将兵，数有功，单于复以其父之民予昆莫，令长守于西。昆莫收养其民，攻旁小邑，控弦数万，习攻战。单于死，昆莫乃率其众远徙，中立，不肯朝会匈奴。匈奴遣奇兵击，不胜，以为神而远之，因羁属之，不大攻。今单于新困于汉，而故浑邪地空无人。蛮夷俗贪汉财物，今诚以此时而厚币赂乌孙，招以益东，居故浑邪之地，与汉结昆弟，其势宜听，听则是断匈奴右臂也。既连乌孙，自其西大夏之属皆可招来而为外臣。"

天子以为然，拜骞为中郎将，将三百人，马各二匹，牛羊以万数，赍金币帛直数千巨万，多持节副使，道可使，使遗之他旁国。

骞既至乌孙，乌孙王昆莫见汉使如单于礼，骞大惭，知蛮夷贪，乃曰："天子致赐，王不拜则还赐。"

昆莫起拜赐，其他如故。

骞谕使指曰："乌孙能东居浑邪地，则汉遣翁主为昆莫夫人。"

乌孙国分，王老，而远汉，未知其大小，素服属匈奴日久矣，且又近之，其大臣皆畏胡，不欲移徙，王不能专制。

骞不得其要领。昆莫有十余子，其中子曰大禄，彊，善将众，将众别居万余骑。

大禄兄为太子，太子有子曰岑娶，而太子蚤死。临死谓其父昆莫曰："必以岑娶为太子，无令他人代之。"昆莫哀而许之，卒以岑娶为太子。大禄怒其不得代太子也，乃收其诸昆弟，将其众畔，谋攻岑娶及昆莫。

昆莫老，常恐大禄杀岑娶，予岑娶万余骑别居，而昆莫有万余骑自备，国众分为三，而其大总取羁属昆莫，昆莫亦以此不敢专约于骞。

骞因分遣副使使大宛、康居、大月氏、大夏、安息、身毒、于阗、扜罙及诸旁国。

乌孙发导译送骞还，骞与乌孙遣使数十人，马数十匹报谢，因令窥汉，知其广大。

骞还到，拜为大行，列于九卿。岁余，卒。

五

乌孙使既见汉人众富厚，归报其国，其国乃益重汉。

其后岁余，骞所遣使通大夏之属者皆颇与其人俱来，于是西北国始通于汉矣。

然张骞凿空，其后使往者皆称博望侯，以为质于外国，外国由此信之。

自博望侯骞死后，匈奴闻汉通乌孙，怒，欲击之。

及汉使乌孙，若出其南，抵大宛、大月氏相属，乌孙乃恐，使使献马，愿得尚汉女翁主为昆弟。

天子问群臣议计，皆曰“必先纳聘，然后乃遣女”。

初，天子发书《易》，云“神马当从西北来”。得乌孙马好，名曰“天马”。

及得大宛汗血马，益壮，更名乌孙马曰“西极”，名大宛马曰“天马”云。

而汉始筑令居以西，初置酒泉郡以通西北国。

因益发使抵安息、奄蔡、黎轩、条枝、身毒国。

〔汉朝于张骞死后打通与西域的商路。与波斯、印度、黎凡特（叙利亚）、安条克以及北方的古罗斯人之奄蔡都建立了关系。〕

而天子好宛马，使者相望于道。

诸使外国一辈大者数百，少者百余人，人所赍操大放博望侯时。其后益习而衰少焉。汉率一岁中使多者十余，少者五六辈，远者八九岁，近者数岁而反。

是时汉既灭越，而蜀、西南夷皆震，请吏入朝。

于是置益州、越巂、牂柯、沈黎、汶山郡，欲地接以前通大夏。

〔汉武帝仍然希望打通从西南方连接大夏的通道。〕

乃遣使柏始昌、吕越人等岁十余辈，出此初郡抵大夏。皆复闭昆明，为所杀，夺币财，终莫能通至大夏焉。

于是汉发三辅罪人，因巴蜀士数万人，遣两将军郭昌、卫广等往击昆明之遮汉使者，斩首虏数万人而去。其后遣使，昆明复为寇，竟莫能得通。而北道酒泉抵大夏，使者既多，而外国益厌汉币，不贵其物。

六

自博望侯开外国道以尊贵，其后从吏卒皆争上书言外国奇怪利害，求使。

天子为其绝远，非人所乐往，听其言，予节，募吏民毋问所从来，为具备人众遣之，以广其道。

来还不能毋侵盗币物，及使失指，天子为其习之，辄覆案致重罪，以激怒令赎，复求使。使端无穷，而轻犯法。

其吏卒亦辄复盛推外国所有，言大者予节，言小者为副，故妄言无行之徒皆争效之。其使皆贫人子，私县官赍物，欲贱市以私其利外国。

外国亦厌汉使人人有言轻重，度汉兵远不能至，而禁其食物以苦汉使。汉使乏绝积怨，至相攻击。而楼兰、姑师小国耳，当空道，攻劫汉使王恢等尤甚。而匈奴奇兵时时遮击使西国者。使者争遍言外国灾害，皆有城邑，兵弱易击。

于是天子以故遣从骠侯破奴将属国骑及郡兵数万，至匈河水，欲以击胡，胡皆去。

其明年，击姑师，破奴与轻骑七百余先至，虏楼兰王，遂破姑师。

因举兵威以困乌孙、大宛之属。

还，封破奴为浞野侯。王恢数使，为楼兰所苦，言天子，天子发兵令恢佐破奴击破之，封恢为浩侯。

于是酒泉列亭鄣至玉门矣。

七

乌孙以千匹马聘汉女，汉遣宗室女江都翁主往妻乌孙，乌孙王昆莫以为右夫人。匈奴亦遣女妻昆莫，昆莫以为左夫人。昆莫曰“我老”，乃令其孙岑娶妻翁主。乌孙多马，其富人至有四五千匹马。

初，汉使至安息，安息王令将二万骑迎于东界。东界去王都数千里。

行比至，过数十城，人民相属甚多。

汉使还，而后发使随汉使来观汉广大，以大鸟卵及黎轩善眩人献于汉。

及宛西小国驩潜、大益，宛东姑师、扜罙、苏薤之属，皆随汉使献见天子。天子大悦。

而汉使穷河源，河源出于阗，其山多玉石，采来。天子案古图书，名河所出山曰昆仑云。

是时上方数巡狩海上，乃悉从外国客，大都多人则过之，散财帛以赏赐，厚具以饶给之，以览示汉富厚焉。

于是大觳抵，出奇戏诸怪物，多聚观者，行赏赐，酒池肉林，令外国客遍观仓库府藏之积，见汉之广大，倾骇之。

及加其眩者之工，而觳抵奇戏岁增变，甚盛益兴，自此始。

西北外国使，更来更去。宛以西，皆自以远，尚骄恣晏然，未可诎以礼羁縻而使也。

自乌孙以西至安息，以近匈奴，匈奴困月氏也，匈奴使持单于一信，则国国传送食，不敢留苦；及至汉使，非出币帛不得食，不市畜不得骑用。所以然者，远汉，而汉多财物，故必市乃得所欲，然以畏匈奴于汉使焉。

宛左右以蒲陶为酒，富人藏酒至万余石，久者数十岁不败。俗嗜酒，马嗜苜蓿。汉使取其实来，于是天子始种苜蓿、蒲陶肥饶地。

及天马多，外国使来众，则离宫别观旁尽种蒲陶、苜蓿极望。

自大宛以西至安息，国虽颇异言，然大同俗，相知言。其人皆深眼，多须䫇，善市贾，争分铢。

俗贵女子，女子所言而丈夫乃决正。

其地皆无丝漆，不知铸钱器。

及汉使亡卒降，教铸作他兵器。得汉黄白金，辄以为器，不用为币。

赞曰

《禹本纪》言河出昆仑，昆仑高二千五百余里，日月所相避隐为光明也。

自张赛使大夏之后，穷河源，恶睹所谓昆仑者乎？故言九州山川，《尚书》近之矣。至《禹本纪》《山海经》所有，放哉！

【附录 1】

蓝市城考

蓝市城，西域古城名（《史记·大宛列传》），在妫水（今阿姆河）南，为大夏都城。《汉书·西域传》作监氏城。《后汉书·西域传》作蓝氏城。

旧说即今阿富汗之伐济腊巴德（贾拉拉巴德）城，在喀布尔之东方。

或曰即阿富汗北部巴尔赫省会马扎里·沙里夫附近的一个村庄。有说就是古代大夏的省治巴克特拉。（《不列颠百科全书》）

此城在阿拔斯与萨曼王朝时曾为霍拉桑省治，中亚地区著名学术中心。1220年该城被成吉思汗大军所毁。

张骞时大夏主要活动地区在中亚河间及两河上游的克什米尔西南地区。

大夏国都薄知（Bactria 巴克特里亚），因其建城较早，波斯地区有“众城之母”的赞誉。其后数个世纪，该城落入游牧民族手中，在中文古典书籍中又作“薄提”“缚喝”。

《魏书·西域传》：“薄知国，都薄知城，在伽色尼南……多五果。”“吐火罗国……国中有薄提城，周匝六十里，城南有西流大水，名汉楼河，土宜五谷，有好马、驼、骡。其王曾遣使朝贡。”北魏宣武帝永平二年，薄提国隶属于嚈哒，二国合贡白象一只。

7世纪初，阿拉伯人侵略波斯，波斯国王亚兹得格尔德三世（Yazdgerd Ⅲ）曾逃往巴尔赫避难。

唐玄奘《大唐西域记》作“缚喝国”：“缚喝国。东西八百余里。南北四百余里。北临缚刍河。国大都城周二十余里。人皆谓之小王舍城也。其城虽固，居人甚少。土地所产物类尤多。水陆诸花难以备举。伽蓝百有余所。僧徒三千余人。并皆习学小乘法教。”义净《大唐西域求法高僧传》作“薄渴罗”。

唐高僧玄照曾路过薄渴罗，到纳婆毗诃罗国（Navahihara）。

《魏书·西域传》作薄罗（“巴耳黑”之别译），为大月氏西迁后都城。又作拔底延、王舍城。

《大唐西域记》称小王舍城。《大慈恩寺三藏法师传》作缚喝罗。《续高僧传》作薄佉罗。《正法念处经》作婆佉罗。《往五天竺国传》作缚底耶。《新唐书·西域传》作缚底野。《元史·西北地附录》作巴里黑，《太祖本纪》作班勒纥，《察罕传》作板勒纥，《速不台传》作必里罕。《长春真人西游记》作班里城。耶律楚材《西游录》作班城。《明史·西域传》作把力黑。北临缚刍河（今阿姆河）。即大夏、大月氏国蓝市城。

此城为小乘佛教重地，为大雪山（兴都库什山脉）以北地区佛教中心，古代有佛寺百余所，城外有纳缚僧伽蓝（“新寺”），西南有窣堵波（佛塔）数百座，与释迦牟尼成道之印度王舍城齐名同称为王舍城。

【附录 2】

《汉书·西域传》大宛

大宛国，王治贵山城，去长安万二千五百五十里。户六万，口三十万，胜兵六万人。副王、辅国王各一人。东至都护治所四千三十一里，北至康居卑阗城千五百一十里，西南至大月氏六百九十里。

北与康居、南与大月氏接，土地风气物类民俗与大月氏、安息同。大宛左右以蒲陶（葡萄）为酒，富人藏酒至万余石，久者至数十岁不败。俗耆酒，马耆目宿。

宛别邑七十余城，多善马。马汗血，言其先天马子也。

【附注】

《文献通考》四裔考

后百余岁，贵霜翎侯兵就却攻灭四翎侯，自立为王，因号贵霜王。又灭仆达、罽宾，悉有其国。复灭天竺。

月氏自此之后，最为富盛。至后魏代，北与蠕蠕接，数为所侵，遂西徙都薄罗城，去弗敌沙二千一百里（弗敌沙在蓝氏城东）。

后其王寄多罗勇武，遂兴师越大山，南侵北天竺，自乾纮罗以北五国尽役属之。

国人乘四轮车，或四牛、六牛、八牛挽之，在车大小而已。太武时，其国人商贩到京师，自云能铸石为五色琉璃，于是采矿山中，于京师铸之。既成，光泽美于西方来者。乃诏为行殿，容百余人，光色映彻，观者惊以为神明所作。自此琉璃遂贱，人不复珍之。

（《元中记》："玛瑙出大月氏。又有牛，名为日及，今日取其肉，明日创愈。"朱鹰《异物志》云："月氏国有羊，尾重者十斤，割之供食，寻生如故。"）

《文献通考》小月氏

小月氏，治富楼沙城。其王本大月氏王寄多罗子也。寄多罗为蠕蠕所逐，西徙，后令其子守此城，因号小月氏焉。在波路西南（《后魏史》云："去汉万六千六百里"）。

先居西平、张掖之间（并今郡），被服颇与羌同。其俗以金银钱为货。随畜牧移徙，亦类北狄。

其城东十里有佛塔，周三百五十步，高八十丈。自佛塔初建，计至武定八年，八百四十二年，所谓"百丈浮图"也。晋天福时，有仲云旋居胡卢碛，即其遗种。

（2019 年 10 月 5 日原载何新博客）

西亚及中亚地区列国名号

【波斯】亚洲西部古国，地控丝绸之路要冲。元朝时候为元帝国属国伊利汗国。

【依耐国】丝绸之路南道与北道会合处的小国。位于今新疆英吉沙、莎车之间。西汉时有 670 人，125 户，养兵 350 人。到东汉时史书已不记其存在，可能已经灭亡。

【姑师】西域古国名，即“车师”的异译。车古音居，与姑谐音。

【姑墨国】塔里木盆地的古代小国，位于今新疆阿克苏市境内。

汉朝时其王所在都城称南城，汉武帝开西域后即与汉朝建立臣属关系，后属西域都护府统辖。地处丝绸之路北道要冲，东通龟兹，南到于阗，北与乌孙国接壤。王莽新朝时，其王丞杀温宿王，兼并温宿国。北魏时被龟兹国吞并，成了龟兹属地。

【奄蔡】西域古族名。一作阖苏。东汉时称阿兰聊，三国时称阿兰。

奄蔡国为一西域古国，其名称最早见于《史记》，司马迁记载其国的概况是：“奄蔡，在康居西北可二千里，行国，与康居大同俗，控弦者十余万，临大泽无涯，盖乃北海云。”

“行国”即游牧民族国家。古代阿兰人建立的阿兰国又叫阿兰聊、阿兰那，在中国的古书中称为奄蔡。其大体位置在今天的俄罗斯顿河流域，大高加索山以北，黑海、亚速海（中国古书中称其为大泽）以东一带。由顿河将其分为东西两部分，东部以黄种人为主，西部以白种人为主，长期过着游牧的生活。虽然人种不同，但顿河流域的人们长期杂居形成了民族认同，都称自己为阿兰人，从事游牧。

4 世纪后半叶，因遭匈奴攻击，又有一部分人继续西迁。

【拂菻】古国名。亦作拂懔、拂临、弗林。我国隋唐时指东罗马帝国及其所属西亚地中海沿岸一带，即君士坦丁堡罗马国。（唐）慧超《往五天竺传》记有大、小拂临："小拂临国傍海西北，即是大拂临国。"似以君士坦丁堡一带为大拂临，以叙利亚为小拂临。

唐贞观、乾封、大足、开元时皆遣使来中国。《宋史 · 外国传》中之拂菻则指塞尔柱突厥人统治下的小亚细亚一带，宋元丰、元祐时，也曾来使。

【忽里模子】古国名。故地在今伊朗东南部。

境内有新旧两港。旧港故址在今米纳布（Mīnāb）附近，新港在今波斯湾口格什姆岛（Qishm I.）以东的霍尔木兹岛（Hormoz I.）。13 世纪时，旧港为东西方通航要地。14 世纪前期，新港建成后，商业更为繁盛。

名见《元史 · 地理志 · 西北地附录》。《明史 · 外国列传》和《星槎胜览》译作"忽鲁谟斯"，《瀛涯胜览》译作"忽鲁谟厮"，都有专条记述。

【昭武九姓】隋唐时对今中亚阿姆、锡尔两河流域九姓政权的总称。

据《新唐书》记载，九姓为康、安、曹、石、米、何、火寻、戊地、史。康旧居祁连山北昭武城（今甘肃临泽县境），支庶分王各地，居民主要务农，兼营畜牧业。

6 世纪后期，隶居西突厥。唐高宗永徽年间（650—655 年），康等皆内附，唐以其地分置康居、大宛等都督府和南谧、佉沙、贵霜、安息等州，隶属安西都护府。

【突骑施】中国古族名。原属西突厥，唐武后时渐盛，圣历中（698—700 年）徙牙帐于碎叶川（今吉尔吉斯斯坦楚河流域）以为"大牙"，以伊丽水（今伊犁河流域）的牙帐为"小牙"。有文字。唐玄宗开元以前，屡遣使朝唐，唐常册封其可汗。唐代宗大历后，属葛逻禄。

【哌哒】古西域国名。又译哌（zá）哒、挹怛（dá）、挹阗。初名滑国。原为游牧民族。一般认为是和大月氏混血的匈奴人。东罗马史学家称其为"白匈奴"。5 世纪中叶分布于今阿姆河之南。484 年击败波斯，国号哌哒，建都拔底延城（在今阿富汗北部伐济腊巴德）。居民从事畜牧，兼营农业。后征服康居、安息、疏勒、于阗等国。516—558年与中国南北朝时期的梁、北魏、西魏、北周有友好往来。后为突厥所灭，部落分散。

“挹怛国，都乌浒水南二百余里，大月氏之种类也。胜兵五六千人。俗善战。先时国乱，突厥遣通设字诘强领其国。”俗同吐火罗。“南去曹国千五百里，东去瓜州六千五百里。大业中，遣使来贡。”

按《梁典》，滑国姓哌哒，后裔以姓为国号，转讹又谓之挹怛国焉（其本原或云是车师之种，或云高车之种，或云大月氏之种又韦节《西蕃记》云：“亲问其国人，并自称挹阗。”又按《汉书》，陈汤征郅支，康居副王挹阗抄其后重。此或康居之种类。然传自远国，夷语讹舛，年代绵邈，莫知根实，不可得而辨也。今考其风俗物产及诸家所说而编之）。

南北朝《洛阳伽蓝记》曰：“十月之初，至哌哒国。土田庶衍，山泽弥看。居无城郭，游军而治。以毡为屋，随逐水草，夏则随凉，冬则就温。乡土不识文字，礼教俱阙……王张大毡帐，方四十步，周回以氍毹为壁。王着锦衣，坐金床，以四金凤凰为床脚……王妃亦着锦衣，垂地三尺，使人擎之。头带一角，长八尺，奇长三尺，以玫瑰五色装饰其上。”

《北史·西域传》曰：“哌哒国，大月氏之种类也，亦曰高车之别种……风俗与突厥略同……众可有十万，无城邑，依随水草，以毡为屋，夏迁凉土，冬逐暖处，分其诸妻，各在别所，相去或二百、三百里。其王巡历而行，每月一处。冬寒之时，三月不徙。王位不必传子，子弟堪者，死便受之……用刑严急，偷盗无多少，皆腰斩，盗一责十。死者，富家累石为藏，贫者掘地而埋，随身诸物，皆置冢内。其人凶悍，能斗战，西域康居、于阗、沙勒、安息及诸小国三十许，皆役属之，号为大国。”

《周书·异域传》曰：“哌哒国，在于阗之西，东往长安一万百里……其人桀，能战役。于阗、安眠等年夜小二十余国，皆役属之……与蠕蠕婚姻。”

哌哒的葬俗比较奇特，唐《通典》曰：“其酋豪死，抉去其脑，实以珠玉；剖其五脏，易以黄金；假造金鼻银齿，以人为殉。卜以吉辰，藏诸岩穴，他人莫知其所，多杀牛、羊、马，以充祭祀，葬毕服除。”

又与孙波（苏毗）葬俗“贵人死，剥其皮，以金屑和骨肉置于瓶内而埋之”近似。这种奇怪的葬俗在后来的契丹人中延续着，契丹人把这种木乃伊叫作“帝羓”（ba），意为“帝人”。此称谓来自藏语，把人叫作“巴”是藏语所特有的。

哌哒还有类似孙波的“女国”习俗。《周书·异域传》曰：“其俗又兄弟共娶一妻。夫无兄弟者，其妻戴一角帽。如有兄弟者，依其几多之数，加倍帽角焉。”

【钦察汗国】亦称金帐汗国。成吉思汗长子术赤的封地。初有咸海及里海北钦察旧地，术赤子拔都远征（1236—1242 年）后，版图西到多瑙河下游，东到今额尔齐斯河，南达高加索，北到今俄罗斯保加尔地区。斡罗斯诸公国几乎都是钦察汗国的附庸。1243 年建都萨莱（今伏尔加河下游）；另将咸海东北地方分给其兄斡鲁朵，称白帐汗；将咸海以北地方分给其弟昔班，称蓝帐汗，皆在其统辖之下。居民主要是钦察人、不里阿耳人、斡罗斯人、蒙古人。从事农业、畜牧业。十三四世纪时为中国同欧洲贸易的中介。14 世纪起，由于封建主内讧，人民反抗，国势转弱。14 世纪末，先后败于莫斯科大公季米特里·顿斯特伊和帖木儿，逐渐分裂为许多独立汗国。1480 年莫斯科公国独立，钦察汗国的统治遂告结束。

【海西国】古国名。依《后汉书·西域传》所载指大秦国;《新唐书·西域传》指拂菻国。以其为地中海区域大国，而又在红海、波斯湾之西，故有此称。

【莎车国】丝绸之路大国。《逸周书·王会解》中即有其名，位置在今新疆莎车、麦盖提县。西汉时王都在莎车城，人口为 16300 余人。汉武帝开拓西域之后，即归西域都护府辖制。汉宣帝地节（公元前 69 年—公元前 66 年）年间，乌孙公主的儿子万年为王。弟呼屠徵不服，杀万年，且阴约西域诸国叛汉。元康元年（公元前 65 年），冯奉世途经莎车，斩呼屠徵，立其兄为王。西汉末年，西域动乱，丝绸之路各国大都背叛汉朝，归属匈奴，唯莎车国王坚持属汉。天凤五年（18 年），延死，子康立。东汉初，康与邻国抵抗匈奴进攻，保护汉朝都护及其他官吏、家属千余口。东汉光武帝建武五年（29 年），河西大将军窦融按西汉制度立康为莎车王，封为建功怀德王、西域大都尉。建武九年（33 年），康死，弟贤代立为王。建武十七年（41 年），光武帝授贤为汉大将军，而贤自称西域都护。于是，葱岭以东各国基本上都受辖于贤。建武二十二年（46 年），贤灭鄯善、龟兹。后又向西灭妫塞王国，俘大宛王延留，势力到达帕米尔以西。东汉明帝永平三年（60 年），于阗背叛莎车，莎车灭。后又复国。汉章帝元和三年（86 年），西域长史班超发西域各国兵攻莎车，莎车降汉。北魏时，莎车改名为渠莎，但国势已大衰，后并于疏勒。

【曹国】古国名。故地在今乌兹别克斯坦撒马尔罕的北方和东北方。见《北史》《隋书》《新唐书》和各《西域列传》，为昭武诸国之一，一度属唐管辖。

【捐毒国】丝绸之路北道小国。位置大致在今新疆乌恰县西部。丝绸之路北道从疏勒通大宛、康居，多从此小国境内通过。西汉时自有国王，王都衍敦谷。有 1100 余人，380 户，养兵 500 名。从此登上帕米尔高原北部的阿赖帕米尔，即通休循国。人民以游牧为业，属塞种。东汉以后已不见史书记载。

【犁靬】古国名。《魏略·西戎传》："大秦国，一号犁靬。"《后汉书·西域传》："一名犁。"即西亚地中海东部叙利亚、以色列、黎凡特地区。

【康国】古国名。故地在今乌兹别克斯坦撒马尔罕一带。见《北史》《隋书》《新唐书》和各《西域列传》，为昭武诸国之一，一度属唐管辖。

【康居】古西域国名。东接乌孙，西达奄蔡，南接大月氏，东南临大宛。约在今巴尔喀什湖和咸海之间。王都在卑阗城。北部是游牧区，南部是农业区。南部城市较多，由五小王分治。汉元帝永光元年（公元前 43 年），康居王迎匈奴郅支单于居康居东部合力对抗乌孙。汉元帝建昭三年（公元前 36 年），西域都护甘延寿、副校尉陈汤率军入康居，击杀郅支单于。东汉时，栗弋、严、奄蔡均为康居属国。晋武帝泰始（265—274 年）年间，遣使献善马。南北朝时，臣属于吠哒。

唐羁縻都督府名。永徽时在康国置，故地在今乌兹别克斯坦撒马尔罕城。约公元 8 世纪中叶后，因大食势力东进而废弃。

【婼羌】西域古国名，位于今新疆若羌县境内。西汉时人口为 1750 余人，450 户，养兵 500 人。经济以畜牧业为主，无农业生产；国民口粮依靠鄯善和且末供应；但其地有铁矿，会冶铁锻造兵器，有弓箭、长矛、短刀、剑甲等。

【渠犁国】塔里木盆地孔雀河流域的古代小国，地处今新疆库尔勒市境内。又译作渠黎。此国先为匈奴的属国，汉武帝天汉二年（公元前 99 年）附汉，人口为 1480 人。其境地广土沃，汉武帝初通西域后即在此设屯田校尉，率领吏士大力屯田，使其地初步得到开发。汉昭帝时，又以扞弥国王太子赖丹为校尉，屯田轮台，渠犁因近轮台，故亦在赖丹屯田范围之内。渠犁屯田对于西汉军旅的粮食供给起着重要作用。汉宣帝地节年间，汉朝又命车师王太子军就向渠犁移民，渠犁进一步繁荣。此后其国被焉耆所并，不复存在。

【焉耆国】塔里木盆地的古代大国之一，位于今新疆焉耆回族自治县境内。西汉时即臣属汉朝，国王住员渠城（一说今焉耆城西之四十里城子）。从此东可通车师国，北可至乌孙（今巩乃斯河流域），西可至疏勒。西汉时有户口 4000 余户，东汉明帝永平末年达到 15000 户，3 世纪末，国力更加强盛，曾经灭龟兹，称霸西域。唐朝时其王族已变为龙姓，势力扩充至整个开都河流域。伊斯兰教传入之前其国信奉佛教和火祆教，国民使用焉耆语、焉耆文，风俗特点是：男人剃发，女人穿短袄，大宽裤；人死即火葬，亲属服孝 7 日；喜饮葡萄酒，善于音乐；地出蚕丝，但不知织绸，只以丝为丝绵。又出稻、粟、菽、麦及驼、马、牛、羊。焉耆马历来极其有名。

【尉头国】丝绸之路北道小国。位于今新疆乌什县和阿合奇县一带。西汉时约为 2300 人，300 户，养兵 800 名。王都在尉头谷。王下设左右都尉、左右骑君等职官。南与疏勒接，但因山阻而不通。东汉国名尚存。《后汉书·西域传》疏勒条称："疏勒东北经尉头、温宿、姑墨、龟兹至焉耆。"由此可知到东汉时，尉头的疆域又向南有所发展，已经地跨北道两侧，达到今柯坪以南，巴楚县图木休克以北一带。

【尉犁国】塔里木盆地孔雀河流域的古代小国，位于今新疆尉犁县。此地清代称喀喇库木，又译为喀喇工，设新平县。西汉时属西域都护府辖制，至唐朝时被焉耆国吞并，成为焉耆国的属地。

【提罗卢和国】（Djerrarah）古国名。亦译作罗和异国。一般以为故地在波斯湾内伊朗西部的阿巴丹附近。为古代西亚重要港口。据《新唐书·地理志》附"广州通海夷道"所述，其地有海上照明设备，指示航行方向。

【斯宾国】（Ctesiphon）古国名。故地在今伊拉克首都巴格达东南底格里斯河左岸。1世纪时已同中国有交通关系，见《后汉书·西域传》。

【斯加里野国】（Sicilia）古国名。故地在今意大利西西里岛。国内有著名的火山，见宋赵汝适《诸蕃志》卷上。

【葛逻禄】古族名。突厥族的一支。唐时居北庭西北、金山之阳（今新疆准噶尔盆地）。有谋落、炽俟、踏实力三部落。唐显庆二年（657年），设阴山、大漠、玄池三都督府。唐天宝年间（742—756年），助回鹘争强，徙西突厥故地，统治七河流域，建庭于碎叶城。居民从事畜牧，兼营农业和狩猎。开成五年（840年），回鹘为黠戛斯所破，其相极职等率十五部奔葛逻禄。北宋初，葛逻禄和回鹘等族共同建立了黑汗（哈喇汗朝）。12世纪末，曾臣服于西辽。成吉思汗六年（1211年），葛逻禄（哈喇鲁）阿尔斯兰汗与阿里麻力王俄柴儿降蒙古，成吉思汗以公主妻之。

【黑衣大食】750年，艾布·阿拔斯推翻倭马亚王朝而建立的伊斯兰教封建国家。因崇尚黑色而得名。首都为巴格达。在白衣大食与绿衣大食脱离后，领土包括阿拉伯帝国的东方部分。《后唐书·西戎传》和《新唐书·西域传》称黑衣大食。8—9世纪，封建剥削加重，人民不断反抗，以巴贝克起义规模为最大。此后王朝日趋衰落。1055年塞尔柱突厥人占领巴格达后其王朝灭亡。但哈里发的名义还延续到1258年。

【疏勒国】丝绸之路北道大国。位于今新疆喀什市、疏勒、疏附、伽师一带。

西汉时有18647人，1510户，养兵2000人，王都在疏勒城（今喀什市）。商业已很繁盛，有贸易市场。东汉时国力发展，兵力达到30000余人。东汉明帝永平十六年（73年），匈奴唆使龟兹攻疏勒，杀其国王，立兜题为疏勒王。

当年冬，班超间道至疏勒，捉兜题，扶持原国王成之侄忠为王。从此，疏勒便成了班超经营西域的大本营。东汉章帝元和元年（84年），疏勒王忠听从莎车王的教唆，背叛班超，并引康居兵入境，在乌即城与班超对抗。班超用外交手段说退康居兵，忠又降班超。章和元年（87年），忠又向康居借兵叛乱，班超遂杀忠。东汉安帝元初年间，疏勒王安国流放其舅臣磐到大月氏。安国死后，臣磐请大月氏王派兵护送他归国夺位。

东汉顺帝永建二年（127 年），顺帝拜臣磐为汉大都尉。东汉灵帝建宁元年（168 年），臣磐被叔父和得所杀，和得反汉，东汉无法控制。东汉以后，疏勒与晋、北魏、隋等各政权均保持密切关系。

唐朝时，疏勒国尚存，国王姓裴，其统治范围包括汉朝时期的莎车、捐毒、休循等。国名又称佉沙。王号“阿摩支”，养兵 2000 人，国人信仰拜火袄教。

贞观九年（635 年）始与唐朝来往。上元二年（675 年），唐朝在疏勒置都督府。仪凤二年（677 年）被吐蕃征服，10 年后被唐夺回。10 世纪中，伊斯兰教传入，疏勒国灭亡。

【鲁迷】（Rūm）后罗马国，罗姆国。

一般以为即芦眉国的异译，指土耳其帝国。1524—1554 年（明嘉靖三年至三十三年）曾五次遣使至中国，有友好往来。《明史・西域列传》有专条记述。

【温宿国】塔里木盆地的古代小国，位于今新疆温宿县境内。汉武帝开通西域以后臣属汉朝，后归西域都护府辖制。其王所在都城称温宿城。从此向北有小道，过天山可到乌孙国的王都赤谷城。西汉末年被姑墨国吞并，北魏时其地尽归龟兹。

【拨换城】西域古城名，在今新疆温宿县境，魏晋时期又名跋禄迦、亟墨。唐代称威戎、姑墨州。东通龟兹，西到疏勒，西北至碎叶，西南可达于阗，故常为兵家所必争。汉朝曾在此屯田，以巩固丝绸之路的北道；北魏时被龟兹国占领。唐太宗贞观二十二年（648 年），阿史那社尔平龟兹后，唐朝即在此设立姑墨州。中宗景龙二年（708 年）遭突骑施的进攻，唐将牛师奖等战死于此。

【窝阔台汗国】成吉思汗第三子窝阔台的封地。领有今额尔齐斯河上游和巴尔喀什湖以东地方。建都也迷里城（今新疆额敏县）。居民从事游牧。窝阔台孙海都与忽必烈争夺帝位失败后，元武宗至大三年（1310 年）并入察合台汗国。

【犍陀罗】（Gāndhāra）又作乾陀罗或健驮逻。古印度地名，亦为国名。相当于今巴基斯坦之白沙瓦及其毗连的阿富汗东部一带。

公元前 3 世纪摩揭陀国（孔雀王朝）的阿育王，遣僧人来此传布佛教，渐形成犍陀罗式的佛教艺术。1 世纪大月氏入主其地。2 世纪初贵霜王朝强盛时期，成为迦腻色迦王统治的中心；首都布路沙布罗（即富楼沙，今白沙瓦）当建于此时。后贵霜势衰，又为哌哒人（白匈奴）所据。玄奘《大唐西域记》称犍陀罗“东西千余里，南北八百余里”。

【楼兰】丝绸之路古国名，其位置在新疆若羌县境内，所领范围围绕罗布泊，北到古代的孔雀河河道，南至今米兰河流域及其以东地区；东通敦煌，西限流沙，王都为扜泥城。其国经济以游牧为主，产驴、马、骆驼，会制作兵器。

张骞通西域后，汉武帝屡派使节至西域各国，楼兰地当交通要冲，因供给使者而感烦累，故与姑师经常劫掠汉使。

汉武帝元封三年（公元前 108 年），汉派赵破奴击车师，赵破奴先至楼兰，俘其王，楼兰首次降汉。但其后的三四十年间，对汉朝仍首鼠两端，多次留难汉使，梗阻丝绸之路。汉昭帝元凤四年（公元前 77 年），汉大将军霍光派平乐监傅介子前往楼兰，刺杀楼兰王尝（一作安）归，另立尝归之弟为王，且令将都城南迁，改国名，颁印绶。从此，楼兰国的国名被废弃。考古发现证明楼兰曾经有过灿烂的文化，远在新石器时代即有人在此居住，从事生产。改国名后，以“鄯善国”的名称又延续了近 500 年之久。隶属西域都护府时，有 14100 人，1570 户，养兵 2912 人。

【蒙奇】古国名。东汉永元三年（91 年）班超任西域都护后，和东汉建立交通关系。或以为即当时安息国家东部 Margiana 地区（相当于土库曼东南部马里附近一带）的音译。

【蒙古四大汗国】即钦察汗国、察合台汗国、窝阔台汗国和伊利汗国。

成吉思汗西征（1219—1224 年）后，把所征服地区分封给他的三个儿子即术赤、察合台、窝阔台（蒙语“兀鲁思”），分别建立了钦察汗国、察合台汗国和窝阔台汗国。蒙哥汗命其弟旭烈兀西征伊朗各地，又建立了伊利汗国。这些封地初为蒙古统一政权管辖下的组成部分，后分别走上独立发展的道路。14—15 世纪，各汗国在当地人民的反抗斗争以及相互兼并的战争中先后灭亡。

【窣利】（Sūlika）古地区名。东晋时译作修利，唐时译作窣利。或以为即东汉时之栗弋（“栗”疑为“粟”之误），晋时之粟弋，北朝时之粟特。据《大唐西域记》第一卷所述，其地东起素叶水城（故址在今吉尔吉斯斯坦北部托克马克城〔Tokmak〕附近），西至羯霜那国（故地在今乌兹别克东南部沙赫里夏勃兹附近）。人民善于经商，对古代东西方文化发展及交流曾起过重要作用。唐显庆二年（657年）设蒙池都护府后，该地区皆在安西都护府辖境内。古代窣利语（亦称粟特语）文字近年业已发现。

【蒲犁国】丝绸之路葱岭险道的小国。位于今新疆塔什库尔干塔吉克自治县境内，王都在蒲犁城，今塔什库尔干县城东北面的“石头城”遗址即是。西汉时有5000人，650户，养兵2000人。国王下设侯、都尉二职官。民俗与子合国相同，谷物靠莎车国供应。

蒲犁国地处高寒山区，可供居民繁衍生息的地方最低也在海拔3700米上下。丝绸之路南道和北道均需经过这个小国，《汉书·西域传》所谓的“身热头痛之坂”即指该国境南面的喀喇昆仑山东麓，海拔为5000米左右。

过此即可进入印度河河谷或瓦罕走廊。南北朝时，其国名改为“渴盘陀”。又作“喝盘陀”“汉陀”“渴馆檀”“渴罗陀”。《大唐西域记》又作“朅（qiè）盘陀”。唐代时，其王为疏勒人。贞观九年（635年）开始与唐朝接触。开元年间，唐在其境内置葱岭守捉。从北魏至唐，此国在帕米尔高原上一直为势力最大的国家，兵力曾一度威胁到罽宾。唐朝以后被疏勒国吞并。

【察合台汗国】成吉思汗次子察合台的封地。初仅占有西辽旧地。14世纪初，合并了窝阔台的封地，遂兼有天山南北及阿姆河以东地方，初建都阿立麻里（今新疆霍城县水定镇西北）。居民以农业为主，部分地区兼营牧业。后分裂为东西两部，西部在1370年为帖木儿帝国所灭；东部分裂为若干小国，先后灭亡。

【鄯善国】丝绸之路小国，系由楼兰国改名迁都而来。位于今新疆若羌县境内的罗布泊西面和西南面。西汉时有14000余人，1570余户；养兵2900余人。国王之下有辅国侯、却胡侯、鄯善都尉、击车师都尉、左右且渠、击车师君各一人，译长二人。其国土大部为沙漠，耕地少，国民主要从事游牧业。出产驴、马、骆驼，玉石及芦苇、红柳、梧桐、白草等；会冶铁铸造兵器。

汉昭帝元凤四年（公元前77年），汉朝大将军霍光派傅介子刺杀楼兰王尝（又作安）归，立其弟尉屠耆为王，并改其国名为“鄯善”。1世纪时国势更强，与于阗国一起称雄于南道。3世纪末至5世纪中期，尝臣属于曹魏、晋及前凉、北凉、前秦。北魏太武帝太平真君六年（445年），万度归击鄯善，俘其王真达，以鄯善为镇。鄯善国灭亡。

【精绝国】丝绸之路南道上的小国，西汉时有人口3360余人，480户，养兵500人，其王都为精绝城。精绝城的位置，一说在今新疆民丰县东境的安迪尔河下游，一说在今民丰县正北之尼雅遗址。东汉时，精绝国被鄯善国并吞。

【罽宾国】即克什米尔国。古代中国与印度之间的小国之一，位于今阿富汗东南部、巴基斯坦北部及克什米尔西北部。

罽宾国势力最强盛时，喀布尔河和印度河的上游地区均在其版图之内。今阿富汗喀布尔市、加兹尼城皆为其重要城市。中国史籍《汉书·西域传》译为罽宾，《新唐书·西域传》译为个（gè）失蜜或迦湿弥逻，《元朝秘史》译为客失迷儿，《续高僧传·阇（shè）那崛多传》译为迦臂施。印度的《孔雀王经》称之为迦毗尸，《希腊古地志》称作迦斯毗拉衣。因为境内有兴都库什山、喀布尔河及印度河上游的巨大河谷，因而交通艰险，是丝绸之路上著名的危险地段之一。中国求法僧人法显、宋云、玄奘等均曾经其地。

【黠戛斯】即吉尔吉斯族。古族名。汉称坚昆，魏晋间称结骨，唐称黠戛斯。主要在今叶尼塞河上游流域。从事畜牧，兼营农业和狩猎。有文字，今称“俄尔浑—叶尼塞文”。唐贞观二十二年（648年）内附，唐以其地为坚昆都督府，隶属燕然都护府。

【可萨汗国】可萨来自回纥中的葛萨部，欧洲人称之为哈扎尔人。可萨汗国又译作卡赞王国或称库曼王国，大约740年可萨可汗信奉犹太教，是中世纪唯一以犹太教为国教的王国，也是唐代长安城犹太人的主要来源地。克里米亚从前称可萨利亚，很多民族称呼里海为可萨海。可萨汗国在1030年在东罗马与基辅罗斯攻击下亡国。他们的故地被钦察人占据。

【粟弋】《文献通考》曰：“粟弋，后魏通焉，在葱岭西，大国，一名粟特，一名特拘梦。出好马、牛、羊、葡萄诸果，出美蒲萄酒，其土地水美故也。出大禾，高丈余，子如胡豆。在安息北五千里，附庸小国四百余城。太武时，遣使朝贡。”

粟特人，是属于伊朗人种的中亚古族，在中国史籍中又称昭武九姓、九生胡、杂种胡、粟特胡等。粟特人原居住于阿姆河、锡尔河流域。粟特人长期受周边的强大外族势力控制，早先服属于大夏，后又听命于大月氏。魏晋时期建立了粟特国。南朝建立了康、安、米、曹、石、何等城邦。大约 5 世纪以后，粟特国逐渐衰落，粟特自分裂为许多小国，“枝庶分王，曰安、曰曹、曰石、曰米、曰何、曰火寻、曰戊地、曰史，世谓九姓，皆氏昭武。”粟特商人则被称为“昭武九姓胡商”。

Sogdiana，位于葱岭西方之西域古国名，又作粟弋。

此为俄属土耳其斯坦最肥沃之地，以撒马尔干（Samarkand）为首邑，住民擅于商贾，常往来于东西诸国之间。

西汉时属于北方之康居国；东汉初年，大月氏兴起，粟特乃归附之；至南北朝属于康国。南北朝以后之粟特，联合六国或九国而成立一王国，以昭武（Chub）为姓，称为六姓昭武，或九姓昭武。

据传，此地早已有佛教传播。据北史及《隋书·西域列传》第四十八、《唐书·西域列传》第一四六下等载，此地袄、佛二教盛行。然此地于玄奘到达之前，佛教已大衰，据《大慈恩寺三藏法师传》卷二飒秣建国条载，其国之王、民皆以事火为道，玄奘至，乃教化之，遂皈依佛教。又《梁高僧传》卷一、卷十三，《续高僧传》卷二十六，《广弘明集》卷二十三，《宋高僧传》卷五，《六学僧传卷》二十七等载，三国吴之康僧会、东晋支昙谛、隋代智嶷、唐代法藏等人为康居人，或其祖先为康居人；又如东汉康孟详与康巨、魏康僧铠、晋代康法遂与康僧渊等人，皆冠有康姓，可知其定皆出于此地，或与此地有密切关系。

粟特语（Sogdian）为中世纪波斯语的方言之一，为中亚、蒙古与我国内地间之一种国际语言。又由粟特语所翻译之佛经，于斯坦因（A.Stein）之 Serindia, vol. Ⅱ发表者，列举有《莲华如意珠陀罗尼经》（梵 Padmacintaâmani dhâranî-sûtra）、《青颈陀罗尼》（梵 Nîlakantha-dhâraî）、《维摩诘所说经》（梵 Vimalakîrti-nirdeśa）、《尾施缚多罗本生》（巴 Vessantara-jataka）及其他若干未详之经典等。又哥祈尔（R. Gauthiot）亦刊布长爪梵志请问经（Le sûtra du religieux Ongles-longs:

Mémoires de la Société du Linguistique，1912 年），并与伯希和（P. Pelliot）共刊行善恶因果经（Le sûtra des causes et des effets：Mission Pelliot en Asie Centrale，Ⅱ. 1920—1929 年）。以上主要系斯坦因、伯希和于敦煌千佛洞所搜集者。另据大唐贞元续开元释教录卷上载，迦毕试国般若三藏与大秦寺波斯僧景净共译之胡本大乘理趣六波罗蜜多经，亦疑系粟特语经典。〔《大唐西域记》卷一跋禄迦国条、慧超《往五天竺国传》《后汉书·西域传》第七十八、《通典》卷一九三、《文献通考》卷三三八、《粟特国考》（白鸟库吉，《东洋学报》第十四之四）、《西域佛教の研究》（羽溪了谛，宗教研究特辑号）〕

根据史料和出土粟特人古信札，我们可以描绘出 3—4 世纪粟特商人入华的路线图：翻越帕米尔高原，经于阗、楼兰入敦煌，再由敦煌出发，经酒泉、姑臧、金城进入中原。粟特人以撒马尔罕为中心，向东沿天山南麓或北麓到达中原，南抵阿富汗、印度，西接波斯，西北直通欧洲腹地。发达的商业促成了粟特各城市的富有和繁华，催生了贵族和骑士阶层，也一度成为佛教、摩尼教、袄教、景教和谐共存的地区。

【乌弋山离】西域古国名。又作乌弋。东汉时名排持（《西域图考》云在今波斯国南部、给尔满、法尔斯等地）。不属都护。人口众多，为西域大国。国有小君长，役属于安息。其人善魔术，俗仁爱不杀。地暑热平坦，种植水稻。农业、园艺业发达。草木、畜产、五谷、果菜、饮食、宫室、市列、货币、兵器、金珠之属皆与罽宾同。特产桃拔（鹿科动物）、狮子、犀牛。喜金银饰杖。钱币文为人头，幕为骑马。

【哈烈】西域古地名。见《明史·西域传》，一名黑鲁。《元朝秘史》作亦鲁。《圣武亲征录》作也里，又作野里。即今阿富汗西北部赫拉特。波斯名为阿里雅。为呼罗珊四大名城之一。近代西方伪史称之为亚历山大里亚。

《汉书·西域传》译作乌弋山离。《汉书·陈汤传》讹为山离乌弋。《后汉书·西域传》改名排持。《魏略·西戎传》：乌弋，一名排特。中世纪时名义利，与汉译名“也里”相近；又名哈利或海利，与“哈烈”近似。

东西方交通和贸易往来的重要中转地。1381 年，帖木儿占领哈烈，1397 年封其第四子沙哈鲁（1377—1447年）于呼罗珊，驻哈烈城。1417年，沙哈鲁重新统一帖木儿帝国，以此地为都城。哈烈成为灿烂的波斯文化中心。

《明史·西域传》之哈烈，实指从沙哈鲁统治时代起的帖木儿王朝。其国在西域最强大。诸国使并至，皆序哈烈于首。自洪武二十五年（1392年）起，明朝与哈烈曾多次互派使节。沙哈鲁死后，帖木儿王朝内忧外患，国势日衰，与中国的往来趋于停顿。16世纪初，乌兹别克人灭帖木儿王朝，哈烈同明朝的联系终止。

【大秦】古西亚北非大国名，以Sina得名。Sina，秦也，西方称中国亦为sina（支那），西亚Sina即西奈，其疆域包括西奈半岛以及黎凡特、叙利亚地区。

《文献通考》曰：

大秦一名犁靬（靬，居言反）一云前汉时犁靬国也，后汉时始通焉。其国在西海之西，亦云海西国。其王治安都城，宫室皆以水精为柱。

从条支西度海曲万里，去长安盖四万里。其国平正，人居星布。

其地东西南北各数千里，有四百余城。小国役属者数十。西有大海，海西有迟散城。王城有官曹、簿领，而文字习胡。人皆髦头，而衣文绣，亦有白盖小车、旌旗之属。又十里一亭，三十里一堠，一如中州。

地多师子，遮害行旅，不百余人持兵器，辄为所食。其王无常人，皆循立贤者，有灾异及风雨不时，辄废而更立，受放者无怨。

其人长大平正，有类中国，故谓之大秦，或曰本中国人也。土有骇鸡犀（《抱朴子》云："通天犀有一白理如綖者，以盛米，置群鸡中，欲啄米，至辄惊去，故南人名为'骇鸡'也。"），合会诸香，煎其汁以为苏合。土多金银奇宝，夜光璧、明月珠、琥珀、琉璃、神龟、白马朱髦、玳瑁、元熊、赤螭、辟毒鼠、大贝、车渠（《广雅》云："车渠，石，似玉。"）、玛瑙（石似玉）。賨出西海，有养者，似狗，多力，犷恶（賨，藏宗反）。北附庸小邑有羊羔，自然生于土中，候其欲萌，筑墙护之，恐兽所食也，其脐与地连，割之绝则死，击物惊之，乃惊鸣，遂绝，逐水草，无群。又有木难，金翅鸟，口中结沫所成碧色珠也，土人珍之（曹子建诗云："珊瑚间木难"）。

有幻人，能额上为炎烬，手中作江湖，举足而珠玉自堕，开口则幡眊乱出（前汉武帝遣使至安息，安息献犁靬幻人二，皆蹙眉峭鼻乱发拳鬓，长四尺五寸。眊，人忘反）。有织成细布，言用水羊毛，名曰海西布，作氍〈叟毛〉〈翕毛〉〈登毛〉罽帐之属，其色又鲜于海东诸国所作也。

又常利得中国缣素，解以为胡绫绀纹。数与安息诸胡交市于海中。西南涨海中可七八百里，行到珊瑚洲，水底有盘石，珊瑚生其上。大秦人常乘大舶，载铁网，令水工没，先入视之，可下网乃下。初生白，而渐渐似苗坼甲，历一岁许出网目间，变作黄色，支格交错，高极三四尺，大者围尺余，三年色乃赤好。复视之，知可采，便以铁钞发其根，乃以索系网，使人于舶上绞车举出。还国理截，恣意所作。若失时不举，便蠹败。

其国以金银为钱，银钱十当金钱一。其人质直，市无二价。谷食常贱，国用富饶。邻国使到其界首者，乘驿诣王都，至则给以金钱。其王常欲通使于汉，而安息欲以汉缯采与之交市，故遮阂不得自达。又涂经大海，商客往来皆赍三岁粮，是以至者稀。桓帝延熹初，大秦王安敦遣使自日南徼外献象牙、犀角、玳瑁，始乃一通焉。其所表贡，并无珍异，疑传者隐之。至晋武帝太康中，其王遣使贡献，或云其国西有弱水、流沙，近西王母所居处，几于日所入也（《外国图》云："从隅巨北，有国名大秦。其种长大，身丈五六尺。"杜环《经行记》云："拂菻国在苫国西，隔山数千里，亦曰大秦。其人颜色红白，男子悉着素衣，妇人皆服珠锦。好饮酒，尚干饼，多工巧，善织络。或有俘在诸国，守死不改乡风。琉璃妙者，天下莫比。王城方八十里，四面境土，各数千里。胜兵约有百万，常与大食相御。西枕西海，南枕南海，北接可萨突厥。西海中有市，客主同和，我往则彼去，彼来则我归。卖者陈之于前，买者酬之于后，皆以其直置诸物傍，待领直然后收物，名曰'鬼市'……"）。

【波斯】

《文献通考》曰：

波斯，后魏时通焉，在达曷水之西，都宿利城（《后周史》云苏利城，《隋史》

云苏蔺城，记录音讹，其实一也）。

有河经其城中南流，即条支之故地也，大月氏之别种。其先有波斯匿王，其子孙以王父字为氏，因为国号焉。王姓波斯。户十余万。东去中国万余里，西去海数百里，东南去穆国四千余里，西北至拂菻四千五百里。

有楼观、屋宇、佛寺。城西十五里有土山，山周回高大，其势连接甚远，中有鹫鸟啖羊，土人极以为患。其王坐金羊座，戴金花冠，衣锦袍，织成帔，饰以真珠宝物。其俗：丈夫翦发，戴白皮帽，贯头衫，两肩近下开之，并布布帔，缘以织成；妇人服大衫，披大帔，仍贯五色珠，络之于膊。王即位以后，择诸子内贤者，密书其名，封之于库，诸子及大臣皆莫之知也。王死，众乃共发书视之，其封内有名者，即立以为王，余子各出就边任，兄弟更不相见也。

国人号王曰“医囋”（才割反），妃曰“防陟率”，王之诸子曰“杀野”。其刑法：重罪悬诸竿，射而杀之；次则系狱，新王立，乃释之。赋税准地输银钱。

事火神、天神。婚合不择尊卑。于诸夷中最为丑秽。死者多弃尸于山，一月治服。城外有人别居，唯知丧葬之事，号为不净人，若入城市，摇铃自别。以六月为岁首，气候暑热，家自藏冰。其地多砂碛，引水溉灌。其五谷及禽兽与中州略同，唯无稻、黍。土出名马及驼，富室至有数千头者。出象、师子，多良犬。

有大鸟形如橐驼，有两翼，飞而不能高，食草与肉，亦能啖火。有大鸟卵、真珠、玻璃、珊瑚、琉璃、玛瑙、水精、瑟瑟、金、银、鍮石、金刚、火齐、铜、锡、镔铁、朱砂、水银、锦、叠、细布、氍毹、〈翕毛〉〈登毛〉、护那、越诺布、金缕织成，赤麖皮、薰陆、郁金、苏合、青水等香，胡椒、荜拨、石蜜、千年枣、香附子、诃黎勒、无食子、盐绿、雌黄。又有优钵昙花，鲜华可爱。地有咸池。

俗尊右下左，祠天地日月水火……战乘象，一象士百人，负则尽杀……叛者铁灼其舌，疮白为直，黑为曲。魏神龟中，其国遣使上书贡物，云：“大国天子，天之所生，愿日出处常为汉中天子。波斯国王居和多千万敬拜。”朝廷嘉纳之。自此每使朝献。恭帝二年，其王又遣使献方物。梁中大通二年，始通江左，遣使献佛牙。隋炀帝时，遣云骑尉李昱使通波斯，寻有使随昱贡方物。隋末，西突厥叶护可汗讨残其国而不能有。唐贞观十二年，遣使朝贡，又献活褥蛇，状类鼠，色正青，长八九寸，能入穴取鼠。后其王为大酋所逐，大食复攻之，遣使告难，高宗以远不可师，谢遣。龙朔初，又诉为大食所侵，时天子遣使到西域分置州县，以疾陵城为波斯都督府，拜其王为都督，俄为大食所灭，虽不能国，咸亨中犹入朝，授右武卫将军，死。始，其子泥涅师为质，调露元年，诏裴行俭将兵护还，将复王其国，以道远，至安西碎叶，行俭还，泥涅师因客吐火罗二十年，部落益离散。景龙初，复来朝，授左威卫将军。病死，西部独存。

开元、天宝间，遣使者十辈献玛瑙床、火毛绣舞筵。乾元初，从大食袭广州，焚仓库庐舍，浮海走。大历时，复来献。又有陀拔斯单者，或曰陀拔萨惮。其国三面阻山，北濒小海，居婆里城，世为波斯东大将。波斯灭，不能臣大食。

天宝五载，王忽鲁汗遣使入朝，封为归信王。后八年，遣子自会罗来朝，拜右武卫员外中郎将，赐紫袍、金鱼、留宿卫。为黑衣大食所灭。贞观后，远小国君遣使来朝献，有司未尝参考本末者，今附之左方。曰火辞弥，与波斯接。贞观十八年，与摩罗游使者偕朝。二十一年，有健达王献佛土菜，茎五叶，赤华紫须。

龙朔元年，多福王难婆脩疆宜说遣使者来朝。总章元年，有末陀提王，开元五年，有习阿萨般王安杀，并遣使来朝贡。

七年，诃毗施王捺塞因吐火罗大酋罗摩献狮子、五色鹦鹉。天宝时来朝者，曰俱烂那，曰舍摩，曰威远，曰苏吉利发屋阑，曰苏利息单，曰建成，曰新城，曰俱位，凡八国。俱位，或曰商弥。治阿赊〈风日〉师多城，在大雪山、勃律河北。地寒，有五谷，蒲萄、石榴，冬窟室。国人常助小勃律为中国候。新城之国，在石东北嬴百里。有弩室羯城，亦曰新城，曰小石国城，后为葛逻禄所并。

【吐火罗】

《文献通考》曰：

吐火罗，一名土壑宜，后魏时吐呼罗国也，隋时通焉。都葱岭西五百里，在乌浒河南，即妫水也。与挹怛杂居。胜兵十万人，皆习战。

俗奉佛，多男，少妇人，故兄弟通室。妇人五夫，则首戴五角，十夫戴十角。男子无兄弟者，则与他人结为昆季，方始得妻，不然终身无妇矣。生子属其长兄。被服、文字与于阗略同。

城北有玻璃山，南崖穴中有神马，国人每牧马于其侧，时产名驹，皆汗血焉。其北界则汉时大宛之地，南去旧国千七百里，东去瓜州六千七百里。

大业中遣使来贡。唐初，属西突厥。高宗永徽初，遣使献大鸟，高七尺，其色玄，足如驼，鼓翅而行，日三百里，能啖铁，夷俗谓鸵鸟。龙朔元年，吐火罗置州县，使王名远进《西域图记》，并请于阗以西，波斯以东十六国分置都督府，及州八十、县一百、军府一百二十六，仍于吐火罗立碑以纪圣德，帝从之。

开元、天宝间，数献马、骡、异药、乾陀婆罗二百品、红碧玻璃，乃册其君骨咄禄顿达度为吐火罗叶护、挹怛王。其后邻胡羯师谋引吐蕃攻吐火罗，于是叶护失里忙伽罗丐安西兵助讨，帝为出师破之。乾元初，与西域九国发兵为天子讨贼，肃宗诏隶朔方行营。

【拂菻】

《文献通考》曰：

拂菻国南东至灭力沙，北至海，皆四十程。西至海三十程。东自西大食及于阗、回纥、达靼青唐，乃抵中国。

历代未尝朝贡，至宋元丰四年十月，其王灭力沙灵改撒始遣大首领你厮都令厮孟判来献鞍马、刀剑、真珠，言其国地甚寒，土屋无瓦。产金、银、珠、胡锦、牛、羊、马、独峰驼、梨、杏、千年枣、巴榄、粟、麦，以蒲萄酿酒，乐有箜篌、胡琴、小筚篥、偏鼓。王服红黄衣，以金线织丝布缠头，岁三月则诣佛寺，坐红床，使人舁之。

贵人如王之服，或青绿、绯白、粉红、紫褐，并缠头跨马。

城市田野皆有首领主之，每岁为夏秋两得俸，给金、钱、锦、谷、帛，以治事大小为差。刑罚罪轻者杖数百，重者至二百，大罪则盛以毛囊投诸海。不尚斗战，邻国小有争，但以文字往来相诘问，事大亦出兵。

铸金银为钱，无穿孔，面凿弥勒佛，皆为王名。禁民私造。元祐六年，其使两至，诏刖赐其王帛二百匹、白金饼、对衣、金束带。

〔按：《唐史》有拂菻国，以为即古大秦也。然大秦自后汉始通中国，历晋、唐贡献不废，而宋四朝史《拂菻传》，则以为其国历代未尝朝贡，至元丰时始遣使入献方物。今以二史、两《拂菻传》参之，唐传言其国西濒大海，宋传则言西至海尚三十程，而余界亦龃龉不合。土产风俗亦不同，恐是其名偶同而非大秦也。故今以唐之拂菻附入大秦，而此拂菻自为一国云。〕

【高附】（喀布尔）

《文献通考》曰：

高附，后汉时通焉，在大月氏西南，亦大国也。

其俗似天竺，而弱，易服。善贾贩，内富于财。所属无常，天竺、罽宾、安息三国强即得之，弱则失之（《后汉书》云："先未尝属月氏。《汉书》以为五翕侯数，误矣。后属安息。及月氏破安息，始得高附"）。

（2019 年 10 月 5 日原载何新博客）

《新唐书·西域传》贵霜地理

贵霜的地理位置，西方人认为在阿富汗。但是据《新唐书》所记，唐代贵霜即当时中亚两河地区昭武九姓的何国。

何国

何，或曰屈霜你迦，曰贵霜匿，即康居小王附墨城故地。

〔按：屈霜你迦，贵霜匿，即贵霜尼亚。据考证，何国地在今乌兹别克斯坦纳沃伊地区，在布哈拉东北，撒马尔罕和布哈拉之间。〕

城左有重楼，北绘中华古帝，东突厥、婆罗门，西波斯、拂菻等诸王，其君旦诣拜则退。贞观十五年，遣使者入朝。

永徽时上言："闻唐出师西讨，愿输粮于军。"俄以其地为贵霜州，授其君昭武婆达地刺史。遣使者钵底失入谢。

〔按：则贵霜国之地理位置并不在阿富汗，而在中亚两河间之乌兹别克斯坦也。〕

布哈拉古城

康居小王居住的附墨可能就是布哈拉古城。

布哈拉（Bukhara）古城，位于泽拉夫尚河三角洲畔，建城有 2500 多年历史，是中亚最古老的城市之一。

贵霜王国

据《后汉书》所载，最初的贵霜王是大月氏西迁，定居阿姆河流域以后的五翕侯之一——贵霜翕侯。在亚美尼亚和阿拉伯人的文献中称“库山”。《后汉书·西域传》称第一个把大月氏五大翕侯统一起来，建立了统一王国的人是贵霜翕侯丘就却。

《汉书》：

有五翕侯：一曰休密翕侯，治和墨城，去都护二千八百四十一里，去阳关七千八百二里；二曰双靡翕侯，治双靡城，去都护三千七百四十一里，去阳关七千七百八十二里；三曰贵霜翕侯，治护澡城，去都护五千九百四十里，去阳关七千九百八十二里，四曰肸顿翕侯，治薄茅城，去都护五千九百六十二里，去阳关八千二百二里；五曰离附翕侯，治高附城，去都护六千四十一里，去阳关九千二百八十三里。凡五翕侯，皆属大月氏。

……

康居有小王五：一曰苏王，治苏城，去都护五千七百七十六里，去阳关八千二十五里；二曰附墨王，治附墨城，去都护五千七百六十七里，去阳关八千二十五里。

《后汉书》：

初，月氏为匈奴所灭，遂迁于大夏，分其国为休密、双靡、贵霜、肸顿、都密，凡五部翕侯。

后百余岁，贵霜翕侯丘就却攻灭四翕侯，自立为王，国号贵霜。

侵安息，取高附地。

〔高附，在两河流域。龙朔元年（661 年）于吐火罗境内骨咄施沃沙城置高附羁縻都督府，地在今塔吉克斯坦西南部瓦赫什河流域。〕

又灭濮达、罽宾，悉有其国。

丘就却年八十余死，子阎膏珍代为王。复灭天竺，置将一人监领之。

月氏自此之后，最为富盛，诸国称之，皆曰贵霜王。汉本其故号，言大月氏云。

《魏书·西域》大月氏（贵霜）：

大月氏国，都卢监氏城，在弗敌沙西，去代一万四千五百里。

北与蠕蠕接，数为所侵，遂西徙都薄罗城，去弗敌沙二千一百里。

其王寄多罗勇武，遂兴师越大山，南侵北天竺，自乾陀罗（犍陀罗）以北五国尽役属之。世祖时，其国人商贩京师，自云能铸石为五色琉璃，于是采矿山中，于京师铸之。

既成，光泽乃美于西方来者。乃诏为行殿，容百余人，光色映彻，观者见之，莫不惊骇，以为神明所作。自此中国琉璃遂贱，人不复珍之。

（2019 年 10 月 13 日原载何新博客）

阿拉伯帝国与欧洲

拉斐尔描绘的“智慧宫”与东方哲人

——此非“雅典学院”，而是“智慧之宫”

我曾经指出，拉斐尔的这幅现在通常被冠名为“柏拉图的雅典学院”，乃是一幅被篡改而伪名的作品（参看《何新世界史新论》第 20 页，现代出版社 2019 年出版）。

拉斐尔这幅作品的原名是“教义的辩论”。所描绘的是中世纪哲人讨论宗教和学术的一次国际性的大聚会。

18 世纪后被篡改伪名为柏拉图的“雅典学院”的拉斐尔名画

在这些哲人先贤中，不仅出现了中国儒家的孔夫子——长须飘拂，身穿紫袍，孤独而立者；也出现了波斯袄教创始人琐罗亚斯德（Zarathustra，又译查拉图斯特拉，公元前628年—公元前551年），他头裹黑巾，身着白衣；还有阿拉伯帝国的著名哲人阿维森纳（Avicenna，980—1037年），头缠大头巾，拄着拐杖，身披绿袍；以及印度河地区的哲人商羯罗（约788—820年，梵教哲学家），肩披红色披巾（以上见图中人物的右侧部）。

这里再介绍我新近发现的关于此画的又一个有趣的细节。请注意此图的左下角：

局部放大：

我们看到一个身着绿袍的阿拉伯人。

——他是谁？

有西方研究者指出，他就是著名的西班牙科尔多瓦伊斯兰国的阿拉伯哲学家阿维洛伊。

〔阿维洛伊，阿拉伯名为伊本·路西德，Ibn Rushd，1126—1198年，西班牙后倭马亚王朝穆斯林医学家、哲学家。〕

阿维洛伊正俯身察看，而他前面那位聚精会神地阅读的秃顶老者，据说就是被尊为西方哲学鼻祖的毕达哥拉斯（公元前580年—公元前500年）。

阿拉伯哲人与毕达哥拉斯

对此人中国学界很少了解。但应当指出，阿维洛伊是中世纪后期极为重要的一位阿拉伯思想家，也是对欧洲中世纪思想影响最巨大、最深远的一位阿拉伯思想家。

在12—15世纪文艺复兴早期，当意大利半岛的拉丁文明刚兴起的时候，就是通过这个阿拉伯人的著述，才使欧洲人知道了柏拉图、亚里士多德和亚洲希腊哲学的存在。

〔附注：此前我已多次论述过，希腊文明来自小亚细亚。《圣经》中的希腊人是黎凡特地区的犹太人。希腊文明起源于亚洲地区。〕

阿维洛伊对亚里士多德的研究评论，后来被欧洲人编入15世纪后期威尼斯出版的欧洲第一部《亚里士多德全集》的拉丁文版中。阿维洛依对亚里士多德思想的解释，极大地影响了欧洲主流经院哲学。他的哲学思想被称为阿维洛伊主义，深刻地影响着欧洲思想界，且一直延续到17世纪。阿维洛伊及其弟子兴办了欧洲最早的两所大学——巴黎大学和意大利的巴杜亚大学。

阿维洛伊学派，被欧洲人称为“阿拉伯亚里士多德主义”学派，在中世纪后期和文艺复兴时期的欧洲思想界占有极其重要的地位，持续长达400年之久，影响至为深远。

事实上，近代欧洲人之所以了解亚里士多德学说，了解小亚细亚地区的爱奥尼亚文化及希腊的哲学思辨，完全是通过中世纪兴起的阿拉伯学派——特别是通过这位不仅是引入和重新阐释，甚至可能重新创作了大部分已失传的亚里士多德著作的阿维洛伊。

在拉斐尔这幅画中，阿维洛伊和图中另一位阿拉伯哲学家阿森维纳均身着绿色长袍。这个细节也不是偶然的。当时统治欧洲伊比利亚半岛和意大利许多地区的阿拉伯后倭马亚王朝，均崇尚绿色，因此被称为“绿衣大食”。

注意到拉斐尔此画中的这些要素，我们就可以知道，此作品所描绘的，绝不是什么古希腊的“雅典学院”——这座殿堂，乃是国人很少了解，但对于文艺复兴时期之意大利及欧洲文化曾经发生过深刻影响的阿拉伯帝国的“智慧之宫”。

智慧之宫，或智慧宫（英文：House of Wisdom，阿拉伯语：Baytal-Hikmah），是中世纪阿拉伯帝国在巴格达建立的一座豪华的宫殿。

智慧宫是在阿拉伯帝国的鼎盛时期的阿拔斯王朝时代建立的。智慧宫是一座国际性的综合学术机构，亦称益智宫、哲理大学，其中设有翻译部、科学院、图书馆和大学等机构。

在这幅画中，拉斐尔以严谨的建筑物布局、精美的大理石雕塑和设计巧妙的层层深入的圆拱门为烘托描绘了这个中世纪最为著名的智慧宫殿。

8—11 世纪的阿拉伯帝国，曾经是一个横跨欧洲、非洲、亚洲的世界性大帝国。在宗教和文化上，这个帝国采取兼收并蓄和开放多元的政策。

所以在智慧宫中从事译述和研究的，有阿拉伯人，也有波斯人、希腊人（小亚细亚的希腊）、罗马人、印度河地区人；既有穆斯林，也有基督徒、犹太人、婆罗门和袄教徒。

正是在阿拉伯帝国的这座智慧宫中，小亚细亚地区的希腊哲学得到复兴，各种学派百花齐放，学者们自由地切磋辩论。

据阿拉伯历史传说，在第七代哈里发马蒙时代，智慧宫经常举行有关基督教和伊斯兰教的神学辩论会，马蒙常以学者身份参加。讨论有时十分激烈。基督教主教西乌杜斯可以毫不隐讳地阐述与伊斯兰教义相悖的观点，马蒙及伊斯兰教学者以平等的态度发表反驳的意见。会议讨论的内容，被编入智慧宫的档案。马蒙奖励学者著书立说，对其成果往往酬以重金。

拉斐尔这幅不朽名作的本名即是“教义的辩论”。此画之主题，是描写智慧宫中的各种人物、各种学派与各种宗教的交流和讨论。

在这幅壁画巨作中，拉斐尔描绘了智慧宫里的东方哲学家、科学家以及艺术家们进行学术探讨的热烈场面。

作品中心人物是柏拉图和亚里士多德。在台阶上坐着沉思的是小亚细亚哲人赫拉克利特，躺着晒太阳的人是犬儒哲人第欧根尼。

不难看出，图画中的人物，在服饰、肤色和造型上，都具有非常复杂、广泛、多样的国际性特色，其中甚至还有黑人（摩尔人）。

右下第一人是摩尔人（黑人），据说是埃利亚的巴门尼德

智慧宫中部分人物身份的诠释

智慧宫画中描绘的阿拉伯与希腊及东方哲学家如下：

1——芝诺：爱利亚哲人。

2——伊壁鸠鲁：哲学家，快乐主义者。

3——德谟克里特：原子论者。

4——中世纪晚期西班牙的阿拉伯学者阿维洛伊（毕达哥拉斯后方头缠白巾伸头向左看的老者）。

5——毕达哥拉斯：数学家。

6——亚历山大：军事家，马其顿国王，亚里士多德的学生。

7——安提西尼：犬儒学派的创始人。

8——希帕提娅：女数学家。

9——色诺芬：军事家与文史学家。

10——巴门尼德：存在论思想家。

11——苏格拉底：哲学奠基者之一。

12——赫拉克利特：爱非斯哲人，脸部原型为米开朗琪罗。

13——柏拉图：苏格拉底的学生，头像以达·芬奇为原型。

14——亚里士多德：哲学奠基者之一，柏拉图的学生。

15——第欧根尼：古希腊犬儒学派学者。

16——关于这位人物异说最多，有人认为是普罗提诺（Plotinus c. 204/5 –270）。有人认为是中国的孔夫子。也有人认为是阿拉伯哲人金迪（al-Kindi，801—873 年）。

17——欧几里得：数学家。

18——琐罗亚斯德：波斯琐罗亚斯德教（又称拜火教）创始人。

19——托勒密：手持天文仪者，天文学家。

20——黑帽者为拉斐尔，拉斐尔身旁白衣少年是当时教皇的侄子乌尔宾诺公爵。

注意：图中右侧字母 R 可能是印度哲人商羯罗，字母 R 右下角黑衣戴帽男子即拉斐尔本人。

旁边的绿衣者是阿拉伯哲人阿维森纳（Avicenna）。

（按：全图人物约 50 人，以上所列者多是出自西方学界考论，但仍有一些人物身份待考）

阿拉伯帝国的“智慧宫”

一

762年，阿拉伯帝国在伊朗高原击败了千年宿敌波斯人。黑衣大食阿拔斯王朝的第二任哈里发曼苏尔迁都到两河流域的伊拉克地区。他选中位于底格里斯河右岸一个叫巴格达的小镇，在这里建立阿拔斯帝国的新都城。

〔曼苏尔（707—775年），阿拉伯帝国阿拔斯王朝第二任哈里发，754—775年在位。曼苏尔出身于麦加古老贵族古来氏族的哈希姆家族，是先知穆罕默德的叔父阿拔斯的五世孙。阿拉伯史学家认为，阿拔斯王朝以曼苏尔为奠基者，以马蒙为中兴者，以穆耳台迪德为结束者。曼苏尔原名艾布·哲尔法尔·阿拔斯，曼苏尔是他功成名就之后获得的作为“胜利者”的美称。曼苏尔是阿拔斯王朝的实际奠基人，他以营建了巴格达这座“神赐予的城市”以及建造了一座智慧宫而名垂千古。〕

作为黑衣大食新都城的巴格达，历时四年建造完成。城市规模极其宏伟。8世纪中期至9世纪，在哈里发哈伦·拉希德和马蒙执政时，巴格达城进一步扩建，成为阿拉伯帝国的政治、经济、贸易、文化和宗教中心，是一座世界化的国际商业都市。经济繁荣，四通八达，商贾云集，市场店铺林立，并设有专卖中国丝绸、瓷器等商品的市场。学者荟萃，文化昌盛。

唐人杜环在巴格达住了11年（751—762年）。他在《经行记》中描述了该城的情况：“郛廓之内，里闬之中，土地所生，无物不有。四方辐辏，百货丰贱。

绵绣珠贝，满于市肆。驼马驴骡，充于街巷……琉璃器皿，鍮石瓶钵，盖不可算数。粳米白面，不异中华。”（唐杜佑《通典》卷 193）

〔附注：阿拔斯王朝的创建者是哈里发艾布·阿拔斯，他在位仅 4 年，却三易其都。先定都于库法，后迁至哈希米叶，然后又北迁安巴尔城。曼苏尔继位哈里发后（754—775 年在位），迁都到伊拉克的泰息丰。最后在底格里斯河岸边选定一个小镇——巴格达建立新都城。之所以选择这里为都城，是因为这里距离波斯很近，地处东西海陆通道的要冲，东有底格里斯河，西邻幼发拉底河，北面是底格里斯河的支流杜吉莱河。〕

二

阿拔斯王朝深受古老波斯文明的影响，吸纳了许多萨珊王朝的制度和文化风俗，大量翻译波斯文献。

在建造新都巴格达时，曼苏尔仿照萨珊帝国图书馆建立了一座皇家图书馆，在这里招募学者和翻译家，征集古代典籍，组织了宗教和学术书籍的翻译活动。

阿拔斯王朝第五任哈里发哈伦·拉希德即位后，对皇家图书馆加以扩建，命名为“爱智慧之宫”（Baytal-Hikmah，建于 786 年）。“智慧宫”一词来自波斯语，是波斯萨珊王朝对图书馆的称呼。

我们知道，哲学被古波斯人称为“爱智慧学”，所以爱智慧之宫，或曰智慧宫，也就是“哲学之宫”。

〔哈里发哈伦·拉希德·伊本·穆罕默德·马赫迪·伊本·曼苏尔·阿拔斯，阿拉伯帝国阿拔斯王朝第五任哈里发（786—809 年）。其统治时期，帝国的领土一度达到西南亚与北非地区；与东方的中国和西方的查理曼帝国建立了外交关系。曾亲自率军与罗马帝国作战。热爱文学与艺术，建立的智慧宫成为阿拉伯学术文化的中心。〕

智慧宫是拉希德为学者研究设立的一个国家机构，被视为阿拉伯帝国黄金时代的一个主要的国际性学术中心。

巴格达乃是当时世上最富庶的城市，更由于智慧宫的存在而成为世界学术的中心。

三

在拉希德的儿子马蒙时代（813—833年在位），智慧宫又进行了一次扩建，臻于鼎盛。

〔阿拔斯帝国第七任哈里发马蒙，全名艾卜·阿拔斯·阿卜杜拉·马蒙·本·哈伦·本·穆罕默德·本·阿卜杜拉（786—833年），813—833年在位。其父哈伦·拉希德是文治武功都很出色的一代雄主，迫使罗马帝国纳贡称臣。马蒙继位之后，征讨中亚地区，重新确立了阿拉伯帝国在中亚的统治。马蒙时代，阿拉伯帝国是当时世界无可争议的头号大国。分崩离析的君士坦丁堡罗马和衰落的晚唐帝国均难以与之相比。〕

马蒙对智慧宫进行了大规模扩建，增修了天文台、大图书馆等新机构。到9世纪下半叶，巴格达智慧宫已成为当时世界上最大的图书馆，巴格达亦成为当时世界上最重要的学术研究中心和最为繁荣富庶的都会。

智慧宫由学者进行管理。当时帝国中的著名学者都被征聘到此。智慧宫也是帝国年轻精英学习的中心，亦为学习研究伊斯兰教义的学校。

在9—13世纪，许多博学的穆斯林学者都曾经在这所教育及研究机构中从事研究和著述。智慧宫着重翻译及保存古代的波斯文文献，也大量收集包括叙利亚文、希腊文及梵文的古代著作，关于占星学、数学、农业、医学及哲学的文献书籍。

在曼苏尔时代，阿拉伯人从怛罗斯战役的中国战俘那里学到了造纸术。此前，阿拉伯人只能使用莎草或羊皮。中国造纸术的传入，使大规模的书籍编译成为可能。

〔据阿拉伯史料，793年，哈里发哈伦·拉希德在巴格达和大马士革建立了造纸厂。〕

哈里发曼苏尔、拉希德、马蒙都实行宽松而兼收并蓄的文化政策，允许伊斯兰学者研究吸收帝国境内不同民族、不同宗教信仰者的文化和学术著作。这些作品被学者们翻译、介绍和注释，由波斯文、古叙利亚文、希腊文，译成阿拉伯文。

马蒙为组织全国的翻译运动及学术研究，在智慧宫内设立翻译局、科学院和图书馆等机构，使之成为一所隶属帝国的综合性学术机构及高等教育学府。领导人由学识渊博、声望卓著的学者担任。

基督教医学家和翻译家叶海亚·伊本·马赛维（777—857年）被任命为第一任总管。信奉景教的翻译家和学者侯奈因·伊本·易司哈格（809—873年）被任命为翻译局长老。著名的穆斯林数学家和天文学家花剌子密（780—约850年）担任过图书馆的长老和天文台长。

马蒙采取兼收并蓄和鼓励争鸣的方针，用重金从世界各地聘请学识渊博的学者和翻译家，在智慧宫从事译述和研究。其中既有阿拉伯人，也有非阿拉伯人；既有穆斯林，也有基督徒、犹太教徒、佛教徒和祆教徒。

马蒙派人往帝国各地搜集希腊、波斯、北方印度、罽宾包括中国的古籍，把这些古书翻译成阿拉伯文。其中包括后来流传到欧洲的所谓"希腊"的著作，包括毕达哥拉斯、柏拉图、亚里士多德、希波克拉底、欧几里得、普罗提诺、盖伦、苏胥如塔、沙落迦、阿耶波多、苏格拉底及婆罗摩笈多的著作，等等。

在智慧宫中云集了来自世界各地的著名学者。包括不同的宗教和种族，为了探究学术聚集在一起。阿拉伯帝国为学者提供了充足的经费。智慧宫研习人文科学及数学、天文学、医学、化学、动物学及地理。学者们在此翻译、研究波斯、印度及希腊的文献，使之阿拉伯化。

通过阿拉伯智慧宫中各国学者的工作，古希腊科学文化遗产从即将消失殆尽的环境中被拯救、挖掘出来。从各地搜集了数百种古希腊哲学和科学著作的原本和手抄本，并加以整理、校勘和收藏。

为了搜集珍本和校勘写本，马蒙派翻译家萨拉姆到君士坦丁堡重金索取希腊语著作珍本，后又派侯奈因遍访伊拉克、叙利亚和埃及等地征集古籍。智慧宫的图书馆收藏有希腊语、古叙利亚语、波斯语、希伯来语、奈伯特语、梵语、阿拉伯语等有关哲学、自然科学、人文科学、文学及语言学的原本和手抄本数万册，为学者进行翻译、研究和教学工作提供了大量珍贵的原本文献。

"如果没有中世纪穆斯林对古典时代希腊罗马的各类知识的保存与研究，就没有后来欧洲的文艺复兴。"（参见 Jim Al-Khalili，*The House of Wisdom*：*How Arabic Science Saved Ancient Knowledge and Gave Us the Renaissance*）

四

智慧宫集图书管理、科研、翻译和教育的功能于一体。受它影响，后来在西亚、北非等地，阿拉伯人建立了许多“智慧宫”的复制版，也就是后来大学的前身，如西班牙的科尔多瓦大学、开罗的爱兹哈尔大学等。从 12 世纪开始，创办大学的热潮在欧洲开始蔚然成风。

1055 年，塞尔柱突厥人占领巴格达，阿拔斯王朝名存实亡。1065—1067 年，塞尔柱王朝首相尼扎姆·穆勒克在巴格达创建尼采米亚大学后，智慧宫并入该校，但仍为伊斯兰学术中心。后世学者赞誉智慧宫为中世纪阿拉伯“科学的源泉，智慧的宝库，学者的圣殿”。

1258 年，蒙古军队攻陷巴格达，阿拉伯帝国覆亡。

巴格达的智慧宫被蒙古人摧毁。据说，大量的书籍被丢弃在河里，墨水使底格里斯河的河水染黑数月之久。

〔据阿拉伯人的记载：1258 年 2 月 10 日，旭烈兀（Hulagu Khan）的蒙古大军攻破巴格达，破坏与屠杀接踵而至。智慧宫在滚滚烈焰中毁于一旦，除被天文学家纳西尔丁·图西（Nasir al-Din al-Tusi）在城破前运走的近四十万份手稿外，馆藏的所有书籍与文件皆遭焚毁，无法焚毁的则被弃入底格里斯河中，河水被墨水染成黑色，持续数日（参见 George Saliba，*Islamic Science and the Making of the European Renaissance*）。〕

此后，巴格达，这个象征着伊斯兰文明繁荣顶峰的大都会，沦为一片废墟，两河流域延续了近四个世纪的灿烂文明也在这一年黯然熄灭，阿拉伯帝国的黄金时代一去不复返——直至今日。

欧洲文明的东方起源

欧洲本土本无古代文明

古代欧洲本无历史文明存在。

现在的欧洲主体民族似乎是日耳曼人及盎格鲁 – 撒克逊人（其实法兰西人、西班牙人、意大利人、希腊人等并不是出于这两个种族），而日耳曼及盎格鲁 – 撒克逊人的祖先都来自北欧。北欧是高纬度的寒冷地区，冬季漫长，不利于古文明的发育。

历史上关于日耳曼人与盎格鲁 – 撒克逊人的传说（无任何可信成文的历史记载）多与北欧海盗及劫掠杀戮有关，是内陆人传说中的“蛮族”。

中欧草原地区，多种游牧民族曾经在此交替争逐，流动性很强，所以自古以来也难以形成高度的文明和强大的城市。

南欧多有临海的崇山峻岭，地中海类型气候不利于农业，也不利于早期文明的孕育。

所以自古以来，欧洲大陆特别是内陆地区并没有孕育出古老而有影响力的文明形态。

所谓古希腊文明、古罗马文明，本来与日耳曼和盎格鲁 – 撒克逊人都完全无关。而且关于希腊罗马相当多的传说都只是来自文艺复兴以后近代欧洲史学家的虚构。

所谓的古希腊文明，其真实起源地不是在欧洲希腊半岛，而是在小亚细亚及黎凡特地区的亚洲希腊（希伯来、犹太文明）原生地区，后来被近代欧洲史学家移花接木于希腊半岛。

意大利文明始于亚洲基督教在意大利半岛的登陆和传播。伴随基督教的西进传播，君士坦丁堡罗马向欧洲地区的扩张，东南欧、欧陆于公元后才开始形成城镇、原始农业和商业。

4—6 世纪自远东地区开始发生欧亚民族的大迁徙运动，东方的匈奴等诸多蛮族西进欧洲，到达意大利半岛和法兰西，他们给欧洲带来了远东先进的农业和技术以及文明要素。

阿拉伯文明是西欧文明之母

8 世纪前后，阿拉伯人在伊比利亚半岛登陆，为西部欧洲地区带来了繁荣的商业和新文明。

黑格尔曾经指出，欧洲人是通过阿拉伯人才知道希腊哲学的。事实的确如此，阿拉伯人是欧洲人全部学术和技术的教父。

西迁欧洲的阿拉伯人试图将西班牙半岛变成伊斯兰文明新的中心。在此兴办了伊斯兰教堂，引进了亚洲的建筑模式和技术（所谓希腊式样），包括大理石雕刻技艺。欧洲地区（伊比利亚地区、意大利地区以及希腊半岛）的许多城堡、修道院和大型建筑，都是阿拉伯人统治时期的遗存物——其中最著名的建筑之一是雅典卫城。这个建筑本来是穆斯林的教堂，后来被改建为现在所说的雅典娜殿堂。

阿拉伯人的后倭马亚王朝，在伊比利亚半岛和意大利建立了欧洲最早的大学，把阿拉伯帝国始自倭马亚时代的百年翻译运动产生的大批阿拉伯语的东方典籍带到了西方，包括所谓希腊罗马的著作、亚里士多德的著作等。科尔多瓦的后倭马亚王朝继续进行着翻译东方学术文化典籍的学术活动。

这些阿拉伯语典籍的拉丁化、意大利化，就开启了后来欧洲人所谓的“文艺复兴”运动。

近代欧洲文明继承了阿拉伯人的许多遗产

阿拉伯人把先进的东方实用技术——包括造船、导航与航海技术，火药和枪炮制造，造纸与印刷术，以及抽象数论、天文学以及医学、解剖学等知识，带到了伊比利亚半岛以及意大利半岛，并由此传播到荷兰、比利时、法兰西、英格兰等欧洲地区，为17世纪以后欧洲资本主义科学技术的发展奠定了基础。

阿拉伯文化源远流长，时间可追溯至公元前数世纪。在7世纪以后随着阿拉伯帝国的建立和扩张，空间上建立了一个跨越亚、非、欧三大洲的强大集权的世界性帝国体制。在伊斯兰主导下，中古阿拉伯学术曾经涵盖语言、文学、星象学、宗教学、哲学、历史、艺术、政治学、法律、数学、医学、天文等各学科领域，深刻影响了文艺复兴以后的欧洲文化进程。

15世纪的地理发现，实际是欧洲人在学习了阿拉伯人的航海术后，为了避开奥斯曼帝国对欧亚大陆传统商路的控制而进行的新航道与海陆大探索。

西方近代史学曾称欧洲中世纪是一个千年黑暗时代。这种说法，其实主要也是为了掩盖欧洲中世纪曾经长期被阿拉伯帝国统治的历史。实际上，部分欧洲地区（伊比利亚、意大利和部分法兰西）作为阿拉伯人（所谓“摩尔人”）的殖民地而曾经被阿拉伯人统治八百年。

人们知道，近代欧洲资本主义的起源地并不是欧洲的中心地区，也不是英国或者法兰西，而是在意大利半岛和伊比利亚半岛——即威尼斯、佛罗伦萨，热那亚等意大利半岛的小城邦（扼据欧洲亚洲商业海陆之要冲），以及葡萄牙、西班牙与荷兰等西南欧的边缘之地。秘密就在于上述历史中。

阿拉伯百年翻译奠基欧洲文艺复兴

约翰·威廉·德雷珀（John William Draper，1811—1882年）在《欧洲知识发展史》一书中说：

“欧洲文献故意系统性地抹杀穆斯林的科学成就，对此我不得不表示悲愤。但是我肯定，他们再也不会继续被隐瞒下去了。建立在宗教敌视与民族自负基础上的偏见永远都不会长久。”

一

阿拉伯历史上有一个著名的“百年翻译运动”，此一事件对后来世界历史进程影响甚大，但中国学界则甚少知之者。

阿拉伯的百年翻译运动，是中世纪阿拉伯帝国发起的翻译古代东西方文化典籍的学术活动，肇始于倭马亚王朝（661—750—1492年，白衣大食）时期，高潮在阿拔斯王朝时代（750—1258年，黑衣大食），迤逦数个世纪。

之所以被称作百年翻译运动，是因为它的鼎盛期在阿拔斯帝国时代持续了约一百年的时间。

〔阿拉伯史学家认为百年翻译运动的历史时期，应被确定为“起自马蒙时代（第七任哈里发），迄于戛希尔时代（第十九任哈里发），即约始于公元830年，止于930年的一百年间。〕

实际上，从初期到尾声，这场文化建设运动的累计时间超过了三百年，从8世纪直到11世纪。如果考虑到伊比利亚半岛的后倭马亚王朝，那么这个泛阿拉伯的文化运动持续超过了五百年。

二

阿拉伯帝国的这一翻译运动，地跨欧、亚、非等广袤区域，广泛收集波斯、印度、希腊、罗马、阿拉伯等古代作品，转译为阿拉伯文，同时进行研究和评介，借以巩固伊斯兰信仰，发展兴旺阿拉伯帝国的科技和文化。

翻译运动将包括亚里士多德及波斯、印度、希腊的多种古代学术及文学著作翻译成阿拉伯语，后来又通过西班牙的阿拉伯王朝传播到欧洲，对后来欧洲文艺复兴具有深远之影响。

大翻译运动发生的原因，是阿拉伯帝国在成为横跨欧、亚、非三洲的大帝国而取得强有力统一后，有远见的历代哈里发认为有必要对阿拉伯帝国境内的学术、宗教、制度和文化进行综合与统一。

阿拉伯研究者认为，这一文献翻译活动始于7—8世纪，最初是由倭马亚王室的亲王及统帅哈立德所发起的。哈立德征服叙利亚和黎凡特地区后，阿拉伯人来到地中海东岸，接触到小亚细亚地区古希腊文化的遗产。

哈立德对小亚细亚地区古代医学和炼金术深感兴趣，因此鼓励阿拉伯学者对有关著作进行翻译，较早的译事多集中在这两个领域。此外，一些犹太教和基督教的著述也被译出，因为有助于了解阿拉伯人的历史。

〔哈立德·本·瓦利德是阿拉伯帝国早期著名军事将领，麦加古莱什部落人。原为麦加贵族艾布·苏富扬的部下，早年曾参加麦加多神教徒反对穆罕默德的战争。后归信伊斯兰教。穆罕默德为表彰其作战英勇，赐予“安拉之剑”的称号。穆罕默德逝世后，被哈里发艾卜·伯克尔任命为司令官，横扫阿拉伯半岛，征服各部落，战功卓著。633年，哈立德征服伊拉克。后率军转赴叙利亚，635年攻占大马士革、安条克、阿勒颇等名城。636年8月在雅穆克河战役中，以较少兵力大败罗马军队，征服叙利亚北部。638年进占耶路撒冷。哈立德一生转战各地，功勋卓著。亦重视文学和学术，

鼓励了最初的翻译事业。〕

后来，倭马亚王朝的第八任哈里发阿卜杜勒·阿齐兹也曾经命令宫廷学者，将一些黎凡特希腊语和北非科普特语的炼金术、占星术和医学书籍译成阿拉伯语。

〔阿齐兹是倭马亚王朝第八任哈里发（717—720年），全名欧麦尔·本·阿卜杜勒·阿齐兹·本·麦尔旺·本·哈凯姆。生于埃及赫勒万（Hulwan）。宗教学识渊博。〕

倭马亚帝国首都在大马士革，因崇尚白色被称为白衣大食。这时期阿拉伯人译述的主要是小亚细亚希腊人和君士坦丁堡罗马人以及中东地区的著述，将这些著作翻译为阿拉伯文。阿拉伯帝国的大规模翻译运动发生在黑衣大食阿拔斯帝国时代。

三

根据阿拉伯史学家艾哈迈德·爱敏的观点，百年翻译运动可分为三个阶段：

第一阶段（初期）

8世纪中叶，阿拔斯王朝建立后，随着政治统治的牢固，文化领域出现了繁荣景象。翻译活动由第二任哈里发曼苏尔推动，到第五任哈里发拉希德时代达到高潮，对各国、各民族文献典籍的翻译和研究运动逐步形成规模。

曼苏尔迁都到巴格达后，开始营建一个学术中心和图书馆，即后来的智慧宫。拉希德扩建了这个中心，并招徕了大批学者。

这期间翻译的著作有：波斯文的《卡里莱和笛木乃》、梵文的《信德罕德》、亚里士多德的《逻辑学》、托勒密的《天文学大成》等。在这个时期，伊斯兰教义学派的一些元老如奈扎木了解并开始接受亚里士多德的逻辑学和他的学说。

第二阶段（鼎盛期）

至第七代哈里发马蒙时代（813—833年在位），智慧宫得到升级并全面扩建，在智慧宫中设置了翻译局、科学院、图书馆和学堂，统一组织翻译和学术研究活动。

马蒙派人到帝国各个区域收集书籍及文献，派遣侯奈因·伊本·易司哈格（通晓多种语文的翻译家）主持智慧宫，把大量希腊古籍译为阿拉伯语和叙利亚语，亚里士多德的几十部著作，几乎都是他一手翻译为阿拉伯文的。

马蒙派人访问君士坦丁堡求书，带回大批希腊罗马哲学的佚散文件，包括各个学科的著作，如托勒密的《天文学大成》、毕达哥拉斯的《金色格言》和希波克拉底的医学著作，以及柏拉图的《理想国》和《法律篇》，亚里士多德的《范畴篇》等。

在翻译过程中，译者进行了研究和改编，掺入了自己的许多见解。这些典籍后来通过西班牙流入欧洲，为意大利文艺复兴运动奠定了精神文化的基础。

马蒙在智慧宫中以重金延聘了不同民族、不同宗教信仰的近百名著名学者和翻译家，如伊本・穆卡法、艾布・叶海亚、叶海亚・伊本・马赛维、侯奈因・伊本・易司哈格、萨比特・伊本・古赖、白塔尼、花剌子密、伊本・麦台尔、叶海亚・伊本・阿迪、肯迪等。

约翰・威廉・德雷珀指出："在哈里发时期，学识渊博的基督徒与犹太教徒不仅受到应有的尊敬，而且被委以重任，提拔其在政府中担任高级职务。"

第三阶段（尾声，约 10 世纪末至 14 世纪中叶）

9—10 世纪，巴格达伊斯兰学术方兴未艾，苏菲派、穆尔太齐赖派、艾什尔里派及阿拉伯语言学派的学术活动也十分活跃，各派别学者在宫廷的赞助和庇护下著书立说，在古兰经学、圣训学、教法学、凯拉姆学及文学艺术方面均做出了成就。

据有关史料，巴格达曾建有 30 多所宗教学校，其中 11 世纪塞尔柱王朝首相尼扎姆・穆勒克建立的尼采米亚大学和 13 世纪哈里发建立的穆斯坦绥里耶大学最为著名，曾培养出大批著名学者和官吏。巴格达同开罗、科尔多瓦并称为伊斯兰三大文化名城。

阿拔斯王朝后期，国势衰落，政治四分五裂，智慧宫财政资源枯竭，翻译研究难以为继。

但是，至阿拔斯王朝结束时，古希腊科学典籍中的全部重要著作和大部分较次要的著作，都已译成了阿拉伯文。其中包括：亚里士多德的《物理学》《论天》《论生灭》《气象学》《动物志》《论灵魂》《形而上学》《伦理学》《政治学》《诗学》

《问题篇》等；柏拉图的《政治家篇》《法律篇》《国家篇》《智者篇》《辩解篇》《蒂迈欧篇》《斐多篇》《高尔吉亚篇》《普罗泰戈拉斯篇》《斐德罗篇》《斐利布篇》《泰阿泰德篇》《巴门尼德篇》等；玻菲利的《亚里士多德〈范畴篇〉导论》、毕达哥拉斯的《金色格言》及有关音乐的论文。此外还有医学、天文学、数学方面的译作。医生格林（盖伦）的《解剖学》（7 卷）、《小技》等全部医学著作；希波克拉底和保罗的大部分医学著作；获奥斯科里的《药物学》《医典》；托勒密的《天文学大成》《四部集》《地理学》《光学》等；阿波罗尼罗斯的《圆锥曲线》《比例截割》《有限极数》等；欧几里得的《几何原理》《数据》《现象》《光学》《论音乐》等；阿基米德的《论球和圆柱》《圆的测定》《论平面板的平衡》《论浮体》《定律》等。

这一时期，著名的翻译家有约翰·伯特里格，他翻译了很多亚里士多德的著作；库法的书商哈加吉·本·优素福·本·麦脱尔·巴尔莱拜克的盖斯塔·布·鲁高、侯奈因·伊本·易司哈格、萨比特·本·古赖（萨比教徒）等。他们精通希腊语、波斯语、古叙利亚语和阿拉伯语，奇特的语言能力，为历史与文化遗留下宝贵的财富。

四

8—9 世纪阿拉伯人进入欧洲伊比利亚半岛后，倭马亚家族后裔建立后倭马亚王朝，在西班牙的科尔多瓦形成了新的伊斯兰政治宗教中心和文化中心。科尔多瓦与阿拉伯北非王朝的开罗，试图继承阿拉伯帝国的事业，遂与倭马亚和阿拔斯时代构成了辉煌绚丽的阿拉伯“五百年文化黄金时代”。

此时的欧洲正处于黑暗愚昧的中世纪。阿拉伯人统治的西班牙半岛、西西里岛这两个地区成为伊斯兰学术的中心，汇集了大量的伊斯兰学者与阿拉伯书籍。吸引许多欧洲精英到此，甚至到大马士革或巴格达学习阿拉伯语言及文化。

例如 12 世纪的英国哲人阿德拉（Adelard of Bath），登陆西班牙，又经由小亚细亚辗转来到叙利亚地区学习阿拉伯文化。他学成回国后，成为最早把伊斯兰科学成就引入英伦的人。他也是最早把阿拉伯数字引入英国的人。

穆斯林在西班牙的八百年间，许多阿拉伯著作被科尔多瓦阿拉伯王朝（后倭马亚王朝）传播到伊比利亚半岛（西班牙半岛），形成西班牙的科尔多瓦文化中心，又随着阿拉伯人进入意大利地区。

在穆斯林统治伊比利亚的时代，中世纪的罗曼方言（Romance vernacular）演变成近代使用的西班牙语，为伊斯兰教徒、犹太人以及基督徒所通晓。伊斯兰教徒和犹太诗人都习惯在阿拉伯或希伯来文的诗文中，放进罗曼方言的重叠句。

欧洲文艺复兴时代，意大利的佛罗伦萨人、威尼斯人把大批阿拉伯文的古典文本译成拉丁文。大批的亚里士多德和希腊人的著作通过阿拉伯人和阿拉伯语被介绍到欧洲，为欧洲的文艺复兴运动奠定了思想基础。

可以说，没有阿拉伯百年翻译的成果，就不会有欧洲近代的文艺复兴运动。

美国研究阿拉伯文明的学者乔纳森·莱昂斯指出：

数百年来阿拉伯学问界的巨匠以及中世纪欧洲的知名人物，诸如花剌子密、阿维森纳、伊德里西、阿维洛伊等人的名字，今日在受过教育的平信徒读经员中如果说会产生什么反响的话，那也是微乎其微。他们中的大多数人都已被人遗忘，留下来的只不过是对过去年代的一丝淡淡的记忆。

然而，在非凡的阿拉伯科学和哲学的传统中，这些人物只是几百年来被西方的愚昧无知以及对穆斯林所持的十足偏见所湮没的寥寥几位而已……

但是往回翻一翻时代的记录，如若没有阿拉伯人的科学成果，诸如花剌子密的代数学、阿维森纳详尽的医学教导和哲学、伊德里西永恒的地理学和绘图法以及阿维洛伊严谨的唯理论，就无法想象西方的文明。

比任何一位个人的成果更加重要的是阿拉伯人做出的位于当代西方之核心的整体贡献——让人们认识到科学能够给人类带来征服自然的力量。

经阿德拉的引介，阿拉伯知识的无穷力量重塑了整个欧洲的知识风貌。它的影响延伸到了16世纪以及以后的岁月，引导了哥白尼和伽利略极富创造力的工作。

他们的成果使得信奉基督教的欧洲不得不面对这样一个事实：位于宇宙中心的是太阳，而不是神创造的这个地球家园和人类。

阿维洛伊这位来自穆斯林西班牙的哲人评判员，向西方阐释了古典哲学，并将古典哲学第一次引入唯理论者的思想中。阿维森纳的《医典》直到17世纪仍然是欧洲的标准教科书。阿拉伯人撰写的有关光学、化学和地理学的书籍也同样具有持久的生命力。

〔乔纳森·莱昂斯（Jonathan Lyons），美国学者，研究阿拉伯世界与西方关系。现任教于澳大利亚莫纳什大学和美国乔治梅森大学。著有《智慧宫：阿拉伯人如何改变了西方文明》《西方眼中的伊斯兰世界——从十字军东征到反恐战争》。〕

阿拉伯史学家希提说："征服了肥沃的新月地区、波斯和埃及的国土后，阿拉伯人不仅占有一些地理上的地区，而且占有全世界最古老的文明的发祥地。沙漠的居民成为那些古老文化的继承者，渊源于希腊—罗马时代、波斯时代、法老时代和亚述—巴比伦时代的那些历史悠久的传统，也由他们继承下来……这些信奉伊斯兰教的阿拉伯人，在他们所管辖的人民的合作和帮助之下，开始消化、采用和复制这些人民的文化和美学遗产……他们是征服者成为被征服者的俘虏的另一个例证。"

"在整个哈里发政府时代，叙利亚人，波斯人、埃及人等，作为新入教的穆斯林，或作为基督教徒和犹太教徒，他们自始至终举着教学和科研的火炬，走在最前列……从另一种意义来说，这种文化是肥沃的新月地区古代闪族文化逻辑的继续……"

恩格斯在《自然辩证法》札记中指出："古代留传下欧几里得几何学和托勒密太阳系；阿拉伯留传下十进位制、代数学的发端、现代数字和炼金术；基督教的中世纪什么也没有留下。"

美国前总统尼克松在《抓住时机》中则说：

当欧洲还处于中世纪的蒙昧状态的时候，伊斯兰文明正经历着它的黄金时代……几乎所有领域的关键性进展都是穆斯林取得的……当欧洲文艺复兴时期的伟人们把知识的边界往前开拓的时候，他们所以能眼光看到更远，是因为他们站在穆斯林巨人的肩膀上。

宋人笔记中的阿拉伯及其属国

——南宋赵汝适《诸蕃志》所记阿拉伯及其属国

赵汝适（1170—1231年），字伯可，宋太宗赵炅八世孙。南宋乾道六年（1170年）生于台州天台县（今浙江省临海市）。嘉定（1208—1224年）至宝庆（1225—1227年）年间，任福建路市舶提举（海关长官）。1225年，以任内采访所得，撰成《诸蕃志》二卷。上卷记载东自日本、西至北非的摩洛哥共50余国的概况。下卷记载物产，以物为纲，具述产地、制作、用途及运销等。末尾附《海南地理志》。这是研究宋代海上交通、对外贸易以及与各国友好交往的重要文献。惜乎原书已佚，今本辑自《永乐大典》。

书中所记南宋时之阿拉伯帝国人文、地理、风土、方物甚翔实，阿拉伯帝国无史学记述留存，故此记尤其珍贵也。

〔何新按：古人地理言“城”（城市）与“国”（国家）往往相混。所言一国，乃仅指一城市而非国家，也未必指主权独立之城邦。这一点须注意。〕

南宋人眼中之世界

南宋之世界地理观，见于周去非《岭外代答》所记“海外诸蕃国”：

“诸蕃国大抵海为界限，各为方隅而立国。国有物宜，各从都会以阜通。

正南诸国，三佛齐（今苏门答腊）其都会也。

东南诸国，阇婆（爪哇）其都会也。

西南诸国，浩乎不可穷，近则占城（越南南方）、真腊（柬埔寨）为窊里（缅甸南部的丹老）诸国之都会。

远则大秦（叙利亚）为西天竺诸国之都会，又其远则麻离拔国（南印度）为大食诸国之都会，又其外则木兰皮国为极西诸国之都会。

〔木兰皮，故地在今欧洲西班牙，即阿拉伯在西班牙建立之穆拉彼特王朝（法国汉学家夏德说）。《诸蕃志》："木兰皮国，大食国西有巨海，海之西有国不可胜数。大食巨舰所可至者，木兰皮国尔。自大食之陁盘地国发舟，正西涉海百余日方至其国。"〕

三佛齐之南，南大洋海也。海中有屿万余，人莫居之。愈南不可通矣。

阇婆之东，东大洋海也，水势渐低，女人国在焉。愈东则尾闾之所泄，非复人世。

稍东北向，则高丽、百济耳。

西南海上诸国，不可胜计，其大略亦可考。

姑以交趾定其方隅。直交趾之南，则占城、真腊、佛罗安也。交趾之西北，则大理、黑水、吐蕃也。

于是西有大海隔之，是海也，名曰细兰（锡兰）。细兰海中有一大洲。名细兰国。渡之而西，复有诸国。

其南为古临国（印度南部），其北为大秦国（孟加拉之大秦）、王舍城、天竺国。

又其西有海，曰东大食海。渡之而西，则大食诸国也。

〔东大食海，指今印度洋。西大食海，指今大西洋。大秦国，有二，一为叙利亚，一在今孟加拉。〕

大食之地甚广，其国甚多，不可悉载。又其西有海，名西大食海。渡之而西，则木兰皮诸国，凡千余。更西，则日之所入，不得而闻也。"

《岭外代答》大食诸国：

"大食者，诸国之总名也。有国千余，所知名者，特数国耳。"

〔南宋时，阿拉伯帝国已分裂，各城邦及部族自立。故曰有国千余。〕

《诸蕃志》大食记

〔何新按：大食，即《史记·大宛列传》及《汉书·西域传》所记之条枝，皆为波斯语 Taj 或 Tazi 之音译，乃波斯人对阿拉伯半岛人之称。阿拉伯人，多数乃游牧之贝都因人（Be-louis），少数在半岛绿洲从事农业和商业。半岛仅西南角之也门阿西尔（Asir），水源充足，土地比较肥沃，为宜于种植之农耕区域。

而沿红海之希贾兹（Hijz），我国史籍称为汉志，乃为亚非欧之间当时之主要商路，此路上贸易繁荣，有不少名城。

在伊斯兰教兴起前，半岛之北、中、南各部，有不少部落小国，或曰城邦。至穆罕默德创建伊斯兰教后开始统一半岛，至哈里发艾卜·伯克尔开始向外大肆扩张，先后征服波斯、希拉（Hira，即本来之希腊）及埃及、叙利亚之新月地区。

仅三年时间，穆斯林帝国就从中亚之乌浒水（Oxus，阿姆河），扩展至北非，成为横跨亚、非两洲之大国。

7 世纪中期后，倭马亚帝国建立（661—750 年），以大马士革为都城，继续扩张，登陆伊比利亚半岛，盘踞欧洲。750 年后阿拉伯阿拔斯帝国继立（750—1258 年），建都于巴格达。

大食，阿拉伯帝国不是一个农业国。其立国的主要经济基础不是来自农业，而是来自商业和所征服地区的税收。

但至南宋时期，阿拔斯帝国已分裂。《诸蕃志》所指之大食，乃专指建都于开罗之北非阿拉伯法蒂玛（Fatimides）王朝也〕

大食，在泉之西北；去泉州最远，番舶艰于直达。

自泉发船四十余日，至蓝里博易，住冬。次年再发，顺风六十余日，方至其国。本国所产，多运载与三佛齐贸易贾转贩以至中国。

其国雄壮，其地广袤。民俗侈丽，甲于诸番。天气多寒，雪厚二三尺；故贵毡毯。国都号蜜徐篱（或作麻啰拔，西方汉学家夏德等以为即开罗，似未妥，待考）。

据诸番冲要。王头缠织锦番布；朔望则戴八面纯金平顶冠，极天下珍宝，皆施其上。衣锦衣，系玉带，蹑间金履。

其居以玛瑙为柱，以绿甘（石之透明如水晶者）为壁，以水晶为瓦，以碌石为砖，以活石为灰。帷幕之属，悉用百花锦；其锦以真金线夹五色丝织成。台榻饰以珠宝，阶砌包以纯金，器皿鼎灶杂用金银。

结真珠为帘，每出朝，坐于帘后。官有丞相，披金甲，戴兜鍪，持宝剑，拥卫左右。

余官曰太尉，各领兵马二万余人。马高七尺，用铁为鞋。士卒骁勇，武艺冠伦。

街阔五丈余，就中凿二丈深四尺，以备骆驼、马、牛驮负物货。左右铺砌青黑石板，尤极精致，以便来往。

民居屋宇，与中国同；但瓦则以薄石为之。民食专仰米谷，好嗜细面、蒸羊；贫者食鱼、菜。果实皆甜无酸。取蒲萄汁为酒，或用糖煮香药为思酥酒。又用蜜和香药作眉思打华酒，其酒大暖。

巨富之家，博易金银，以量为秤。市肆喧哗，金银、绫锦之类，种种萃聚。工匠技术，咸精其能。王与官民皆事天，有佛名麻霞勿（即穆罕默德）。

七月一，削发翦甲。岁首，清斋念经一月，每日五次拜天。农民耕种，无水旱之忧；有溪涧之水，足以灌溉。其源不知从出，当农隙时，其水止平两岸，及农务将兴，渐渐泛溢，日增一日；差官一员视水候至，广行劝集，齐时耕种，足用之后，水退如初。

国有大港，深二十余丈。东南濒海，支流达于诸路。港之两岸，皆民居。日为墟市，舟车辐凑；麻、麦、粟、豆、糖、面、油、柴、鸡、羊、鹅、鸭、鱼、虾、枣圈、蒲萄、杂果皆萃焉。土地所出，真珠、象牙、犀角、乳香、龙涎、木香、丁香、肉豈蔻、安息香、芦荟、没药、血碣、阿魏、腽肭脐、鹏砂、琉璃、玻瓈、砗磲、珊瑚树、猫儿睛、栀子花、蔷薇水、没石子、黄蜡、织金、软锦、驼毛、布兜、罗绵、异缎等。番商兴贩，系就三佛齐、佛啰安等国转易。

麻啰抹、施曷、奴发、哑四包闲啰、施美、木俱兰、伽力吉、毗喏耶、伊禄白达、思莲白莲、积吉甘眉、蒲花罗、层拔、弼琶啰、勿拔、瓮篱、记施、麻嘉、弼斯啰、吉慈尼、勿厮离，皆其属国也。

其国本波斯之别种。隋大业中，有波斯之桀黠者探穴得文石以为瑞，乃纠合其众，剽略资货，聚徒浸盛，遂自立为王，据有波斯国之西境。

唐永徽以后，屡来朝贡。其王盆尼末换之前，谓之白衣大食。阿婆罗拔之后，谓之黑衣大食。

皇朝乾德四年，僧行勤游西域，因赐其王书以招怀之。开宝元年，遣使来朝贡。四年，同占城、阇婆致礼物于江南李煜；煜不敢受，遣使上其状，因诏“自今勿以为献”。

淳化四年，遣副使李亚勿来贡，引对于崇政殿；称其国与大秦国为邻，土出象牙、犀角。太宗问取犀、象何法？对曰：“象用象媒，诱至渐近，以大绳羁縻之耳。犀则使人升大树，操弓矢，伺其至，射而杀之。其小者不用弓矢，亦可捕获。”赐以袭衣冠带；仍赐黄金，准其所贡之直。

雍熙三年，同宾瞳龙国来朝。

咸平六年，又遣麻尼等贡真珠，乞不给回赐。

真宗不欲违其意，俟其还，优加恩礼。

景德元年，其使与三佛齐、蒲甘使同在京师，留上元观灯，皆赐钱纵饮。

四年，偕占城来贡，优加馆饩，许览寺观苑囿。大中祥符〔×年〕，车驾东封，其主阇婆离上言，愿执方物赴泰山；从之。

四年，祀汾阴，又来；诏令陪位。

旧传广州言大食国人无西忽卢华百三十岁，耳有重轮，貌甚伟异；自言远慕皇化，附古逻国舶船而来。诏赐锦袍、银带，加束帛。

元祐、开禧间，各遣使入贡。有番商曰施那帏，大食人也。蹯寓泉南，轻财乐施，有西土气习；作丛冢于城外之东南隅，以掩胡贾之遗骸。提舶林之奇记其实。

〔按：《诸蕃志》所记大食，非阿拔斯王朝之黑衣大食，黑衣大食首都巴格达。首都为开罗之大食，乃绿衣大食，即埃及北非之法蒂玛阿拉伯王朝也。〕

《诸蕃志》所记大食诸属国名，要举如下：

麻啰抹、施曷、奴发、哑四包闲啰、施美、木俱兰、伽力吉、毗喏耶、伊禄、白达、思莲、白莲、积吉、甘眉、蒲花罗、层拔、弼琶啰、勿拔、瓮篱、记施、麻嘉、弼斯啰、吉慈尼、勿厮离。

麻啰抹国：又译为秣罗矩吒国、摩赖邪、南毗、八罗孛、麻啰拔、麻哩抹、无离拔、南毗无离拔等。故地在今印度马拉巴尔海岸。古代东西方船舶、商人会聚之地。该国产木香。

南宋周去非《岭外代答》卷三大食诸国："有麻离拔国，广州自中冬以后发船，乘北风行约四十日，到地名蓝里，博买苏木、白锡、长白藤，住至次冬，再乘东北风六十日顺风方到此国。……哲宗元祐三年十一月，大食麻啰拔国遣使入贡，即此麻离拔也。"

麻离拔国在今印度马拉巴尔海岸。古代东西方船舶和商人多会于此。《岭外代答》记此地乃"大食诸国之都会"。

卷三大食诸国条记，宋元祐三年（1088年）曾遣使至中国。1292年意大利马可·波罗离中国西行后亦曾至此地。西方汉学家认为故地在今印度马拉巴尔海岸（Malabar Coast）。亦译作"麻罗拔""麻哩抹""无离拔"或"南毗无离拔"等。《诸蕃志》译作南毗（有专条记述）。《元史·亦黑迷失传》则译作"八罗孛"。

《大唐西域记》卷十所载的秣罗矩吒国和《开元释教录》卷九《跋日罗菩提传》所载的摩赖邪，均为此国古称。

施曷国：麻啰抹、施曷、奴发三国皆在今阿拉伯半岛之哈德拉茅海岸，其中麻啰抹、施曷自古以盛产乳香而闻名于世，有学者指出施曷大体上位于非洲亚丁湾南部，即也门和阿曼之间的地段。《诸蕃志》介绍乳香出产国时写作"施美"，应为"施曷"的另一个译名。

奴发国：按郑和《下西洋图注》所说，奴发指今佐法儿国，位于今阿拉伯半岛南端阿曼的佐法尔地区。

哑四包闲啰国：《诸蕃志》卷下称栀子花出大食哑巴闲、罗施美二国，状如中国之红花。其色浅紫，其香清越，而有酝藉。土人采花晒干，藏于琉璃瓶中。花赤希有，即佛书所谓“檐卜”是也。“哑四包闲啰”即“哑巴闲”，“哑巴闲”是波斯语的对译，又作“亦思法杭”，指今伊朗“伊斯法罕”。

木俱兰国：《诸蕃志》称“阿魏主产木俱兰国”。阿魏是中药，古代主产于俄罗斯中亚细亚、伊朗、阿富汗。从产区看，“木俱兰国”即“俱蓝国”，又译“屈浪那国、俱兰弩国”，位于今阿富汗一带睹货逻国（吐火罗）故地，在中亚一带。

伽力吉国：《诸蕃志》卷上大食国又作“加剌哈”，《郑和航海图》作“加拉哈”，即今阿曼“盖勒哈特”（Qalhat），又作哈拉哈底。

毗喏耶国：位于今北非突尼斯至利比亚一带。《诸蕃志》记载它的物产主要是“珊瑚”，今突尼斯目前仍是红珊瑚的著名产地之一，这里出产的红珊瑚被称为沙丁红珊瑚。

伊禄国：在今伊拉克境内。

白达国：“白达”指“巴格达”，位于今伊拉克巴格达。乃阿拔斯王朝之首都。

云：“白达国，系大食诸国之一都会。自麻罗拔国约陆行一百三十余程，过五十余州乃到。国极强大，军马、器甲甚盛。

王乃佛麻霞勿直下子孙，相袭传位，至今二十九代，经六七百年。大食诸国或用兵相侵，皆不敢犯其境。王出，张皂盖，金柄；其顶有玉狮子；背负一大金月，闪耀如星，虽远可见。

城市衢陌民居豪侈，多宝物、珍段，少米、鱼、菜。人食饼肉、酥酪。产金银碾花、上等琉璃、白越诺布、苏合油。国人相尚以好雪布缠头，及为衣服。七日一次削发、剪爪甲，一日五次礼拜天，遵大食教度。以佛之子孙，故诸国归敬焉。”(《诸蕃志》)

思莲国：似指中世纪波斯湾著名港口，位于今伊朗布什尔省南部的塔赫里。

白莲国：“白莲”即“巴林”，指今临近波湾的巴林岛国。日本学者桑原骘藏考证认为“佛莲”是地名 Bahrain（巴林），阿拉伯人有取地名为姓的习惯。

《宋会要》记载熙宁六年（1073 年）大食俞庐和地国有使者蒲啰洗入贡事，藤田考证“俞庐和地国”即巴林的卡提夫港（al-Katif），亨利·玉尔（H. Yule）考证《诸蕃志》卷上大食国的“白莲”即巴林之音译。

积吉国：有学者称位于今索马里柏培拉。

甘眉国：又译“荷姆兹”。霍尔木兹海峡（在伊朗和阿拉伯半岛之间）。

蒲花罗国：《元圣武亲征录》载：“不合儿城今布洽尔也，亦作布蛤拉，本纪作蒲华城，又作卜冷兄城。传又作不花城，别书又作‘花鬼’，又作‘蒲花罗’，皆对音字也。纪曰：十五年庚辰春三月，帝克蒲华城，夏五月克寻思千城。”圣武皇帝即元太祖。《元史太祖纪》：“十五年（1220 年），帝克蒲华城。”“蒲花罗”即今乌兹别克斯坦布哈拉，亦作不花剌、卜哈儿。曾属西辽。元耶律楚材《西游录》：“寻思干之西六七百里有蒲华城，土产更饶，城邑稍多。”

层拔国：今非洲东部索马里以南一带。

“(《诸蕃志》) 层拔国在胡茶辣国南海岛中。西接大山。其人民皆大食种落……每岁胡茶辣国及大食边海等处发船贩易，以白布、瓷器、赤铜，红吉贝为货。”

宋书《异域志》作“昆仑层期国”：“其国地极热，在西南海上，接海岛，有大鹏飞则蔽日已，能食骆驼。昔有人拾其翎，截管可作水桶。有野人身如墨漆，鬈发，国人布食诱捉，卖与蕃商作奴，尚货利也。”据说今在该古国所在地发现了宋朝钱币等物。

弼琶啰国：唐代拨拔力国异译。故址在今非州索马里北部亚丁湾南岸柏培拉附近。“(《诸蕃志》) 弼琶啰国有四州，余皆村落。各以豪强相尚，事天不事佛。”

勿拔国：旧说在今阿曼北部的苏哈尔（Suhr）。也有人认为位于今阿曼南部的米尔巴特（Mirbat）一带。今取大体方位，故不细究。

瓮篙国：今波斯湾东岸，指今阿曼地。

记施国：故地在今伊朗基什岛（Kish）。12 世纪至 14 世纪初为波斯湾贸易中心，东西方商舶麇集。《元史・地理志・西北地附录》译作“怯失”。出产蔷薇水，即大食国花露水。

麻嘉国：即今沙特阿拉伯西部麦加。为穆罕默德出生地，或译“天方国”或“默伽国”。

《岭外代答・大食诸国》记：“有麻嘉国。自麻离拔国西去，陆行八十余程乃到。此是佛麻霞勿出世之处，有佛所居方丈，以五色玉结甃成墙屋。

每岁遇佛忌辰，大食诸国王，皆遣人持宝贝金银施舍，以锦绮盖其方丈。

每年诸国前来就方丈礼拜，并他国官豪，不拘万里，皆至瞻礼。

方丈后有佛墓，日夜常见霞光，人近不得，往往皆合眼走过。若人临命终时，取墓上土涂胸，即乘佛力超生云。”

佛麻霞勿，即穆罕默德。宋代人称佛广义可指一切神佛。

弼斯啰国：在今伊拉克巴士拉之西。为古代波斯湾主要港口。“(《诸蕃志》)弼斯啰国，地主出入，骑从千余人，尽带铁甲，将官带连环锁子甲，听白达节制。”

吉慈尼国：指以今阿富汗加兹尼（Ghazni）为首都之伽色尼朝。

勿斯离国：

〔按：“勿厮离国”，指《元史·地理志·西北地附录》所说的“毛夕里国”，位于今伊拉克北境之摩苏尔。〕

勿厮离国，其地多石山，秋露沆瀣，日晒即凝，状如糖霜；采而食之，清凉甘腴，盖真甘露也。山有天生树，一岁生栗，名蒲芦；次岁生没石子。地产火浣布、珊瑚。(《诸蕃志》)

勿斯里国：“勿斯里”即“蜜徐篱”,misr，指埃及。《酉阳杂俎》续集卷十：“大食勿斯离国石榴重五六斤。”

“勿斯里国，属白达国节制。

国王白晰，打缠头，着番衫，穿皂靴。出入乘马。前有看马三百匹，鞍辔尽饰以金宝。有虎十头，縻以铁索。伏虎者百人，弄铁索者五十人，持擂棒者一百人，臂鹰者三十人。又千骑围护，有亲奴三百，各带甲持剑；二人持御器械导王前。其后有百骑鸣鼓，仪从甚都。

国人惟食饼肉，不食饭。

其国多旱。管下一十六州，周回六十余程。有雨则人民耕种，反为之漂坏。

有江水极清甘，莫知水源所出。岁旱，诸国江水皆消减，惟此水如常；田畴充足，农民藉以耕种。岁率如此，人至有七八十岁不识雨者。

旧传蒲啰吽第三代孙名十宿（西方汉学家认为即《旧约》中的埃及主约瑟），曾据此国。为其无雨，恐有旱干之患，遂于近江择地置三百六十乡村，村皆种麦。

递年供国人日食，每村供一日，三百六十村可足一年之食。

又有州名憩野（开罗），傍近此江。

两年或三年必有一老人自江水中出，头发黑短、须鬓皓白，坐于水中石上，惟现半身，掬水洗面剔甲。国人见之，知其为异，近前拜问今岁人民吉凶。如其人不语若笑，则其年丰稔，民无札瘥；若蹙额，则是年或次年必有凶歉、疾疫。坐良久，复没不见。

〔老人，有说为一种人面海豹。〕

江中有水骆驼、水马，时登岸啮草，见人则没入水。”(《诸蕃志》)

遏根陀国：

遏根陀国，勿斯里之属也。

相传古有异人徂葛尼于濒海建大塔，下凿地为两屋，砖结甚密；一窖粮食，一储器械。塔高二百丈，可通四马齐驱而上，至三分之二。塔心开大井，结渠透大江，以防他国，兵侵则举国据塔以拒敌。上下可容二万人，内居守而外出战。其顶上有镜极大，他国或有兵船侵犯，镜先照见，即预备守御之计。

近年为外国人投塔下，执役扫洒数年，人不疑之；忽一日，得便，盗镜抛沉海中而去。(《诸蕃志》)

〔何新按：此或即传说之亚历山大港及灯塔，但非莫须有之马其顿亚历山大所建，而是传说人物异人徂葛尼所建。异人徂葛尼，待考。

尤其引人深思的是，《诸蕃志》记录埃及故事颇详，但所谓金字塔狮身人面像则一字不提。莫非当时并不存在吗？〕

宋朝时海外商贸繁荣，《宋史》记录的大食向宋朝进贡的国家共28个。《岭外代答》说大食有属国千余。

从大食国所属国家的分布来看，非洲、阿拉伯半岛、中亚的许多国家均归它管辖。所属二十八城（国）分布宽广。若把一千个国家一一列举，则更不可思议也。

《宋史》记录有皇帝与大食进贡使者的对话，使者说大食共千余国，都属大秦管理。所言大秦，乃叙利亚大秦，即倭马亚帝国首都大马士革的大秦。

按《诸蕃志》所记则有两个大秦，一在日南，一在西土：

大秦国（一名犁靬），西天诸国之都会，大食番商所萃之地也。

其王号麻罗弗，理安都城，以帛织出金字缠头；所坐之物，则织以丝罽。

有城市里巷。王所居舍，以水精为柱、石灰代瓦，多设帏帘；四围开七门，置守者各三十人。

有他国进贡者，拜于阶忘陀之下，祝寿而退。其人长大美晰，颇类中国；故谓之大秦。

有官曹簿领，而文字习胡人；皆髦头而衣文绣，亦有白盖小车、旌旗之属。及十里一亭、三十里一堠。地多狮子，遮害行旅；不百人持兵器偕行，易为所食。

宫室下凿地道，通礼拜堂一里许。王少出，惟诵经礼佛；遇七日，即由地道往礼拜堂拜佛，从者五十余人。国人罕识王面。若出游，则骑马用伞；马之头顶，皆饰以金玉珠宝。递年大食国王有号素丹者，遣人进贡。

如国内有警，即令大食措置兵甲抚定。所食之物，多饭、饼、肉，不饮酒；用金银器匙以挑之。

食已，即以金盘贮水濯手。土产琉璃、珊瑚、生金、花锦缦布、红玛瑙、真珠。又出骇鸡犀（骇鸡犀，即通天犀也）。

汉延嘉初，其国主遣使自日南徼外来献犀象、玳瑁，始通中国。所供无他珍异，或疑使人隐之。

晋太康中，又来贡。

或云其国西有弱水流沙，近西王母所处，几于日所入也。按杜还《经行记》云："拂菻国在苫国西，隔山数千里，亦曰大秦。其人颜色红白，男子悉着素衣，妇人皆服珠锦。好饮酒，尚干饼，多工巧，善织络。地方千里，胜兵万余，与大食相御。西海中有市，客主同和，我往则彼去、彼来则我归；卖者陈之于前，买者酬之于后。皆以其值置诸物旁，待领值然后收物，名曰鬼市。”

另载“天竺国”曰：

〔按：天竺即印度，但非南亚印度，而是印度河流域之印度，即今巴基斯坦之信德也。〕

天竺国，隶大秦国；所立国主，悉由大秦选择。俗皆辫发、垂下两鬓及项，以帛缠头。所居以石灰代瓦。有城郭居民。王服锦罽，为螺髻于顶，余发剪之使短。晨出坐毡皮，用朱蜡饰之，画杂物于其上；群下皆礼拜祝寿。出则骑马，鞍辔皆以乌金银闹装。

从者三百人，执矛剑之属。妃衣大袖镂金红衣。

岁一出，多所赈施。国有圣水，能止风涛；番商用琉璃缾盛贮，猝遇海扬波，以水洒之则止。

后魏宣武时，尝遣使献骏马云。

其国出狮子、貂、豹、橐、犀、象、玳瑁、金、铜、铁、铅、锡。金镂织成金罽，白迭。有石如云母，而色紫；裂之则薄如蝉翼，积之则如纱縠。有金刚石，似紫石英，百炼不销，可以切玉。

又有旃檀等香、甘蔗石蜜诸果。岁与大秦、扶南贸易，以齿贝为货。

俗工幻化，有弓箭、甲矟、飞梯、地道及木牛、流马之法，而怯于战斗。

善天文、算历之术，皆学悉昙章书。以贝多树叶为纸。

唐贞观天授中，尝遣使入贡。

雍熙间，有僧啰护航海而至，自言天竺国人。番商以其胡僧，竞持金缯、珍宝以施；僧一不有，买隙地建佛刹于泉之城南，今宝林院是也。

另《岭外代答》载“波斯国”曰：

西南海上波斯国，其人肌理甚黑，鬓发皆拳，两手钤以金串，缦身以青花布。无城郭。其王早朝，以虎皮蒙杌，叠足坐，群下礼拜。出则乘软兜或骑象，从者百余人，执剑呵护。食饼肉饭，盛以甆器，掬而啖之。

西南海或指阿拉伯海，所记之波斯似指印度河下游流域的亚洲黑人。

【附录】

《岭外代答》

南宋周去非撰。周去非（生卒年不详），字直夫，浙东路永嘉（今浙江温州）人。

宋隆兴元年（1163 年）举进士。乾道间（1165—1173 年）任绍兴通判，淳熙间（1174—1178 年）任广南西路桂州通判和钦州教授。在桂期间，尽查物候民情，遍历州县名胜。后辞官北归，于淳熙五年（1178 年）写成《岭外代答》，回答亲朋好友问及岭南的风土人情、奇人异事。

周去非自序称此书本范成大《桂海虞衡志》，加以耳闻目睹的材料而成。共录存二百九十四条，用以答客问，故名曰代答。

书分地理、边帅、外国、风土、法制、财计等共二十门，“今有标题者十九门，一门存其子目而佚其总纲”。史料价值甚高。原本已佚，今本从《永乐大典》中辑出。

奥斯曼帝国的崛起

奥斯曼帝国的发展和扩张，经过了一个较长的过程。

早期的奥斯曼土耳其国家，只是一个中亚细亚的与突厥民族有关的游牧部族。

“土耳其”一词，本由“突厥”一词演变而来。英语突厥人 Turks，土耳其 Turkish，突厥 The Turkish。语源都来自阿尔泰语系的突厥语族。

突厥与土耳其是同一个族名汉语的今、古两种译名而已。

“突厥”一词，最早出现在《周书》，其本来语义不明。突厥人原来是匈奴的一个分支，以狼为图腾。

古突厥人与中国

552 年，原本依附于柔然的突厥人崛起，大败柔然。柔然与鲜卑同宗，鲜卑在东北称狄人。柔然在西北即戎人，所谓西戎。柔然曾经称霸西部草原。

突厥兴起，取代柔然与鲜卑。突厥最盛之时，隋唐之际的中原政权纷纷向其称臣，包括李渊时期的唐朝。

突厥在隋朝之时一分为二——东突厥和西突厥。

大唐统一中国之后，李靖于 630 年灭东突厥，苏定方于 657 年灭西突厥，突厥人除少数内附外（五代时期的沙陀人是突厥人的一支），在大唐和回纥人的打击下开始西迁，从此退出了中国历史的舞台。

7 世纪阿拉伯帝国在西亚兴起，席卷中亚。阿拉伯帝国，中国史书称之为“大食”，而欧洲人将其称作萨拉森帝国。四大哈里发时期（632—661 年）之后，阿拉伯帝国内乱，先后出现倭马亚王朝（661—750 年）和阿拔斯王朝（750—1258 年）两个阶段，前者服饰尚白，故称白衣大食，后者服饰尚黑，故称黑衣大食。

661 年，阿拉伯倭马亚家族的叙利亚总督穆阿维叶即位哈里发，以大马士革为首都，建立了倭马亚王朝。他将哈里发由选举制改为世袭制，实际上成了帝国的君主。此时的阿拉伯社会开始进入鼎盛时代，阿拉伯语成为帝国的官方语言，政府文件必须用阿拉伯语书写。

7—8 世纪初，阿拉伯人开始发动大规模的对外战争。

在东方，阿拉伯人于 664 年占领阿富汗，然后兵分两路，北路进军中亚内陆草原地区，一路所向披靡，直到在帕米尔高原西部到达中国（唐朝）边界才停下脚步，而与兴起于青藏高原地区的吐蕃西部和西北部边界的兴都库什山脉相接壤。南路军攻入印度河流域，征服了印度次大陆西北部的大小邦国。

在西方，阿拉伯人消灭了君士坦丁堡罗马帝国在非洲北部的驻军，占领了从突尼斯直到摩洛哥的广袤土地。阿拉伯帝国使非洲的柏柏尔人皈依了伊斯兰教，并以他们为主力组成军队，跨越直布罗陀海峡远征西班牙，征服了西哥特王国。

732 年，哈里发的军队穿越比利牛斯山，进攻法兰克王国，席卷了法兰西南部地区。

在阿拉伯帝国的统治下，广袤疆域内各个迥然不同的古典文明逐渐融合，最终于几个世纪后形成了全新的阿拉伯文明。

黎凡特新月沃地是阿拉伯文明的肇兴地，也是伊斯兰世界的中心。作为白衣大食阿拉伯帝国的首都大马士革，倭马亚王朝历任哈里发在此发布敕令，指挥亚欧非三洲的运作。

8 世纪中期，波斯及两河流域的伊斯兰逊尼派、什叶派及其他派别争斗日趋激烈，先知穆罕默德叔父阿拔斯的后裔，在波斯地区建立了伊斯兰阿拔斯教派。

各种反抗力量在720年后逐渐汇集起来。

750年（一说752年），伊斯兰阿拔斯教徒推翻了伊斯兰倭马亚王朝，建立了阿拔斯王朝。762年，阿拔斯哈里发建新城于巴格达，迁都于此。

阿拔斯王朝崇尚黑色，因此被唐朝人称为黑衣大食。阿拔斯王朝继承了倭马亚王朝的遗产。8世纪中叶，阿拉伯帝国统治下的人口达3400万。9世纪初阿拉伯极盛时期，人口达4000万~5000万。

阿拉伯帝国通过统一的宗教将中亚、西亚松散的部落文化联合起来，并通过征战，使各个地区的文化得以传播、交流。同时，阿拉伯帝国也是一个强大的商业帝国。

751年，阿拔斯帝国与唐帝国发生怛逻斯之役，唐朝军队战败。阿拉伯帝国遂席卷中亚细亚。

在阿拉伯帝国的极盛时期，疆域东起印度河及葱岭，西抵大西洋沿岸，北达高加索山脉、里海以及法国南部，南至阿拉伯海与撒哈拉沙漠，国土面积达1340万平方公里以上，是世界古代历史上东西方跨度最长的帝国之一，亦是继古波斯之后又一个地跨亚、欧、非三洲的大帝国。

阿拉伯帝国把东方亚洲的先进文明带到了欧洲，为欧洲的文艺复兴运动奠定了文化基础。

突厥人建立塞尔柱王国

9世纪后半期，阿拔斯王朝的阿拉伯帝国发生分裂。

波斯人在阿拉伯帝国内部建立了萨曼王朝和布耶王朝，布耶王朝在巴格达掌控朝政，阿拉伯帝国本身的哈里发被架空。

〔萨曼王朝（SulalaSamaniyya），又称萨曼帝国，阿拔斯王朝时期波斯人在中亚地区建立的波斯—伊斯兰教帝国（874—999年）。10世纪为当时中亚乃至世界军事强国之一，其领土以乌兹别克斯坦为核心，囊括哈萨克斯坦南部，土库曼斯坦，塔吉克斯坦，阿富汗斯坦，以及伊朗大部分，与西部的布韦希王朝遥相呼应。

布耶王朝（Buwayhid Dynasty，945—1055年），是一个位于伊朗西南部和伊拉克

的伊斯兰波斯人王朝，又称布韦希王朝。王朝建立者为阿里之父名布耶（Buya）。〕

为了击败波斯人，阿拉伯哈里发引入了西迁的突厥人骑士。

1055 年塞尔柱突厥人（Seljuks）进入巴格达，布韦希朝灭亡。

突厥人灭了布韦希王朝后，建立了塞尔柱王国，阿拉伯地区从此被突厥军人掌控。

这些突厥骑士由被称作“马穆鲁克”的贵族统领。

塞尔柱王国继承了阿拉伯帝国的大部分疆土，因此，突厥塞尔柱苏丹也号称“东方和西方之王”。

1071 年塞尔柱突厥人进军小亚细亚，在曼齐克特之战中击败罗马皇帝罗曼努斯四世，攻占亚美尼亚及安纳托利亚的部分地区，并在接下来的 20 年中，控制整个小亚细亚半岛，建立了罗姆塞尔柱突厥王朝。

受到突厥人威胁的君士坦丁堡罗马人求助于欧洲的天主教教廷。教皇号召欧洲亚洲的基督教世界团结起来，从异教徒手中夺回黎凡特与小亚细亚地区，收复圣城耶路撒冷，由此组织和发起了“十字军东征”。

十字军东征时期，突厥人控制的塞尔柱帝国发生内乱，陷入四分五裂的局面。

中亚细亚部分，被花剌子模人侵吞。西亚部分分裂为许多自立的小国。

小亚细亚地区存在的是罗姆（即罗马）苏丹国。

罗姆 Rum 苏丹国的名称，来自罗马 Ruma。小亚细亚地区一直被欧亚人称为“罗马”，罗姆即罗马的转语。突厥人建立的罗姆苏丹国，是后来的奥斯曼帝国的前身。

1243 年，蒙古成吉思汗发起西征。成吉思汗之孙旭烈兀的伊利汗国征服罗姆苏丹国，罗姆苏丹国对蒙古帝国纳贡称臣。

1258 年，蒙古人攻占巴格达，用战马踏死阿拉伯帝国的最后一任哈里发，阿拉伯帝国灭亡。

哈里发的叔父逃亡到开罗，被马穆鲁克贵族拥立为后阿拉伯王朝的苏丹穆斯坦绥尔二世。

直至 1517 年奥斯曼帝国彻底灭亡马穆鲁克王朝，马穆鲁克苏丹控制下的末代开罗哈里发穆塔瓦基勒三世被俘，曾经盛极一时的阿拉伯帝国在历史中彻底灭亡。

受到蒙古西征和十字军东征的两重打击，危急存亡之秋，最终拯救伊斯兰世界的是位于埃及的两个突厥人的军事政权，阿尤布王朝和马穆鲁克王朝。

阿尤布王朝驱逐了东侵的十字军。马穆鲁克王朝在埃及击败了旭烈兀的蒙古铁骑。伊斯兰世界得以幸存。

而小亚细亚地区的罗姆国被蒙古灭国后，分裂为36个小国，其中一个是奥斯曼突厥人。

1299年，奥斯曼一世建立奥斯曼帝国。

突厥人建立奥斯曼帝国

奥斯曼帝国建立之初，其版图仅限于小亚细亚的部分地区，与君士坦丁堡罗马之间争斗不断。但是，突厥人一直居于压倒性的优势地位。

1370年，后蒙古的帖木儿帝国（1370—1507年）在中亚细亚地区崛起。帖木儿出生在西察合台汗国（乌兹别克斯坦），信奉伊斯兰教。1369年，建立了帖木儿帝国，再度成为中亚和西亚的霸主，继承了蒙古人在这里的遗产。

1402年，帖木儿在安卡拉战役击败奥斯曼帝国，奥斯曼的突厥大军全军覆没。苏丹巴耶塞特一世突围时被俘。

但是，帖木儿的真正兴趣在东方。击败奥斯曼后即挥师向东，远征大明，但不幸的是病死于东征路上。奥斯曼帝国由此得以幸存。

1453年，奥斯曼帝国攻占君士坦丁堡，千年东方罗马帝国自此灭亡。

从此，奥斯曼帝国自视为天下之主，是阿拉伯帝国和东罗马帝国的继承人。此后，突厥人改称为土耳其人。

奥斯曼土耳其帝国建国于1299年，灭亡于1922年，立国凡623年，跨越中国的元、明、清、民国四个时期。

奥斯曼帝国位于连接亚欧大陆的十字路口，地理位置极为重要。

奥斯曼帝国极盛时期，地跨亚欧非三大洲，统治范围包括巴尔干半岛、中东和北非的大部分。版图最大时西达直布罗陀海峡，东至里海和波斯湾，北及奥地利，南至苏丹和也门，地中海周边地区都在其掌控之下。

要点

在突厥——土耳其人的扩张过程中，几个关键事件：

1362 年土耳其人夺取亚德里亚堡，进而侵占马其顿平原；

1384 年攻占索非亚，不久控制整个保加利亚；

1389 年的科索沃战役中，土耳其人大败南斯拉夫人的军队，塞尔维亚帝国灭亡；

1453 年攻占君士坦丁堡；

60 多年之后，土耳其人于 1516 年占领叙利亚；1517 年征服埃及。

蒙古史札记

传统中国史学对蒙元史的严重误解

蒙元帝国之三个阶段

现在的中国历史对蒙古元朝历史的研究最少，误解最多。

首先是蒙元帝国的年代。

通行史书一般都认为蒙元时期即忽必烈建立的元朝，“从至元八年（1271 年）蒙古族元世祖忽必烈建立元朝开始，到洪武元年（1368 年）明太祖朱元璋北伐攻陷大都为止，元朝的统治结束，前后共计 98 年”。

实际上，完整的蒙元帝国历史应当包括三个阶段：

1. 成吉思汗的蒙古帝国时期；
2. 忽必烈建立的元朝帝国时期；
3. 退出中原后的北元蒙古国时期。

〔应当注意，在退出中原后，北元蒙古仍然控制着今日蒙古国，中国的新疆和云贵，以及俄罗斯及中亚的广大土地，幅员远超明朝。〕

三个阶段的蒙古帝国，历时近 200 年。

开国皇帝成吉思汗

蒙元帝国的开国皇帝是成吉思汗。

〔附注：汗就是皇、太阳神的意思，也是古代北方民族对首领的通称。汉语皇字，语源与汗同源。上古之所谓三皇，就是华族古代的三大汗。〕

《新元史》说蒙古起于突厥余部，是有道理的。在成吉思汗以前，蒙古民族并没有完全形成，部落间政治分裂，缺乏认同感。

成吉思汗整合统一了北方草原的多个游牧部落，这些部落未必属于同一血族。但是，成吉思汗使这些部族在他的帝国中得到大融合，使得蒙古民族得以形成。

不仅如此，成吉思汗于1206年建立了一个以蒙古民族为主体的容纳了众多民族的世界性帝国——蒙古帝国。

1206年是成吉思汗的蒙古帝国立国之始，也是成吉思汗纪元之元年。

忽必烈的世界帝国

成吉思汗的孙子忽必烈于1260年在蒙古的开平城即蒙古大汗位。

忽必烈时代的蒙古统治集团系统接受了华夏文化。其标志就是至元八年（1271年），忽必烈以《易经》中“大哉乾元”之意，将蒙古国号改为汉语之“大元”，并将帝都由内蒙古的中都开平迁到北京，确立北京为元大都。

但是，忽必烈的元帝国与成吉思汗的蒙古帝国一脉相承。忽必烈帝国尊祖父成吉思汗为蒙元帝国的开国之始皇帝。

元至元十六年（1279年），元朝彻底灭亡南宋流亡政权，统一了中国本土的全部疆域，从而结束了自唐末以来中国土地上多政权并立的分裂局面。

元帝国是一个世界帝国

忽必烈的元帝国继承了成吉思汗蒙古帝国的世界性遗产。

元帝国疆域包括五大部分。除了中国本土作为帝国中心的中华蒙古国，还包括成吉思汗家族统治的四个国际化汗国：位于俄罗斯地区的钦察汗国、位于中亚西亚及伊朗地区的伊利汗国、位于蒙古高原西部的窝阔台汗国、位于今日新疆及西域地区的察合台汗国。

自元世祖忽必烈到元武宗海山时期，元朝达到鼎盛时代。这个时代元帝国的幅员之大，在人类历史上是前所未有的，乃是一个几乎统合大部分欧亚大陆的世界帝国。

这个时代的元帝国疆域，东起日本海、南抵南海、西至天山、北越贝加尔湖达到伏尔加河流域，“东尽辽左西极流沙，北逾阴山南越海表，汉唐极盛之时不及也”(《元史》)。

隶属元帝国的直接藩属国除了蒙古人直接统治下的四大汗国，还有称臣为藩属的高丽、缅甸、安南、占城诸国。

其中高丽王朝与缅甸的蒲甘王朝，是元帝国的两个直属藩属国和特别行政区，由元朝廷分置征东行省（高丽）与缅中行省（缅甸），直接控制。

中国全部本土为元帝国的中心统治区域

1279 年，元世祖攻灭南宋统一中国。中原及江南汉地、漠南、漠北、东北（包括外东北和库页岛）、新疆东部（元初据有塔里木盆地西抵葱岭）、青藏高原、澎湖群岛、济州岛及南海诸岛，皆在元朝的直接统治范围内。

元武宗时期，元朝中央政府直接管辖下的国土面积是现代中国的两倍以上，超过 2200 万平方公里。

元朝将全国划分为十二行省：

1. 由中书省所直辖的京畿中枢地区（即北京、河北、山东、山西及漠南蒙古部分地区）。

2. 十个行中书省，分别为岭北行省、辽阳行省、甘肃行省、陕西行省、河南江北行省、湖广行省、四川行省、云南行省、江浙行省、江西行省。

3. 由宣政院（初名总制院）所管辖的吐蕃（西藏）地区。

明清时的中国，所继承的行政区制度既不是秦始皇的郡县制，也不是汉唐宋的州府制度，而是元朝建立的行省制度。

两宋都是偏安性的地方政权

传统的中国历史学存在汉正统主义的偏见，忽略或无视宋朝始终没有统一中国这一历史事实。

实际上，无论北宋还是南宋，都只是割据汉唐中国之部分领土的偏安性地方政权。

中国自900年前后的晚唐时代陷入国家大分裂。中间有一段短暂的、仅在一百多年间统一了中原和江南地区的北宋政权。但是，北宋未能收复北方长城以内的燕云十六州和西北甘肃、宁夏陇右地区，始终没有恢复汉唐时期的中国本土。

两宋时期，直到忽必烈的元帝国出现的三百年间，中国一直处在多皇朝、多政权（宋、辽、西夏、金、元、大理、吐蕃等）并存的分裂割据状态。

中国的重新统一，是在忽必烈的元帝国时期实现的。

忽必烈元朝存在的时间

南宋景定元年三月（1260年），忽必烈在蒙古开平（今内蒙古锡林郭勒盟多伦县西北闪电河畔）即汗位，五月建元立年号为“中统”。此年通常被看作元朝的开国元年。

及元朝至正二十八年八月（1368年，大明洪武元年），朱元璋的明军北伐攻克元大都，元朝廷遁走蒙古。忽必烈的中土元朝传五世十一帝，历时98年。

北元历史是元朝历史不可忽视的延续

此后元廷北遁蒙古高原，元惠宗迁元廷至上都开平，隔年又至应昌（今内蒙古赤峰境内）。

蒙古朝廷继续使用“大元”国号，史称北元。

北元蒙古继承元帝国的大部分遗产，虽然丢失了中国的大部分地区，但是统辖地域仍然非常广阔，不仅据有漠南、漠北，俄罗斯东南部，关中还有元将扩廓帖木儿控制的甘肃定西，长城以北的东北地区与云贵地区。

明朝为了扫除北元势力，发动了多次北伐。洪武二十一年（1388年）五月，蓝玉率领明军横跨戈壁至捕鱼儿海（今中蒙边境之贝尔湖）击溃元军，元朝的天元帝和他的长子天保奴逃离漠南，北元国势进一步衰弱。

洪武二十一年（1388年），北元发生内乱，天元帝被也速迭尔杀害，北元年号也被废。

明建文元年（1399 年），蒙古乞儿吉斯部（即吉尔吉斯）首领贵力赤杀新立元帝坤帖木儿。

建文四年（1402 年）吉尔吉斯部落的首领贵力赤废大元国号，蒙古改称鞑靼（即塔塔尔），废皇帝号而改称可汗，至此蒙古北元朝廷灭亡。

综观蒙元一代，从成吉思汗于 1206 年开国到北元天元十年（1402 年）灭亡，共历 196 年左右。

瓦剌人与明、清朝廷的关系

北元灭亡后，蒙古各部又回到分裂纷争状态。

吉尔吉斯贵力赤可汗在 1400 年被阿苏特部蒙古人阿鲁台和卫拉特（瓦剌）部蒙古人马哈木的联军打败。

阿苏特部是蒙古化的伊朗部落，起源于高加索的突厥人后裔。

卫拉特，亦译瓦剌，又称林中蒙古人，本是蒙古西伯利亚森林中的一个东胡部落。在成吉思汗时代被称为“林中百姓”——俄语称为瓦良格人，主要定居在贝加尔湖西岸。

〔附注：瓦剌原为东胡一部。唐朝时期，瓦剌又称瓦尔剌噶、瓦剌。元朝时称斡亦剌，明朝人称瓦剌，清代称卫拉特或卫喇特，俄语瓦良格人。〕

成吉思汗时代，瓦剌与成吉思汗的黄金家族结盟，建立世代通婚关系，男尚公主，女适皇胄，权势显赫。

阿鲁台和马哈木在打败贵力赤后，欲结好明朝，遣使纳贡，明政府同意对蒙古开放边市。

依靠明朝支持，卫拉特部将其势力范围从西伯利亚扩张到从贝加尔湖西岸到额尔齐斯河上游的整个西蒙古地区。此后，瓦剌蒙古人与明朝的关系时分时合。

明朝正统十四年（1449 年），瓦剌人的可汗也先突袭明朝边境，入侵大同、宣府、辽东、甘肃等地。明英宗率兵亲征，明军战败，瓦剌蒙古军于土木堡俘虏明英宗，史称为“土木之变”。

同年十月，也先进围北京，攻城不下，与明朝签订城下之盟，明朝承诺恢复边贸。为了保证贸易的顺利进行，瓦剌人放回明英宗，并复遣使向明朝通贡。

瓦剌也先可汗继续使用元朝的称号，自称“大元田盛（天圣）大可汗”，并建年号为“添元”。

瓦剌人分为四大部落，包括和硕特、绰罗斯（准噶尔）、杜尔伯特、土尔扈特，另有辉特等一些小部落。

也先可汗死后，瓦剌盟主部落是和硕特，因为其首领是蒙古黄金家族的支脉，所以其他部落依附于它。

明末崇祯九年（1636 年），瓦剌（卫拉特）盟主固始汗遣使至盛京贡马匹、方物，表示归顺后金，瓦剌人此后归顺清朝。瓦剌蒙古军作为八旗部队之蒙古部落参与了清朝灭明朝的战争。

成吉思汗大事年表

关于蒙古民族的起源

蒙古之先出于突厥。本为忙豁仑，译音变为蒙兀儿，又为蒙古。金人谓之鞑靼，又谓之达达儿。

蒙古衣尚灰暗，故称黑达达。其本非蒙古，而归于蒙古者，为白达达、野达达。详见《氏族表》。

其国姓曰乞颜特孛儿只斤氏。太祖十世祖孛端察儿之后，称孛儿只斤氏。皇考也速该又称乞颜特孛儿只斤氏。“孛儿只斤”，突厥语译义灰色目睛，蒙古以灰睛为贵种也。

蒙古初无文字，世事远近人相传述。其先世与他族相攻，部族尽为所杀。惟余男女二人，遁入一山，径路险山戏仅通出入，遂居之，名其山曰“阿儿格乃衮”。生二子，长曰恼古，次曰乞颜。“乞颜”义为奔流急瀑，言其勇往迈众似之。乞颜子孙众多，称为乞颜物，又译为奇渥温。“温”者，国语之尾音也。后以地狭人稠，欲出山，而涂已塞。有铁矿洞穴深邃乃，篝火洞中，宰七十牛，剖革为筒，而鼓之。铁石既融，径路遂通。蒙古旧欲，元旦锻铁于炉，尊卑次第捶之，其事盖缘起于此。

乞颜之后，有孛儿贴赤那，译义为苍狼。其妻曰豁埃马兰勒，译义为惨白牡鹿。皆取物为名，世俗附会，乃谓狼妻牝鹿，诬莫甚矣。孛儿贴赤那与豁埃马兰勒，同渡腾吉思海，徙于斡难河源不儿罕山之下，生子曰巴塔赤罕。

阿兰豁阿尝束箭五枝，谓其诸子曰：“汝兄弟五人，犹五枝箭，分则易折，若合为一束，谁能折之？汝五人一心，则坚强无敌矣！”其后，宣懿皇后犹引此方以教太祖云。

阿兰豁阿幼子勃端察儿蒙合黑沈默寡言，家人谓之痴，独阿兰豁阿曰：“此儿不痴，后世子孙必有大贵者。”及阿兰豁阿卒，诸兄分家资不及勃端察儿蒙合黑。勃端察儿蒙合黑乘一青白马，至巴勒谆阿剌勒，饮食无所得，见黄鹰搏雉，勃端察儿蒙合黑缴而获之，鹰即驯熟，乃臂鹰猎雉兔，以为食。有鄂郭尔察克部游牧于统格黎河，亦时以马乳奉之。后诸兄悔，来视勃端察儿蒙合黑，邀与俱归。勃端察儿蒙合黑曰：“统格黎河之民，无所属，可抚而有也。”诸兄以为然，至家，使勃端察和蒙合黑率壮士以往，果尽降之。自是，蒙古始有部众。（摘录柯劭忞《新元史》）

成吉思汗大事年表

1146 年

蒙古乞颜部落的俺巴孩汗（Ambagaihan），被塔塔尔人俘虏送给金国人，钉死在木驴上。时漠北高原蒙古人有百余部落，互相攻战。

蒙古乞颜部贵族成吉思汗六世祖海都、高祖敦必乃、曾祖葛不律寒及族曾祖俺巴孩等，都曾是蒙古部的显赫人物或首领。父也速该有拔都（勇士）之称。

此家族即号称蒙古人的“黄金家族”。乞颜部出自蒙古奇源部，汉音译乞颜部孛儿只斤氏，简称包氏。

蒙古人起源于古代的东胡。蒙古的族名语义，自称猛虎儿——莽官而。

1161 年

铁木真的父亲也速该在狩猎时，抢到弘吉剌部美女诃额伦为新娘。

诃额伦原为蔑儿乞部落首领的弟弟赤烈都的妻子。

父亲：孛儿只斤 · 也速该

母亲：弘吉剌氏 · 诃额伦（也译月伦）

1162 年（出生）

夏，乞颜部对塔塔尔部落发动战争，也速该俘获塔塔尔首领铁木真兀格。塔塔尔即鞑靼（Tatar）。

恰值诃额伦生子，也速该遂命名为孛儿只斤·铁木真。铁木真的意思为钢铁，铁匠。

太祖法天启运圣武皇帝，讳铁木真，姓奇渥温氏，蒙古部人。太祖其十世祖孛端义儿，母曰阿兰果火，嫁脱奔咩哩犍，生二子，长曰博寒葛答黑，次曰博合睹撒里直。既而夫亡，阿兰寡居，夜寝帐中，梦白光自天窗中入，化为金色神人，来趋卧榻。阿兰惊觉，遂有娠，产一子，即孛端义儿也。

据现代考古学者推算，成吉思汗的生日为宝庆三年四月十六日（1162 年 5 月 31 日）。蒙古族史学家、星算家和民间中普遍流传一种较为可靠的说法：成吉思汗生于农历水马年（壬午年）夏季首月十六望日。

1170 年（八岁）

遵父命，铁木真与孛儿帖订婚。

也速该与弘吉剌部为铁木真定亲事，回部落的路上，路过塔塔尔部，被用毒酒毒死。乞颜部众离散。

铁木真随寡母诃额伦艰难度日。

铁木真多次被其他部落捉获，多次遇害，均凭机敏逃脱。

乞颜部依附蒙古高原最强大的克烈部首领脱里（后称王汗），铁木真尊之为父。

乞颜部得以收聚部分旧部。

1171 年（九岁）

铁木真与扎木合结为安达（兄弟）。

1172 年（十岁）

铁木真一家被逐出乞颜部，母子相依为命，艰难度日。

在泰赤兀部落塔里忽台的鼓动下，所有的百姓都离开了铁木真一家。

1173 年（十一岁）

铁木真第二次见到扎木合，并又一次结为安达。

1177 年（十五岁）

也速该原来的保镖脱朵偷走了铁木真的八匹马。

铁木真追马，遇见了博尔术。

追回马后，遭遇泰赤乌人首领塔里忽台的追杀，被合答安一家藏在羊毛里幸免于难。

1178 年（十六岁）

铁木真与弘吉剌部落的女儿孛儿帖结婚。

铁木真和克烈部的王汗脱斡邻联盟。

蔑儿乞部落首领等突然袭击铁木真部。

蔑儿乞人掳走铁木真妻子孛儿帖。

长子术赤降生。

1179 年（十七岁）

铁木真在扎木合和王汗的帮助下，带领 4 万人击败蔑儿乞部落，救出妻子等。

蔑儿乞首领逃跑。

1180 年（十八岁）

金兵抓兵丁，铁木真击败金人，离散的旧部众纷纷归来。

者勒蔑、速不台投奔铁木真。

1183 年（二十一岁）

铁木真和扎木合部落划地盘放牧。

儿子察合台降生。

移营怯绿连河（今克鲁伦河）上游，独立建帐，广结盟友。选贤任能，宽厚待人，吸引许多蒙古部众和乞颜氏贵族来投。

1186 年（二十四岁）

三子窝阔台降生。

1189 年（二十七岁）

铁木真在鲁仑河发源地叫胡和淖尔的地方，召开忽里勒台大会，被推举为可汗，建立王帐，建护卫队。

1190 年（二十八岁）

扎木合发动蒙古塔塔尔、泰赤兀十三部落攻击铁木真。

铁木真战败。

1196 年（三十四岁）

金国丞相带领大军打击在呼伦贝尔附近的塔塔尔部落。

铁木真和克烈部脱里汗出兵助金，于斡里札河（今蒙古国东方省乌勒吉河）打败塔塔儿人，杀其首领灭兀真笑力图。

降服主儿乞部落，收伏木华黎，除掉了其部首领撒察别乞。

从主儿乞人故里，给诃额伦收养了博尔忽。

金朝册封脱里汗为蒙古部“王汗”。

册封铁木真为札兀忽鲁（部落长）。

蒙古各部推举札木合为共主——众汗之汗。联兵十二部落，攻击铁木真。

1197 年（三十五岁）

铁木真与王汗联兵攻打古出古・乃蛮部，回师途中又与乃蛮本部相遇。

王汗见敌势盛，不告而退，把铁木真留在乃蛮兵锋之下。铁木真发觉后，迅速撤兵，回到自己的牧地撒里川（在今蒙古克鲁伦河上游之西），反而把王汗暴露在敌前。王汗大败。

因为有许多蒙古部众在王汗处，铁木真怕他们被乃蛮吞并，对自己不利，便派被称为“四杰”的博尔术、木华黎、博尔忽、赤老温领兵援救王汗，击退乃蛮。

铁木真在部落争战中善于利用矛盾，纵横捭阖，逐渐摆脱了王汗的控制。

1198 年（三十六岁）

乃蛮部来攻，大败乃蛮联军于阔亦田（今哈拉哈河上游）之野，乘胜攻灭塔塔儿四部。

打败蔑儿乞部落，把战利品和百姓都给了王汗。

从此王汗势力又开始强大起来。

1200 年（三十八岁）

铁木真与王汗部联军，击败泰赤乌、塔塔尔等部联军。

1201 年（三十九岁）

铁木真在阔亦田与扎木合的十二路联军作战，大破联军。

铁木真中箭受伤。

收伏只儿呼阿歹，改名为哲别。

1202 年（四十岁）

秋天，铁木真与王汗联军大败乃蛮与塔塔尔人联军，塔塔尔人首领扎木合逃走。

娶也遂、也速干两姐妹为妃子。札木合投降王汗。

铁木真消灭了四部塔塔儿，占领了呼伦贝尔高原，实力猛增。

1203 年（四十一岁）

王汗在扎木合的挑拨之下，发动了对铁木真的突然袭击。

在哈兰真沙陀打败铁木真，铁木真妹妹帖木伦被呼察尔射死。

铁木真败走班朱尼河（今呼伦湖西南）。

饮浊水与从者盟誓，共渡难关。

再转移至合勒合（哈拉哈）河中游，收集溃散部众千余骑，向王汗纳贡求和，逐渐恢复元气。

秋，侦悉王汗骄怠不备，夜袭王汗大营，大溃其众。

王汗只身败逃，被乃蛮人捕杀，克烈部遂亡。

同年，汪古部也归附铁木真。

1204 年（四十二岁）

铁木真征讨乃蛮部太阳汗。

秋天，发起纳忽崖之战，大败乃蛮部。

扎木合部众叛乱，被抓获送给铁木真，被杀死。

娶忽兰妃子。

冬天，铁木真回到老营。获得回鹘人（畏兀儿人）塔塔统阿/原是乃蛮部太阳汗的国师。开始创造蒙古文字。

破蔑儿乞部。

1205 年（四十三岁）

铁木真首攻西夏，大肆掠夺。

1206 年（四十四岁）

为成吉思汗纪年之元年。

蒙古高原大小百余个部落先后败亡，塔塔儿、克烈、蔑儿乞、乃蛮和蒙古五大部均统一在铁木真的旗帜下。

铁木真遂在斡难河（今鄂嫩河）之源举行忽里台大会，建立也客·蒙古·兀鲁思（大蒙古国），被尊为“成吉思汗”（汗，即皇，太阳神之意，即汉语皇帝。成吉思，有“海洋”或“强大”的皇帝之义）。将怯薛扩充至万人，称大中军。以兵民合一的千户制编组民众，上马则备战斗，下马则屯聚牧养。

命“四杰”博尔忽、博尔术、木华黎、赤老温为四怯薛长。

元朝建立后，被尊称为元太祖。

蒙古建国初期，成吉思汗把蒙古牧民划分和固定在 95 个千户中，千户下设百户、十户。

千户那颜都是成吉思汗的封臣，各千户内的牧民不能任意离开，对那颜有人身隶属关系。

成吉思汗把一部分千户作为领民分给诸弟诸子，形成左右诸王。

又以木华黎、博尔术为左右万户那颜，即两个最大的军事长官。把怯薛（禁卫军）扩充到 1 万人，征调千户那颜、百户长、十户长的子弟充当怯薛，以此控制全国。

设札鲁忽赤掌管户籍、词讼等行政、司法事务。

成吉思汗的汗廷是由传统的草原贵族斡鲁朵发展起来的游牧军事封建国家机器。

蒙古国建立后，大批原来的部落人口被分编到不同千户中，许多部落的界限消失，开始形成共同的蒙古民族，成吉思汗对此起了积极的作用。

邻近的吉利吉思、畏兀儿、哈剌鲁等部分别在 1207 年、1209 年、1211 年归附成吉思汗。铁木真经过长期争战，用武力统一了各部落，蒙古成为一个政治、经济、军事、文化统一的高度集权的大部落，并且用蒙古作为统一名称。

〔“成吉思汗”名号，有三种说法：

1.据《史集·部族志》解释：蒙语“成”的意思是“坚强”，“成吉思”是其复数，《通史简编》也认为“成”是“刚强”，“吉思”是“多数”。因此成吉思汗是坚强的大汗的意思。

2.“成吉思”蒙古语意思为“天赐”。成吉思汗即是上天赐予蒙古人的大汗。

3.《蒙古源流》和《蒙古世系谱》两书认为：泰和元年，铁木真已28岁，即位前三天，每天清晨都有一五色鸟鸣，声声如“成吉思”“成吉思”，似是一种吉祥的征兆，“成吉思汗”的名字便由此而来。〕

1207年（四十五岁）

再攻西夏。

1208年（四十六岁）

成吉思汗派速别阔台追击脱脱、屈曲律，脱脱死。

屈曲律逃亡西辽。

通过汪古部落向金国交岁币。

1209年（四十七岁）

第三次攻夏，迫使西夏纳女求和，并答应每年向蒙古纳贡。

畏兀儿部归顺。

1211年（四十九岁）

“林中百姓”归顺成吉思汗。

蒙古人兵分三路攻打金国。

成吉思汗亲率大军进攻，开始了为时24年的蒙金战争。

首战乌沙堡（今河北张北西北）获捷；再战野狐岭（今河北万全西北）、会河堡（今怀安东南），歼灭金军大量精锐。

又战怀来（今属河北）、缙山（今北京延庆），大败金军十余万。

重创金军于东京（今辽宁辽阳）、西京（今山西大同）、居庸关等地。

后来不断改变战法，分兵三路攻掠中原腹地及辽西地区。

1212 年（五十岁）

二次南下伐金。命哲别攻克金东京。

1213 年（五十一岁）

三次南下伐金。

拔涿、易等州。

金廷政变，立金宣宗。

1214 年（五十二岁）

三月，蒙古兵围中都（今北京）城下。

料一时难以克城，遂遣使逼和，迫金朝奉献岐国公主、金帛和马匹，引兵退出居庸关。

六月，以金朝迁都南京（今河南开封）而“违约”为借口，乘金国人心浮动及乣军哗变降蒙之机，遣部将三摸合拔都、石抹明安率军，会合降蒙乣军进攻中都，以围城打援和招降。

七月，金国太子逃出北京。

十月，木华黎攻入辽东。

1215 年（五十三岁）

正月，围困燕京。

五月，攻克金中都燕京。屠城，焚宫室，掠妃嫔。

耶律楚材归附。

为适应攻城需要，成吉思汗采纳汉人建议，建立了炮军，攻城以炮石为先。后来攻城作战，一次用炮即达数百门，迅即破城。

成吉思汗重视吸取各族的先进技术，广收工匠艺人，攻城不杀工匠，先后得数万匠人。建立工匠军，设厂冶钢铁，制造兵器。

创建了“箭速传骑”，每日可达数百里，军令传递和军队调遣速度增快。

发挥骑兵之长，使蒙古骑兵疾如飙至，劲如山压，遂有“蒙古旋风”之称。

〔金朝仿照辽朝，共设五个都城。以中都燕京大兴为大都，另外设立四个陪都：南京开封府、北京大定府、东京辽阳府和西京大同府。

其中三个陪都建在辽的中京大定府、东京辽阳府和西京大同府的原址。〕

同年，“林中百姓”秃麻部塔尔浑夫人叛变。

1217 年（五十五岁）

封木华黎为太师、国王，指挥攻金战争。

自率主力返回蒙古。

派商队与花剌子模国通商。

讹答剌城守将海儿汗杀死 499 名蒙古商人，掠取全部财货。

1218 年（五十六岁）

木华黎攻金河东诸州。

派往花剌子模的使者镇海被杀。

遣先锋将领哲别灭西辽屈出律，扫清西征障碍。

1219 年（五十七岁）

四月，成吉思汗举行忽里勒台大会，商讨出征花剌子模。

九月，成吉思汗率军二十万，西征，到达花剌子模国。

十月，蒙古军攻打讹答剌城。

十一月，成吉思汗到达不花剌城。

1220 年（五十八岁）

攻破讹答剌（在今锡尔河中游），屠城。

三月，蒙古军郭宝玉、哈撒儿攻克花剌子模旧都忽毡城。

攻克布哈拉及花剌子模新都城撒马尔罕。

十二月，哲别、速不台率军追击花剌子模国王摩诃末，迫其逃至宽田吉思海（今里海）额别斯小岛，病死。此岛后沉没。

哲别、速不台继续西进，至伏尔加河流域，征服钦察及斡罗思（俄罗斯）诸部。远至克里米亚半岛。

成吉思汗率军追击摩诃末之子札兰丁至申河（印度河）。

1221 年（五十九岁）

攻克西域玉龙杰赤等十余城。

失吉忽突呼率军三万，在八鲁湾与花剌子模新苏丹札兰丁大战，失败，几乎全军覆灭。

十月，成吉思汗亲自带兵攻击札兰丁。花剌子模全军覆没，札兰丁带少数人突围逃亡印度。

拖雷占领呼罗珊全境。

成吉思汗追击札兰丁至印度河，不获而还。

1222 年（六十岁）

在占领区置达鲁花赤监治。

西征，历时七年，灭花剌子模等中亚十多国。

确定窝阔台为汗位继承人。

八月，成吉思汗会见长春真人丘处机。

十一月，成吉思汗班师东归。

1223 年（六十一岁）

木华黎攻取金重镇浦州，积劳成疾，去世。

其子孝鲁继续攻金。

三月，丘处机南归。

1224 年（六十二岁）

夏天，成吉思汗回到蒙古草原。

1225 年（六十三岁）

春，结束历时七年的西征，成吉思汗回到在斡难河源头的大汗汗廷。

遣使斥责西夏。

1226 年（六十四岁）

成吉思汗率军出征西夏国。

途中落马受伤。

1227 年（六十五岁）

西夏王李晛降。

西夏亡。

成吉思汗驻军于六盘山。

夏历七月十二日（8 月 25 日），成吉思汗病逝于甘肃清水县。

遗嘱命窝阔台继大汗位，以四子拖雷监国。

成吉思汗病逝前提出联宋灭金的战略。遗令：利用宋金世仇，借道宋境，联宋灭金。

其子窝阔台和拖雷遵此遗策，于窝阔台汗六年（1234 年）攻破金朝。

元世祖至元二年，追尊成吉思汗为元太祖。至元三年，追谥圣武皇帝。

成吉思汗的“四杰”（四骏）

1. 木华黎（moholai）：蒙古军攻金统帅。札剌儿部人。早年辅佐成吉思汗统一蒙古诸部。誉称“四杰”之一，被任命为左手万户长。

2. 赤老温（quluun）：又称齐拉衮。蒙古国大将。逊都思氏。锁儿罕失剌之子。以骁勇善战著称。

3. 博尔忽（borhool）：又作孛罗忽勒、博罗浑、钵鲁欢、孛罗浑、博鲁温等。蒙古国大将。许兀慎氏。成吉思汗母亲养子。

4. 博尔术（bogurchu）：蒙古阿儿剌氏。参加统一蒙古诸部战争，志意沉雄，善战知兵，多立战功。

1206 年，成吉思汗建国，任命四人为千户长、右翼万户长，并对博尔术、木华黎说：“国内平定，汝等之力居多，我之与汝犹车之有辕，身之有臂。”位在诸将之上。

另，成吉思汗四弟：

1. 拙赤・哈撒儿

2. 合赤温

3. 帖木格・斡惕赤斤

4. 别乐古台

成吉思汗四狗：

1. 者勒蔑

2. 速不台

3. 忽必来

4. 哲别

成吉思汗子嗣

成吉思汗大皇后孛儿帖生四子：

1. 长子术赤

2. 次子察合台

3. 三子窝阔台

4. 四子拖雷

忽兰皇后生一子：阔列坚

成吉思汗时代的蒙古经济不是游牧经济

金哀宗曾说，蒙古之胜，乃“恃北方之马力，就中国之技巧耳”。(《金史・完颜娄室传》)

蒙元战争，需要强大经济力量支撑，这种力量来自工商业，而非游牧。

蒙元时期官营手工业的发展，首先与蒙古对外扩张后的民族迁徙、掳掠工匠直接有关。蒙古贵族在立国之初就很重视发展手工业，特别是武器制作业。由于本身经济技术水平较低，在对外战争中就特别注意掠占外族工匠。蒙古三次西征中，欧亚地区出现了大规模的民族迁徙，这些移民或战俘中很多是技艺精湛的工匠、技师。蒙古军队洗劫中亚名城撒马尔罕时杀掠甚酷，但却留下该城 3 万余名工匠分赐蒙古王公贵族，谪为工奴。这些西域工匠后来很多流散到中原。征服中原期间，蒙古统治者也十分注意保留工匠。窝阔台灭金后，通过检括得民匠 72 万户；忽必烈灭南宋后，经三次检括民匠，亦得 42 万户。这些匠户为国家诸色户计中之一种，世代相承。非经放免，子孙不得脱籍。蒙古军队征服欧亚所向披靡，军匠所制作精良武器的威力是重要因素之一。

元帝国建立后，仍沿袭了这一传统，只是官营手工业大部分转为日用消费品、工艺品的生产。元政府在全国建立了大批官营手工局院进行集中生产。元大都及附近地区设立了专为宫廷织造缎匹的织染杂造人匠都总管府，下设绫锦局、纹锦局、弘州“纳失失”（一种高级金锦）局、荨麻林纳失失局等，还有专为诸王及百官织造缎匹的大都人匠总管府。甘州与宁夏路一带，盛产白骆驼，以白驼绒与羊绒合纺之绒布，颇受国内外商人青睐。1281 年，元政府即在河西设“织毛缎匹提举司”，组织工匠生产这类产品。在南方，元政府还征集各地制瓷名匠，集中于景德镇“浮梁瓷局”的 300 余座瓷窑中进行徭役劳动。这些官营手工局院均有相当规模，少则几百户、多则上千户乃至几千户。还在成吉思汗时代，丘处机赴漠北，就曾在那里看到“汉匠千百人居之，织绫罗锦绮”。元代的发展，则更甚之。

元朝统治者如此重视并大力发展官营手工业，一方面出于皇室贵族统治阶级的奢侈消费需要；另一方面也是为了更好地满足官营内外贸易的需求，并以各种奢侈品、特产品“赏赐”前来朝贡的诸汗国使臣。众所周知，蒙古贵族重金银器皿而轻陶瓷器皿，上述景德镇瓷局大规模生产瓷器，显然主要为满足内外贸易需求。官营纺织局院的各类精美产品，也大量流入欧亚各地，甚至在今苏联萨拉托夫附近乌维克村也出土过元代中式丝制对襟衫。

值得注意的是，尽管元代官营手工业在社会经济中消极作用甚多，但从另一角度看，官营手工业可凭借国家统治强权集中全国技艺最精的工匠并具备最优良的生产条件，从而使其产品的质量和品级在社会同类产品中居于最高水平。这样，既可最大限度地满足统治阶级的消费需要，又可使中国商品在域外通商中具有较强的竞争力。特别是中世纪后期，在西方已不同程度地掌握了中国某些特产品如丝绸、瓷器等的生产制作技术的情况下，元代官营手工业对于丝路贸易这种一定程度上的“出口商品生产基地”的意义和作用，更是不能忽视的。

成吉思汗的宗教政策

成吉思汗及其子孙建立的蒙古汗国横跨欧亚两洲，当时世界上的各种宗教在其统治的范围之内几乎应有尽有。其中包括蒙古人原来信奉的萨满教，西藏、西夏和汉人信奉的佛教，金和南宋的道教、摩尼教，畏兀儿和西方各国信奉的伊斯兰教（回回教、答失蛮），蒙古高原一些部落乃至钦察、斡罗思各国信奉的基督教（包括景教，即聂斯托利派；也里可温，罗马派）等。

蒙古贵族征服天下，基本上实行的是屠杀和掠夺政策，但其宗教政策却比较开明，并不强迫被征服者改信蒙古人的宗教，而是宣布信教自由，允许各个教派存在，而且允许蒙古人自由参加各种教派，对教徒基本上免除赋税和徭役。实行这一政策，在一定程度上减少了被征服者的反抗，对蒙古贵族的得天下和治天下都曾发挥过不小的作用。

随着中亚、波斯、高加索地区和东欧大平原等地的臣服，来到东方的回回人空前增加。蒙古贵族利用回回上层和富商大贾作为压迫与剥削中原汉民的帮手，如花剌子模人牙剌瓦赤，不花剌贵族赛典赤赡思丁，富商奥都剌合蛮、阿合马等，都在统治机构中担任很重要的职务。移居漠北与中原各地的回回人被允许保留自己的宗教信仰，在其聚居地建立清真寺，回教教师答失蛮、苦行者迭里威失，享受与僧道、也里可温同样的免税待遇。但一般的回教徒——木速鲁蛮则同编民一样要交纳赋税，负担差发。

总之，“在中国，由于蒙古人采取‘信仰自由’和‘兼容并包’的政策，伊斯兰教乘机往东发展，大批穆斯林来华，为穆斯林民族的形成奠定了基础”。自忽必烈以后，元朝统治者主要提倡喇嘛教，西藏人八思巴被尊为“大宝法王”“大元帝师”。以后每一帝师死，必自西藏取一人为嗣，一直到元朝灭亡。由此佛教掌握了西藏地方的政权，并将教义传入了蒙古地区。成吉思汗有大略，用兵如神，故能灭四十国，平西夏。其奇勋伟绩甚众，惜乎当时史官不备，多失于记载云。

〔蒙古人被明朝驱逐出中原后，作为北元的鞑靼和瓦剌人的帝国仍然长期存在。最终与海西女真一同推翻了明朝。〕

【附录】

成吉思汗死因之谜

正史记载成吉思汗为病死。但由于年代久远，成吉思汗的真实死因已不可考，这里列出一些说法以供参考。

被刺说

据成书于康熙元年（1662年）的《蒙古源流》记载，成吉思汗的军队在进攻西夏的过程中，士兵将俘虏的西夏王妃进献给成吉思汗。就在陪寝首夜，西夏王妃刺伤了放松警惕的成吉思汗。之后，成吉思汗伤情渐重，最终逝去。

被雷劈死说

蒙古人迷信"上天以雷电警告不孝者"，成吉思汗因惹母亲生气导致母亲去世，有不孝之嫌，所以特别害怕雷电。1227年夏，成吉思汗误入雷区，被雷电击中致死。

被马踩死说

蒙古人撰编的《蒙古秘史·卷十四》记载，"成吉思既住过冬，欲征唐兀。重新整点军马，至狗儿年秋，去征唐兀，以夫人也遂从行。冬间，于阿儿不合地面围猎，成吉思骑一匹红沙马，为野马所惊，成吉思汗坠马。"坠马之后，被后面的马踩中而死。

中箭说

1227年初成吉思汗在西夏作战时膝部中了毒箭，最终致命。意大利著名旅行家马可·波罗在自己的著作中认为，成吉思汗死于箭伤。《圣武亲征录》说，成吉思汗受箭伤有三次：1202年阔奕坛之战，1212年西京之战，1226年攻西夏时膝部中箭。估计最后一次箭伤对其身体影响较大。《世界侵略者传略》《史集》《元史译文》《纲目译文》等国外、国内书籍都说"汗病八日死"。

中毒说

"中毒说"来源于《马可·波罗游记》。马可·波罗是13世纪意大利商人，于1275年到达中国。其时正是元世祖忽必烈当政，在元朝有过17年的交集。其在游记中记叙的成吉思汗的死因：在进攻西夏围攻太津（吉州，古要塞）时，膝部不幸中了西夏兵士射来的毒箭。结果可想而知，箭毒攻心，伤势益重，一病不起。但民间另有传说，成吉思汗是"中毒"而死。成吉思汗对窝阔台越来越不满意，想改立拖雷为储汗，窝阔台为维护自己的汗位，与成吉思汗喝酒时，下药将成吉思汗毒死。

染病说

1226年秋，成吉思汗借口西夏不遵守条约，又发动了对西夏的战争。他誓将西夏灭亡，但遇到了西夏军民的顽强抵抗。蒙古军经过将近一年的长期围困，才攻下灵州。灵州之役使得西夏主力消耗殆尽，城陷后，西夏的都城兴庆府成为蒙古军的囊中物。此时，成吉思汗却染上热病，旧伤发作，于1227年7月12日病逝于六盘山。

下葬地点

对于成吉思汗墓地的具体位置，多年来大致有四种说法：

一是位于蒙古国境内的肯特山南、克鲁伦河以北的地方；

二是位于内蒙古鄂尔多斯市鄂托克旗；

三是位于新疆北部阿勒泰山；

四是位于宁夏境内的六盘山。

700多年来，一直没有找到成吉思汗陵的主要原因是元朝皇家实行的是密葬制度，即帝王陵墓的埋葬地点不立标志、不公布、不记录在案。

马克思论成吉思汗：“成吉思汗戎马倥偬，征战终生，统一了蒙古，为中国统一而战，祖孙三代鏖战六七十年，其后征服民族多至720部。”

在《马克思印度史编年稿》一书中，马克思说，成吉思汗在统一蒙古的过程中组建了一支军队，他依靠这支军队征服了东蒙与华北，然后征服了阿姆河以北的地方与呼罗珊，还征服了突厥族地区，即不花剌、花剌子模和波斯，并且还侵入印度。他的帝国的疆土从里海一直延伸到北京，南面伸展到印度洋和喜马拉雅山，西面到阿斯特拉汗和嘉桑。

元朝的纸币流通

金哀宗曾说，蒙古之胜，乃“恃北方之马力，就中国之技巧耳”。纸币的发行，也是元朝向金朝和南宋学得的金融技术。

元朝在金融上学习了宋朝及金朝的纸币制度。但是，宋朝和金朝是多种货币并存，而元朝则只允许流通纸币。

元朝建立了完整的纯纸币流通体制，彻底废除了传统的以铜钱（含铁钱）为主的价值尺度，开创了以白银为准备金的纸币本位制度，实行纸币不兑换的流通体制，这在货币史上是一种创新举措，在世界金融史上也是一种创新。

元朝以行政命令强制发行纸币。为保证纸币的流通使用，忽必烈时代制定了《至元宝钞通行条例》，其中详细规定了纸币的制作、发行、流通条例以及伪造的惩罚办法。

纸币发行，始于元太祖成吉思汗末期。为募集战争经费，博州（今山东聊城）的地方官何实首先在博州发行过一种临时性钞币“会子”。史载“丁亥（1227年）博值兵火后，物货不通，实以丝数印置会子，权行一方，民获贸迁之力”。博州会子以丝线的数量作为纸币币值的担保物发行。

元太宗八年（1236年），朝廷仿宋朝的交子印制交钞。“八年丙申春正月，诸王各治具来会宴。万安宫落成。诏印造交钞行之”。当时定发行总额不超过万锭。

元宪宗三年（1253年），元朝设交钞提举司，相当于中央银行，专事发币之职，“立交钞提举司，印钞以佐经用”。确定以白银作为纸币的担保物。此前各地自行发行的纸币名称不一，互不流通，皆数量不大，自此开始统筹之，这是元朝纸币发行的第一个时期。

元世祖忽必烈中统元年（1260 年）七月，决定实行币制改革，将纸币发行权彻底集中于中央政府，建立全国统一的货币制度。

不久，于当年十月改为发行以银为本位的中统元宝交钞，又名“丝钞”，同时以丝绸、白银和黄金为币值交换担保。丝绸以两为单位计值，规定丝钞二两值银一两，十五两值金一两。

交钞从十文到二贯文共计有十种面额，并规定中统元宝交钞兑换铜钱，一贯文等于交钞（丝钞）一两，二贯文等于白银一两。

中统元宝交钞于元中统元年发行，一直用至元末。这是元代纸币行用的第二个时期。

元世祖忽必烈于中统元年发行“中统元宝交钞”，同年十月，发行“中统元宝宝钞”（银钞），共分十等：十文、二十文、三十文、五十文、一百文、二百文、三百文、五百文、一贯、二贯。一贯等于丝钞一两。前发旧钞用“中统钞”平价收回。规定法定钞为唯一合法通货，悉禁金、银、铜钱及丝绸行用。

又以文绫织成“中统银货”，每十两值银一两，但此币未得通行。

至元十一年（1274 年），出于军费开支、进攻南宋和在宋地推行钞法的需要，中统元宝交钞开始增加印量，至元十三年（1276 年）以后基本上都发行 100 万锭以上。

由于通行时间较长，加之官员执法腐败，出现了通货膨胀的情况。

至元十四年（1277 年）《颁至元钞》诏书曰：“钞法之行二十余载。官吏奉法不虔，以至物重钞轻，公私俱弊。”《元史》也载：“然元宝、交钞行之既久，物重钞轻。”

至元十二年（1275 年）加发小额纸钞，叫“厘钞”，分二文、三文、五文三种。次年，阿合马当国，滥发纸钞，物价大涨。

至元十七年（1280 年）行钞法于江南，以“中统钞”收兑南宋会子，禁用宋钱。

以后几年物价不断上涨，至元二十四年物价比至元十三年上涨了几十倍。

至元二十四年二月，忽必烈“召麦术丁、铁木儿、杨居宽等与集贤大学士阿鲁浑撒里及叶李、程文海、赵孟頫论钞法”。

当年三月，忽必烈决定实行第二次纸币制度改革，印制和发行至元通行宝钞（以下称“至元钞”）。新币分十一等，与“中统钞”并行。面额有五文、十文、二十文、三十文、五十文、一百文、二百文、三百文、五百文、一贯、二贯十一种。一贯当旧钞五贯，仍以金银为本，银一两合钞二贯，金一两合钞二十贯。

忽必烈命尚书省制定银行及货币法——《行用至元钞法》(《至元宝钞行用条划》)，颁行天下。其条划共十四款，规定“至元钞”一贯当“中统钞”五贯，新钞旧钞并行；“至元钞”二贯等于白银一两，二十贯等于黄金一两，禁止私自交易金银；并规定旧钞兑换、客旅买卖、民户包银、盐税、日常用品甚至公私钱债等，均可按折算比率，用“至元钞”或“中统钞”支付；对于用旧钞（中统钞）支付的，禁止哄抬物价，伪造钞票者处死，告发者予以奖励。

至元三十一年八月将各路交钞库现银再次收归京师。

元武宗至大二年（1309 年）改发“至大银钞”，自二厘至二两，分十三等，每两合“至元钞”五贯，“中统钞”十五贯，银一两，金一钱。后罢“中统钞”，限 100 天收回，恢复用钱。

后来元仁宗推翻此制，仍用“至元钞”和“中统钞”。

元末顺帝至正十年（1350 年）发行“至正交钞”，一贯合“至元钞”二贯或铜钱一千文。初以“中统钞”加盖至正钞字样发行，无钞本，为首次法定的不兑现纸币。

综观元代纸钞之四变。初为“中统钞”，有元一代始终通行，晚期才逐渐被“至正钞”取代。次为“至元钞”，已五倍于“中统钞”。再更以“至大钞”，又五倍于“至元钞”。“至大钞”旋废，由“至正钞”来收拾残局。

元朝纸币流通时期，币值最稳定的是中统钞。发行量最多、贬值最严重的则是元末顺帝时期发行的至正钞。

元武宗海山的至大二年，政府因“物重钞轻、不能无币，乃循旧典”，实行第三次纸币制度改革，印制和发行“至大银钞”。

面额从二厘一直到二两，共计十三等。“至大银钞”与“至元钞”、金银比价为每两“至大银钞”兑换“至元钞”五贯，或白银一两，或赤金一钱。发行“至大银钞”的具体措施与发行“至元钞”大致相同，如不许私自买卖金银及各种赋税收至大银钞等，恢复铸造使用铜钱，限期收回中统钞。

之所以不同于以前的“宝钞”而称为“银钞”，是币值和白银挂钩之故。“至大银钞”在至大三年（1310年）发行了1450368锭，随后被废止。

元朝在忽必烈时代为全盛，国力强大，版图辽阔，横跨欧亚，交通发达，与各国海陆贸易往来频繁，纯纸币流通制影响很大，不少国家和地区的货币与元纸币之间，建立了一定的汇兑比例关系。

〔例如，元代的交趾（今越南）铜钱“民间以六十七钱折中统银（钞）壹两，官用止七十为率”。罗斛（泰国南部）用海贝作货币，“每一万准中统钞二十四两，甚便民”。乌多（今缅甸）等地区行用银钱，“每个银钱准中统钞一十两”。（据元汪大渊《岛夷志略》）〕

从成吉思汗立蒙古国到元朝灭亡（1206—1368年），元朝先后发行了几十种纸币。

〔据《蒙元纸币史料诠释》统计，元代纸币种类有行用物、博州丝会子、太宗交钞、各道楮币、宪宗交钞、邢州楮币、燕京宝钞、关中楮币、京兆盐券、真定银钞、中统丝交钞、中统银货、中统元宝交钞、各路白帖子、大元通行宝钞、大元军饷宝钞、中统厘钞、中统元宝钞（畏兀儿版）、卢世荣绫券、中统元宝钞（泉府司版）、至元通行宝钞、大德新钞、大德纸标、至大银钞、皇庆宝钞、延祐纸帖子、至元通行宝钞（上都版）、至正私立纸币、至元通行宝钞、陕西行台御史券、大元军营宝钞、至正印造中统元宝交钞物、陕西印造中编元宝交钞等繁多名目。元代在短短的百年中，发行了如此多的纸币，在中国货币史上是绝无仅有的。〕

但是，元政府连年滥发纸币，不断引起恶性通货膨胀，其严重程度，不亚于金和南宋。

有金融学者究其原因，以为主要有四：

第一，元朝以马上得天下，连年征战不息，政治经济和社会都长期不得安定，征服地区辽阔，情况复杂，顾此失彼。四大汗国没有发挥拱卫作用，反而不断增加麻烦。元朝王位之争和权力倾轧从未停过，无暇顾及安民治国之道。

第二，朝廷政策多变，钞法频繁改换，朝令夕改，言而无信，致使纸币失去信用。

第三，各地钞库用作钞本的白银调到京都，使民众对纸钞不信任。又如倒钞，收兑昏钞，有法不行，官吏从中上下其手，鱼肉良民。

第四，元朝政府长期实行赤字财政，入不敷出。政府支出专靠发钞弥补，多次导致物价狂涨，钞法大乱，民怨沸腾。

如忽必烈朝的至元年间，财政收入仅勉强抵财政支出的一半。后期支出甚至是收入的 400 多倍，即财政支出的 99% 以上要靠发钞供应。

有元一代，元朝财政始终是捉襟见肘，困难至极。如至大四年（1311 年）十一月，当年用钞和土木营缮、军需、赏赐四项开支已超过 3000 万锭，国库中只 11 万锭，差不多为支出的 1/300，如此巨大的赤字，只好发钞。此时发行“至大银钞”145 万锭，合“中统钞”3600 多万锭，平均每人 77765 文，比中统时增加了 1253 倍。

顺帝时期滥发纸币情况更为严重，发行量成倍增加。纸钞流通量过大引起物价疯狂上涨。初时是成倍上涨，中期成十倍飞涨，晚期成百上千倍狂涨，公私各钞，俱成废纸。

在此大乱情况下，出现私钞及代用货币。店铺酒家自制竹木牌和纸帖，在市面当货币行用。官府还准某些官吏私自发行纸钞。坏钞大量出现，有观音钞、画钞、折腰钞、波钞等名目。

元朝晚期，人民生活已经困苦不堪，当时有民谣说：“开河变钞祸根源……官制滥，刑法重，黎民怨；人吃人，钞买钞，何曾见？贼作官，官作贼，混愚贤，哀哉可怜！”（见《明实录》卷二三四）

顺帝至正年间（1341—1368 年），通货膨胀情况已严重至极，钞法全面崩溃，而官家仍在滥发。物价遂如脱缰之马，米价比中统年间上涨六七万倍。民间交易不得不违律恢复用金属钱，有些地区没有铜钱只得回到实物交换状态。

持续的通货膨胀是元朝速亡的主要金融原因。

一位被历史忽略的猛将——郭侃

【何新按】

郭侃乃元帝国时代汉人猛将，将门之后。宋濂所撰《元史》中，其传记在卷一百四十九列传第三十六，与其祖父郭宝玉及父亲郭德海并传。

郭侃曾经是成吉思汗之孙旭烈兀王子西征军的炮队领军，参与攻略克什米尔地区，占领巴格达、大马士革、阿勒颇和进入埃及，进军小亚细亚地区击败十字军，被当时的阿拉伯人称为“东天将军”。

而此段历史则鲜为人知。特摘录诠释，略作考论，以备研究。

郭侃传（《元史》卷一百四十九，列传第三十六《郭宝玉列传》）

侃字仲和，幼为丞相史天泽所器重，留于家而教养之。弱冠为百户，鸷勇有谋略。

壬辰（元正大元年，1232 年）〔何新按：时年蒙古军围攻汴京开封，金哀宗出逃。史称“壬辰之变”〕金将伯撒复取卫州。侃拒之，破其兵四万于新卫州。遂渡河，袭金主，至归德，败其兵于阌伯台。即从速不台攻汴西门，金元帅崔立降，以功授总把。从天泽屯太康，复以下德安功为千户。

壬子（1252 年，蒙哥汗二年），送兵仗至和林，改抄马那颜。

〔何新按：那颜，蒙古语，意思是官人，为蒙古称号。成吉思汗时代为千夫长（千户侯）的名号。抄马，蒙古语及突厥语 chawmaq，火炮手之意。抄马那颜，即火炮长官。〕

从宗王旭烈兀西征。

〔何新按：旭烈兀 Hulaghu（1217—1265 年），成吉思汗之孙，拖雷之子。元宪宗蒙哥及世祖忽必烈之弟。在出征西域前的丁巳年（1257 年），旭烈兀受封为王，封地在彰德路，司二万五千户。（参看《元史·食货志三》）

元宪宗蒙哥二年（1252 年），旭烈兀受命出镇波斯，西征西域诸苏丹国。陆续攻灭木剌夷、报达（巴格达）哈里发、灭叙利亚阿尤布等西亚国，是为蒙古第三次西征。据《世界征服者史》，远征军中有大量汉族火炮兵，郭侃相当于炮队之司令也。〕

癸丑（1253 年，蒙哥汗三年），至木乃兮。

〔何新按：即木剌夷，位于今伊朗马赞德蓝省境内，为异端，善用毒药暗杀。被蒙古军灭族。〕

其国堑道，置毒水中。侃破其兵五万，下一百二十八城，斩其将忽都答而兀朱算滩。〔算滩，华言王也。〕

丙辰（1256 年，蒙哥汗六年），至乞都卜。其城在担寒山上，悬梯上下，守以精兵悍卒，乃筑夹城围之，莫能克。

侃架炮攻之，守将火者纳失儿开门降。旭烈兀遣侃往说兀鲁兀乃算滩来降。其父阿力据西城，侃攻破之，走据东城，复攻破，杀之。

〔何新按：1256 年，宪宗蒙哥封旭烈兀为伊尔汗，在波斯地区建立伊利汗国。旭烈兀命郭侃继续西征。〕

丁巳（1257 年，蒙哥汗七年）正月，至兀里儿城，伏兵，下令闻钲声则起。敌兵果来，伏发，尽杀之，海牙算滩降。

又西至阿刺汀〔何新按：即阿拉丁城，乃木剌夷国王所筑城堡。位置在里海南方高山上。〕，**破其游兵三万，祃拶答而算滩降。**

至乞石迷部（即怯失迷尔，今克什米尔），忽里算滩降。

〔何新按：算滩，算端，即苏丹。《元史》宪宗三年六月，命塔塔尔土鲁花等征怯失迷尔等国。

《史集·旭烈兀汗傳》载，“（过去）答亦兀·巴阿秃儿率领的被派到克什米尔和印度担任探马赤的军队，全部归旭烈兀汗统率”。（余大钧译本，29 页）〕

又西至报答国。西戎大国也，地方八千里，父子相传四十二世，胜兵数

十万。侃兵至。又破其兵七万，屠西城，破其东城。东城殿宇皆构以沉檀木，举火焚之，香闻百里，得七十二弦琵琶、五尺珊瑚灯檠。两城间有大河，侃预造浮梁以防其遁。城破，合里法（即哈里发）算滩登舟，睹河有浮梁扼之，乃自缚诣军门降。

其将纣答儿遁去，侃追之。至暮，诸军欲顿舍，侃不听，又行十余里，乃止。夜暴雨，先所欲舍处水深数尺。明日，获纣答儿，斩之，拔三百余城。

〔何新按:《元史·宪宗本纪》: 二年（1252 年）七月宪宗蒙哥命旭烈兀征西域素丹（sultanfat，苏丹，意为国王）诸国。三年（1253 年）六月命诸王旭烈兀及兀良合台等帅师征西域哈里发八哈塔（巴格达，唐译名报达、报答等，元书或作八吉打）等国。

《元史·宪宗纪》: 三年夏六月，“命塔塔兄带撒里·土鲁花等征欣都思、怯失迷兄等国”。

元刘郁《西使记》:“丁巳岁，取报答国。南北二千里，其主曰合里法。其城有东西城，中有大河，西城无壁垒，东城固之以瓮，绘其上甚盛。王师至城下交战，破胜兵四十余万，六日而破，死者以数十万，合里法以舸走，获焉。

“其城富裕为西域之冠。官殿皆以沉檀，乌木、将真为之，壁皆以黑白玉为之，金珠珍宝不可胜计，其后妃皆汉人。所产大珠曰太岁强，兰石（蓝宝石），色色（红宝石），金刚钻之类，带有值千金者。其国六百余年，传四十主，至合里法则亡。人物颇秀于诸国。所产名马曰拖必查（阿拉伯马）。合里法不悦酒，以橙浆和糖为饮，琵琶三十六弦。”

报答，即巴格达，又作八哈塔（《宪宗本纪》），八吉打（《地理志》），唐代称缚达，宋代称白达，乃阿拉伯阿拔斯王朝都城（《新唐书称》黑衣大食）。

伊朗《史集》记此战甚详细，称炮手击毁城墙，郭侃士乃炮兵长也。

据志费尼《世界征服者史》，蒙哥命旭烈兀西征是 1552 年 3 月 12 日至 1553 年 3 月 2 日。当时巴格达为阿拉伯阿拔斯王朝之首都，为哈里发（khali，意为继承者、先知代理人）所在地。

阿拔斯王朝的领土，统治区域包括今日伊拉克、叙利亚及埃及的大部地区。

1257 年 9 月 21 日，旭烈兀命郭侃进攻阿拔斯王朝。

1258 年 1 月，围攻巴格达，2 月阿拔斯哈里发投降。

据西方学者考证，此时的阿拔斯哈里发为穆斯塔欣（阿拉伯语：al-Musta'sim-Billah Abu-Ahmad Abdullah binal-Mustansir-Billah；1213 年—1258 年 2 月 20 日），乃第五十五代哈里发，也是最后一位在巴格达的阿拔斯王朝哈里发，1242—1258 年在位。

穆斯塔欣被旭烈兀处死。（参考《史集》第三卷，商务版，第 65 页）

蒙哥十年，蒙哥汗死，旭烈兀东返波斯。

元世祖即位后，命旭烈兀统辖阿母河以西至密昔儿（埃及）之地，号称伊利汗（伊勒儿汗），创立伊利（伊儿）汗国。〕

又西行三千里，至天房（今麦加）。其将住石致书请降，左右以住石之请为信然，易之不为备，侃曰："欺敌者亡，军机多诈，若中彼计，耻莫大焉。"乃严备以待。

〔何新按：天房即天方。《明史·西域传四·天方》："天方，古筠冲地，一名天堂，又曰默伽。"默伽即麦加。

刘郁《西使记》："报答之西，马行二十日，有天房，内有天使神，国之祖所葬也。辖大城数十。其民富实。"

天房，《岛夷志》作天堂，明代文献多作天方，指沙特阿拉伯境内的圣地麦加。〕

住石果来邀我师，侃与战，大败之，巴儿算滩降，下其城一百八十五。

又西行四十里，至密昔儿（即埃及）。

会日暮，已休，复驱兵起，留数病卒，西行十余里顿军。下令军中，衔枚转箭。敌不知也，潜兵夜来袭，杀病卒。可乃算滩大惊曰："东天将军，神人也。"遂降。

〔何新按：密昔儿 Misr，即埃及本名，字根出于闪米特语言。传说为《旧约》中含的儿子，埃及人的祖先，成为国名，也是开罗的城名，也有城堡的意义。宋《诸蕃志》作密许离、勿斯离，《元史》作米西儿、密昔儿。

对于《元史》所记述旭烈兀、郭侃军是否曾经攻略埃及的问题，国内外史学有所争议，待研究。〕

戊午（1258 年，蒙哥汗八年），旭烈兀命侃西渡海，收富浪。

〔何新按：富浪，应即拂菻，即与埃及隔海相望之君士坦丁堡，为东罗马故都城，

当时在欧洲的十字军控制下。〕

侃喻以祸福，兀都算滩曰："吾昨所梦神人，乃将军也。"即来降。

〔何新按：兀都算滩，有研究者认为系指埃及马穆鲁克朝国王忽突斯算端。算滩、算端，波斯语，王的意思。〕

师还，西南至石罗子，敌人来拒，侃直出掠阵，一鼓败之。

换斯干阿答毕算滩降。至宾铁，侃以奇兵奄击，大败之，加叶算滩降。

〔何新按：石罗子，即设拉子，在今伊朗法尔斯省。阿答毕，即阿塔毕，亦波斯语王的称号。旭烈兀于1260年前后灭第九任法尔斯阿塔毕。

据波斯史料，1258年9月，旭烈兀进军叙利亚，灭阿尤布王朝。

1259年3月21日，蒙古军围攻大马士革，4月6日大马士革投降，蒙古帝国占领了叙利亚大部分国土。阿尤布王朝至此基本亡国，仅余哈马一隅。旭烈兀又命郭侃进军小亚细亚，击败十字军。〕

己未（1259年，蒙哥汗九年，宋理宗开庆元年），破兀林游兵四万，阿必丁算滩大惧，来降，得城一百二十。

西南至乞里弯，忽都马丁算滩来降。西域平，侃以捷告至钓鱼山，会宪宗崩（1259年8月），乃还邓，开屯田，立保障。

〔何新按：1259年8月，蒙哥于中国重庆地区合州钓鱼城战死。旭烈兀命郭侃班师回朝，旭烈兀留波斯。怯的不花受旭烈兀命令，留守叙利亚大阿勒颇。〕

世祖即位，侃上疏陈建国号、筑都城、立省台、兴学校等二十五事，及平宋之策。

其略曰："宋据东南，以吴越为家，其要地则荆襄而已。今日之计，当先取襄阳。既克襄阳，彼扬、庐诸城，弹丸地耳，置之勿顾，而直趋临安，疾雷不及掩耳，江淮、巴蜀不攻自平。"后皆如其策。

中统二年（1261年，忽必烈年号），擢江汉大都督府理问官。

三年（1262年）二月，益都李璮及徐州总管李杲哥俱反，宋夏贵复来犯边。

史天泽荐侃，召入见，世祖问计所出，曰："群盗窃发，犹柙中虎。内无资粮，外无救援，筑城环之，坐待其困，计日可擒也。"

帝然之，赐尚衣弓矢。驰至徐，斩杲哥。夏贵焚庐舍，徙军民南去，侃追贵，过宿迁县，夺军民万余人而还。

赐金符，为徐、邳二州总管。杲哥之弟驴马，复与夏贵以兵三万来扰边境，侃出战，斩首千余级，夺战舰二百。

至元二年（1265 年），有言当解史天泽兵权者，天泽遂迁他官，侃亦调同知滕州。

三年（1266 年），侃上言："宋人羁留我使，宜兴师问罪。淮北可立屯田三百六十所，每屯置牛三百六十具，计一屯所也，足供军旅一日之需。"

四年（1267 年），徙高唐令，兼治夏津、武城等五县。

五年（1268 年），邑人吴乞儿、济南道士胡王反，讨平之。

七年（1270 年），改白马令，僧臧罗汉与彰德赵当驴反，又平之。

帝以侃习于军务，擢为万户。从军下襄阳，由阳罗上流渡江。江南平，迁知宁海州，居一年，卒。

侃行军有纪律，野爨露宿，虽风雨不入民舍，所至兴学课农，吏民畏服。子秉仁、秉义。

译文

郭侃，字仲和，郭德海之子。

幼年为丞相史天泽所器重，留在他家中教养。二十岁任百户长，有勇有谋。

太宗四年（1232 年），金将伯撒再度攻取卫州，郭侃奋力抵抗，在新卫州破金军四万。渡过黄河袭击金朝皇帝，行至归德，败金军于阙伯台，随即在速不台指挥下攻汴京西门，金元帅崔立降，因功授总把。

随天泽屯军太康，后因攻克德安之功而升为千户长。

宪宗二年（1252 年），押送军械至和林，改任抄马那颜。随宗王旭烈兀西征。三年，大军进至木乃兮，侃破敌军五万，克城一百二十八座，斩其将忽都答而兀朱算滩。"算滩"汉语意为王。

宪宗六年，大军至乞都卜。其城在担寒山上，必悬梯上下，守军皆精兵悍卒。侃令筑夹城围攻，还是不能下，又架炮轰击，守将火者纳失儿开门投降。

旭烈兀遣侃去劝说兀鲁兀乃王来降。兀鲁兀据守西城，为侃攻破；王又据守东城，城破后被杀。

七年正月，进军至兀里儿城，设伏兵，令闻鸣锣即发起进攻。敌兵果来，伏兵四起，杀尽敌兵，海牙王投降。西进至阿剌汀，击破游兵三万，祃拶答而王降。

大军进至乞石迷（克什米尔）地区，忽里王降。

又西至报答（巴格达）国，报答是个大国，地方八千里，父子相传四十二世，精兵数十万。侃兵破其七万，屠其西城，又攻破东城。东城宫殿都是檀香木建成的，蒙军点火焚烧，香闻百里，得七十二弦琵琶、五尺珊瑚灯架。

东西两城间有大河，侃预造浮桥以防敌军逃跑。城破之后，合里法王企图乘舟逃走，见河中有浮桥拦住，不得已到郭侃军营门前投降。其将纣答儿逃走，郭侃亲领军追十余里才止，第二天捕获纣答儿，斩首示众。此次用兵，共攻克三百余城。

又西行三千里，至天房（按，即麦加），其将住石致书请降，一般都以为住石请降是诚意的，可不设防。侃却认为，敌军多诈，若中其计，是最大耻辱，主张严为防备。住石后来果然阻击蒙古军，为侃所败，巴儿王降，蒙军攻下城一百八十五座。

又西行四千里至密昔儿（即埃及）。至日暮，顿驻休息，夜间突然发起袭击，可乃王大惊，以为郭侃是神人，遂投降。

太宗八年，旭烈兀命侃西渡海，征服富浪（小亚细亚），兀都王降。

回师往西南至石罗子，一鼓作气战胜敌军，换斯干阿答毕王降。

至宾铁，侃以奇兵大败敌军，加叶王降。

九年，击破兀林游兵四万，阿必丁王降，得城一百二十座。

西南至乞里弯，忽都马丁王来降。

至此，已完全平定西域。郭侃至钓鱼山报捷，恰逢宪宗驾崩，于是他回到邓州，进行屯田。

元世祖即位，侃上疏提出建国号、筑都城、立省台、兴学校等二十五事及平宋的策略。关于平宋，他说："宋据东南，以吴越为家，荆襄为其要地。今日之计，当先取襄阳，若攻下了襄阳，扬州、庐州诸城只不过弹丸之地，可置之不顾，大军以迅雷不及掩耳之势直趋临安，而江淮、巴蜀不攻自平。”后来元军攻宋就是按这一战略进行的。

中统二年（1261年），升郭侃为江汉大都督府理问官。

中统三年二月，益都李王及徐州总管李杲哥都起兵反叛，宋夏贵也来犯边。史天泽荐举郭侃去平定。世祖召侃问作战方略，侃曰：“群盗反叛，犹如笼中之虎，内乏粮草，外无援兵，我筑城包围他们，他们坐以待毙，指日可擒。”

帝以为然，赐尚衣弓矢。侃出兵徐州，斩李杲哥。夏贵也南撤，侃追过宿迁县，夺军民万余人而还。朝廷赐金符，任他为徐、邳二州总管。杲哥之弟驴马再与夏贵率三万兵来扰边境，侃出战，斩敌首千余级，夺战舰二百艘。

至元二年（1265年），有人提出应解除史天泽的兵权，于是将天泽调任别官，侃也调任滕州同知。

三年，侃上言：“宋人拘留我使臣，应兴师问罪。淮北可立屯田三百六十所，每屯置牛三百六十具，计每一屯所产粮食足供全军一日之需。”

四年，调为高唐令，兼管夏津、武城等五县。

五年，高唐人吴乞儿、济南道士胡王反叛，侃发兵镇压。

七年，改任白马县令，僧人臧罗汉与彰德赵当驴反叛，侃指挥讨平。

世祖因侃精通军务，升其为万户长，随大军攻克襄阳，由阳罗上游渡江。

东南平定后，调任宁海州知州，居一年而卒。

侃行军有纪律，野餐露宿，虽风雨也不入民舍。凡所到地方，兴办学校，考察农业，无论官吏还是百姓，无不敬服。

儿子为郭秉仁、郭秉义。

（2019年2月6日原载何新博客）

旭烈兀，曾征服西亚的王者

孛儿只斤·旭烈兀（1217—1265），蒙古人，成吉思汗之孙、拖雷之子，忽必烈、蒙哥和阿里不哥的兄弟。

旭烈兀是中国历史和中国与世界关系历史中不容忽视的一位重要君主。但是一直被主流史学所遗忘和忽视。

旭烈兀 18 岁时（1235 年）即追随拔都远征，曾经横扫东欧大草原，一直打到了今匈牙利境内。

在与匈牙利马札尔人的战争中，旭烈兀与速不台领兵，大败马札尔军队于都宁河。这次远征对年轻的旭烈兀意义重大，使他积累了军事经验和政治资本。

1248 年，旭烈兀联合拔都等人拥戴其长兄蒙哥，使蒙哥于 1251 年在蒙古的王公大会上夺得大汗之位。

旭烈兀和蒙哥、忽必烈都既遵奉佛教喇嘛教中的八斯巴教派，但也是基督教东方景教派的信徒，并且他们身边都有犹太人作为顾问。

1253 年，旭烈兀奉蒙哥之命，率军团从华北地区出发，远征西域。而蒙古人发动这场西征主要是为了全面控制流动着巨大商业财富的丝绸之路。

特别值得指出的是，在旭烈兀的西征军团中，有一支汉人的火炮和弩手队伍，统领者是一代猛将郭侃。这支火炮队伍经常承担主攻的任务。

旭烈兀渡过阿姆河后进入波斯，一路扫荡西进。征服波斯后，旭烈兀进入两河流域的伊拉克，攻陷巴格达，摧毁了延续 600 年的阿拉伯阿拔斯王朝，生擒哈里发。

随后，他又继续进攻叙利亚、埃及和小亚细亚，攻克丝绸之路上的历史名城阿勒颇和大马士革，征服了叙利亚地区。

在攻克巴格达和大马士革后，旭烈兀向蒙哥皇帝报功，献上来自波斯、巴格达和叙利亚的大批珍宝和战利品。

1264 年旭烈兀接受元朝皇帝忽必烈的册封，成为元帝国西域领土伊利汗国的君主。

在最强盛时期，伊利汗国的统治区域覆盖了阿姆河以西的波斯、伊拉克、叙利亚、埃及和小亚细亚。

晚年的旭烈兀致力于巩固在波斯的统治，使波斯成为伊利汗国统治的核心地区。

作为成吉思汗的孙子，旭烈兀的辉煌战绩证明了他无愧于杰出军事统帅的称号。他在遥远的西方土地上建立了蒙古人统治的国家。

尽管延续时间仅为 200 年，但伊利汗国的出现改变了西亚历史和欧洲历史的走向。

旭烈兀在西亚的征服活动，不但改变了该地区的政治版图，而且改变了该地区各宗教、教派的力量对比，牵连之广，遍及欧亚各地乃至非洲。

伊利汗国东滨阿姆河，西临地中海，北接里海、黑海、高加索，南至波斯湾，包含今伊朗、伊拉克、南高加索的阿塞拜疆、格鲁吉亚、亚美尼亚和中亚的土库曼斯坦、阿富汗西部等地，地理位置非常重要，汗国的建立，使得亚欧大陆的交通枢纽（陆上丝绸之路）完全掌握在了蒙古人手里。

伊利汗国同元朝本部的联系，远比蒙古其他两大汗国密切。丝绸之路畅通，使得中国的四大发明西传，而阿拉伯数字、阿拉伯历法等也传入中国。

旭烈兀与成吉思汗、拔都和忽必烈都是载入史册的对世界历史具有重要影响的蒙古君王。

旭烈兀西征始末

1252 年，蒙古皇帝蒙哥派遣怯的不花为先锋，率 1.2 万人从中国西部出发，先行西征克什米尔和波斯。

第二年，旭烈兀率蒙古人和汉人组成的主力军团自华北出发，进入西域，渡过阿姆河，会合怯的不花军团，开始大规模西征。

据波斯史学家记载，蒙哥授予旭烈兀的旨意是："让从阿姆河两岸到埃及尽头的土地居民都要遵循成吉思汗的习惯和法令。对于顺从你命令的人要赐予恩惠，对于顽抗的人要让他们遭受惩罚。"

旭烈兀首先打击的是里海之南的亦思马因派回教之国——木剌夷国，这一派别是历史上有名的穆斯林"刺客派"。曾经多次派人暗杀成吉思汗和蒙哥未遂。同蒙古人结下了深仇大恨。

旭烈兀分三路大军进攻，自己亲率中路军，攻陷了教主忽儿沙的城堡。亦思马因派 90 多座城堡被毁，忽儿沙在押解途中被杀，这一颇有实力的派别从此在历史上消失了。

接着旭烈兀进攻的是巴格达的阿拉伯阿拔斯王朝哈里发。阿拔斯王朝因擅长同各种侵略势力周旋，保全自己至少作为穆斯林宗教领袖的地位，到这时已传了 36 代，历经 508 年。旭烈兀先决堤放水淹没了哈里发的主力军，接着以一场围城战和火炮轰炸迫使哈里发弃城出降。

巴格达的陷落使西方世界陷入了恐慌状态。但旭烈兀没有停下他的脚步，他的下一个目标是叙利亚。在攻打叙利亚之前，他已接受了亚美尼亚国王和安条克国王的归顺。当时的叙利亚名义上属于阿尤布王朝（行政中心在埃及），实际由国君纳昔尔统治。

旭烈兀没有接受纳昔尔的求和，从 1259 年到 1260 年，他先后攻下了阿勒颇和大马士革，征服了叙利亚地区。

但就在此时，一个突发事件改变了中东诸民族和教派的命运。蒙哥汗在南宋四川地区战死。他的兄弟为汗位继承权发生激烈的争夺。于是旭烈兀决定东归，只留下怯的不花的 5000 人军队留守叙利亚。

当旭烈兀回到波斯时，得知同父同母的四弟阿里不哥、二哥忽必烈两人发生了大汗争夺之战（旭烈兀排行老三，蒙哥老大），而他不愿回国卷入这场兄弟之战。旭烈兀决定不再东归，留驻波斯。

夺位战争进行了 5 年，从 1259 年到 1264 年。最后忽必烈战胜了同父同母的阿里不哥，夺取了汗位。1264 年，旭烈兀接受了元朝皇帝忽必烈的册封，成为伊利汗国王者，统治波斯、伊拉克、叙利亚和埃及。

但不久，叙利亚和埃及地区发生了反抗蒙古人的暴动和起义。旭烈兀在叙利亚的驻军被阿拉伯人击败消灭。在埃及王朝优势兵力的围攻下，怯的不花在以少战多的情况下被俘而死，叙利亚地区落入埃及政权之手。

晚年的旭烈兀致力于巩固在波斯的统治，他通过武力胁迫或联姻，清除了波斯境内的割据势力，使波斯成为伊利汗国统治的核心地区。

到他的孙子合赞汗统治时期，伊利汗国达到全盛，领土“东起阿姆河，西至地中海，北自高加索，南抵印度洋”，经济文化也欣欣向荣。伊利汗国的统治一直延续到 1388 年，亡于蒙古军阀帖木儿之手。

（2019 年 2 月 11 日原载何新博客）

波斯及蒙古史书记述的旭烈兀西征

征服波斯后，1257 年，旭烈兀的军队抵达伊拉克的巴格达。

旭烈兀劝巴格达的哈里发穆斯台绥木投降，遭到拒绝，于是蒙古军队开始攻城。

1258 年 2 月 10 日，巴格达投降，黑衣大食哈里发穆斯台绥木投降后被杀死。

元宪宗九年（1259 年）九月，旭烈兀率军 10 万继续西进，进攻叙利亚。

旭烈兀军分三路：旭烈兀为中路军，怯的不花为前锋；拜住为右翼；孙扎克为左翼。郭侃指挥炮兵火器部队。

九月十二日，旭烈兀军从阿里剌忒前进，越过哈喀儿山，全歼叙利亚曲儿忒的军队，进入底牙儿别克儿，攻取哲吉莱特城。同时，旭烈兀命其子亦失木忒等，进攻牙发斤城。

旭烈兀大军进入额弗剌特河时，叙利亚大乱。

叙利亚及埃及之王纳昔儿王在额弗剌特河流域部署六万突厥人骑兵雇佣军——著名的马穆鲁克骑兵，结营于大马士革城北不远的伯儿哲。

旭烈兀军攻克哈朗城，纳昔儿王得知，急召将相议事，因意见不一，将相失和，纳昔儿王差点儿被杀。主战的突厥将领贝巴儿思决定离开叙利亚，回到埃及半岛。

此时，叙利亚人军心涣散。纳昔儿王决定遣其妃（鲁木算端凯库拔之女）和其子带着宝藏，同诸将之妻子也赴埃及。

纳昔儿王派怯马鲁丁乌马儿赴开罗，请求马穆鲁克突厥人出兵相助。

但是，埃及局面混乱，无首领，无法援助。

旭烈兀攻克额弗剌特河畔的华莱特（今土耳其之比雷季克）后，又乘势攻克了马布格城。

旋即，旭烈兀大军又连克额弗剌特河岸上的奈札姆、札八儿、哈鲁尼忽思、剌失等堡，完全扫平叙军的额弗剌特河防线。

旭烈兀突破额弗剌特河防线后，向叙利亚北部重要城市阿勒颇进军。阿勒颇城由 10 万叙利亚军队把守。

旭烈兀军到达城外。守将木阿匝木突兰沙王见蒙古军来势凶猛，下令禁止出战。一部分戍兵同居民不听号令，出屯于班忽撒山（在今阿勒颇东北），向旭烈兀发起攻击，被旭烈兀击败。接着，蒙古军乘势进攻班忽撒山。班忽撒山屯军和义兵大败而归，死伤惨重。

旭烈兀进攻阿勒颇北方之阿匝思城（今叙利亚之阿札兹）。阿匝思城在蒙军压力下投降。旭烈兀来到阿勒颇城附近之后，派阿儿哲鲁木王前往招降，木阿匝木突兰沙王拒降。阿勒颇城，城墙坚固，兵械亦足。

旭烈兀军先沿城掘壕，宽 4 肱，深 5 尺，壁高 5 肱。这一工程，一夜完成。尔后，于元世祖中统元年（1260 年）一月二十四日开始攻城。经 7 天激战，攻克阿勒颇城，俘虏 10 万余人，木阿匝木突兰沙王也在其中。尔后，旭烈兀率军从阿勒颇城出发，进逼大马士革。

在攻破叙利亚国阿勒颇城后，旭烈兀乘势命大骑兵集团快速南下进攻叙利亚国都城大马士革。

叙利亚与埃及之王纳昔儿王得知阿勒颇城失守后，急忙外逃。旭烈兀率军 10 余万攻克纳木鲁思城后，直趋大马士革。

纳昔儿王离开大马士革后，城内居民更加慌乱。

为避免流血牺牲，异密宰奴丁苏黎曼，以宰奴哈菲齐之名召集诸绅士长开会，决定把城献给旭烈兀。旭烈兀赐予其锦袍，并任命其为叙利亚的大断事官。当时，大马士革城尚有两三万防守军队未降服。

三月二十一日夜，怯的不花的部队开始攻城，并以火器进行猛烈轰击。

至四月六日，大马士革城降。怯的不花的部队进入城区后，毁其戍楼过半，并将其战具全部销毁。

至此，历时两个月的大马士革之战，胜利结束。旭烈兀占领了叙利亚全境。

此次大战，统治叙利亚—埃及多年的艾育伯王朝灭亡。

伊利汗国控制了从元朝（东亚）到阿拉伯帝国（西亚），从印度到地中海的重要商道。

阿音札鲁特战役

旭烈兀原计划经巴勒斯坦直扑开罗控制埃及。当时埃及地区被来自突厥人的雇佣军马穆鲁克军阀控制着。

但就在此时，一个突发事件改变了历史。

蒙古帝国的大汗蒙哥汗于1259年底在攻打南宋钓鱼城时被炮火击中死亡，诸王陷入了汗位的争夺。旭烈兀决定停止进军，率主力东归，只留下怯的不花率领不足万人的骑兵部队留守叙利亚。

1260年9月3日，怯的不花的蒙古军与拜巴尔一世的马穆鲁克军在阿音札鲁特（在今巴勒斯坦加利利）交战。这场战役以埃及军队获胜结束，同时宣告了蒙古帝国向埃及半岛扩张的终结。

旭烈兀的母亲与妻子信奉景教，旭烈兀受到她们的影响，在国内施行亲基督教、反穆斯林的宗教政策，由此他与妻子受到了基督教徒的爱戴。

此外，由于伊斯兰教的传播，当时波斯地区佛教已基本上消失，但在旭烈兀统治时代，由于他本人信奉藏传佛教，独崇拜弥勒佛，当地出现了大量喇嘛，佛教活动在伊朗再次出现。

从1262年开始，欧洲教皇与旭烈兀数次互相派遣使者。小亚细亚的十字军欲与蒙古结盟共同征服耶路撒冷。

在旭烈兀写给法国国王路易九世的信中，他表示愿意攻下耶路撒冷作为礼物赠送给教皇，可是由于各种原因，旭烈兀和他的继任者们最终没能与欧洲建立任何真正的联盟。

（2019年3月8日原载何新博客）

蒙元帝国大事记

（何新编制）

1206年（太祖元年/金泰和六年）

春，铁木真即大汗位，称成吉思汗。大汗，非可汗，即皇帝也。成吉思大汗，即成吉思皇帝也。

〔“汗”通汉语“皇”。成吉思汗登基号称皇帝。南宋彭大雅《黑鞑事略》记：“其主初僭皇帝号者，小名曰忒没真（铁木真），僭号曰成吉思皇帝。”1998年发现元代银质鎏金文“盐山圣旨牌”书曰“天赐，成吉思皇帝圣旨”。〕

成吉思汗最初建都于今鄂尔多斯，即鄂尔多斯坦。鄂尔多，即斡耳朵，宫殿也。成吉思汗设四大斡耳朵，以居后妃。登基时颁布了《成吉思汗法典》。设立忽里台诸盟亲贵大会，实行蒙古贵族的民主制度。规定国君由君主指定后，须由忽里台大会通过选举确认，方能登基即位的继承制度。

〔《成吉思汗法典》即蒙古“大札撒”，是世界历史上第一套成文法典，同时也是世界上最早的应用范围最广泛的宪法性文件。〕

此乃蒙古帝国之开国。此前之蒙古，非国家亦非民族。在历史上，蒙古人是多个分散于蒙古草原的游牧族群，他们曾经被匈奴、鲜卑、东胡、突厥、契丹、女真人所统属。成吉思汗通过一系列战争征服了这些草原东胡部落，使之融合为一个新的民族，并且建立起一个帝国。

〔“蒙古”一词最早出现在后晋开运二年（945年）完成的《旧唐书》中，即“蒙兀室韦”。“蒙兀”可能是由“忙豁勒”的谐音而来，最早始于中国唐朝时期。汉文“蒙古”一词最早出现在大元文献中，古代蒙古语“蒙古”意为“猛虎儿”，也有学者认为是“天族”的意思。现代蒙古语“蒙古”意为“永恒之火”。

窃以为蒙古名号来源更早。汉代以前称阴山为“昧谷”，乃地名，转语即蒙古也。又曹操北征乌桓，乌桓亦即蒙元音转。兀元字通。〕

1207 年（太祖二年 / 金泰和七年）

成吉思汗长子术赤征服西伯利亚地区“林中百姓”。林中部落，即瓦剌，俄语瓦良格人。

秋，蒙古第二次征伐西夏。

（成吉思汗曾经于 1205 年第一次征伐西夏。）

1209 年（太祖四年 / 金大安元年）

三月至十二月，蒙古军第三次伐西夏。蒙金决裂。

1211 年（太祖六年 / 金大安三年）

二月，蒙古军大举伐金，年底直逼中都，不克，乃去。

七月，西夏神宗即位，国策由附金抗蒙转变而为附蒙攻金。

八月，蒙金野狐岭之战，金军败。

是年，屈出律篡西辽，奉耶律直鲁古为太上皇。

1212 年（太祖七年 / 金崇庆元年）

正月，耶律留哥在隆安反金自立。

年底，哲别部蒙古军破金东京城（今辽阳）。

1213 年（太祖八年 / 金至宁元年）

八月，金宣宗即位，改元贞祐。

秋，蒙古大军分三路伐金。

1214 年（太祖九年 / 金贞祐二年）

三月，金献岐国公主请和。

五月，金迁都南京（开封）。

1215 年（太祖十年 / 金贞祐三年）

五月，蒙古占领中都（北京）。

1217 年（太祖十二年 / 金贞祐五年）

蒙古第四次伐西夏。

1218 年（太祖十三年 / 金兴定二年）

命哲别征西辽；木华黎征西夏。

派遣蒙古使赴花剌子模要求通商。

蒙古商队被花剌子模边将杀害。货物被掠。

与忽里台大会王公商定立窝阔台为大汗位继承人。

1219 年（太祖十四年 / 金兴定三年）

六月，成吉思汗亲自发起西征。

进军花剌子模（蒙古第一次西征）。

1220 年（太祖十五年 / 金兴定四年）

蒙古军攻占讹达剌、不花剌、撒马尔罕等。

1221 年（太祖十六年 / 金兴定五年）

灭花剌子模。

哲别部进攻高加索地区格鲁吉亚。

1222 年（太祖十七年 / 金兴定六年）

哲别部击败阿兰、钦察联军。

成吉思汗遇见道士丘处机，惊为“神仙”。

1223 年（太祖十八年 / 金元光二年）

十二月，金宣宗崩，完颜守绪继位。

十二月，西夏献宗即位。

蒙古军击败斡罗斯、钦察联军；征服保加尔王国；

木华黎病逝。

成吉思汗在叶密立为忽必烈举行成人礼。

1224 年（太祖十九年 / 金正大元年）

西夏再次联金抗蒙，并于次年九月与金国达成和议，约为兄弟之国。

成吉思汗平定西域，西征结束。

命木华黎之子孛鲁为先锋出征西夏。

1225 年（太祖二十年 / 金正大二年）

成吉思汗西征大军回师蒙古草原。

1226 年（太祖二十一年 / 金正大三年）

正月，成吉思汗率大军攻西夏。

七月，西夏献宗病死，李晛即位。

1227 年（太祖二十二年 / 金正大四年）

七月，进军西夏，途中，成吉思汗病逝于六盘山。

遗命身边的儿子拖雷为军帅及监国。

留下三条遗嘱：

第一，由三子窝阔台继承大汗之位。第二，灭夏后口攻金，方略是：利用宋金世仇，借道宋境，联宋灭金。第三，死后秘不发丧，叫敌人不知道他已死去。攻城后禁止杀老百姓，禁止烧民房，禁止抢掠。

拖雷遵嘱，秘不发丧，继续攻西夏。

西夏降，国亡。

1229 年（太宗元年 / 金正大六年）

八月，窝阔台在蒙古哈拉和林即大汗位。

哈拉和林，即元上都。地近蒙古鄂尔浑河谷及温都尔汗。

遣搠里蛮攻打扎兰丁重建的花剌子模国，逾二年灭之。

1230 年（太宗二年 / 金正大七年）

派绰儿马罕征讨西亚。

窝阔台汗召集官山会议，决定兵分三路伐金。

蒙古确定三路灭金战略：由窝阔台率中路军，攻金的河中府，直下洛阳。蒙将斡陈那颜率左路军直下济南，弟拖雷率右路军由宝鸡南下，借道南宋境内，沿汉水出唐州，邓州，于次年春季全军会师汴京。

1231 年（太宗三年 / 金正大八年）

正月，金完颜彝率忠孝军为前锋，以四百骑破蒙古八千人，解庆阳（今陕西庆阳）围。自蒙金交战以来，金仅有此捷。完颜彝小字陈和尚，至是名显，授定远大将军，世袭谋克。忠孝军来自回纥、乃蛮、羌、浑及中原被俘避罪之人众混集。

二月，蒙古军围京兆（今陕西西安），破城。

七月窝阔台出兵，亲征金国，侄蒙哥从军。

十一月，命耶律楚材立中书省，理汉地财赋。厘定诸路税额。

〔初，太祖时，耶律楚材言：地税、商税、酒、醋、盐、铁、山泽之利，可得银五十万两，绢八万匹，粟四十余万石。为太祖赞赏。至是用楚材所言，定课税、酒税，验实，息十取一，杂税二十取一。〕

蒙古立十路课税使。蒙古以陈时可、赵昉使燕京（今北京）；刘中、刘桓使宣德（今河北宣化）；周立和、王贞使西京（今山西大同）；吕振、刘子振使太原（今山西太原），杨简、高廷英使平阳（今山西临汾）；王晋、贾从使真定（今河北正定）；张瑜、王锐使东平（今山东东平）；主德亨、侯显使北京；夹谷永、程泰使平州（今河北卢龙）；田木西、李天翼使济南（今山东济南）以征诸路税收。

1232 年（太宗四年 / 金天兴元年）

正月，蒙古大败金兵于钧州。蒙古游骑至汴京（今河南开封）。

金将完颜合达、移剌蒲阿自邓州率步骑十五万人赴援。至钧州（今河南禹县）沙河，遇蒙古拖雷军，会战于三峰山下，金兵大败。

蒙古连取河南十余州。

三月，蒙古攻金南京（洛阳），不克。

拖雷因病北归。使速不台攻汴，谕金速降，金以曹王为质留于蒙古军。

〔蒙古以炮石攻城。炮石取自艮岳太湖、灵壁之假山石，大小约一斤重，琢为球形。蒙古炮可击破大甲，于是在每一城角，置炮进攻。数日，石积与城平。

金亦有大炮，名震天雷，以铁罐盛药，用火点燃，炮声如雷，火点著铁甲均透。金又有飞火枪，蒙古军惧此二物。

攻城十六昼夜，死者上万计。速不台知不易取，乃与金议和，金遣户部侍郎杨居仁出宜秋门，以酒肉犒蒙古兵。且以金帛等物贿赂。速不台乃退兵，散屯于河、洛之间。〕

金纳贡。

九月，拖雷病死于军。

十月，蒙古派使节与宋协议攻金。

十二月，金哀宗弃汴京，奔蔡州。

1233 年（太宗五年 / 金天兴二年）

正月，金皇帝与副元帅合里合等乘夜潜渡黄河逃亡归德（今河南商丘）。

四月，金太师崔立献汴京投降。以太后、皇后、梁王、荆王及诸妃嫔，共有车三十七乘，宗室男女五百余人以及衍圣公孔元楷等医、卜、工匠、绣女至青城。速不台杀梁、荆二王及族属，而遣送后、妃等于和林。

〔汴京破，依蒙古制，久攻乃克，则屠城。速不台遣使言于蒙古主，请屠汴京。耶律楚材向蒙古主进言："得地无民，将焉用！"蒙古主未许。楚材又言："凡弓矢、甲仗、金玉等匠及富民均集此城，杀之则无所得。"于是金主令仅杀完颜氏一族，其他人均免死。时避乱于汴京者尚有百四十万户，均保全。〕

六月，破金中京洛阳。

金主弃归德入蔡州（今河南汝南），仪卫甚简。

耶律楚材请以孔元楷袭衍圣公，窝阔台下诏书确认。

九月，贵由军灭东真国，俘蒲鲜万奴，至此辽东尽入蒙古版图。

1234 年（太宗六年 / 金天兴三年）

正月，宋蒙联军克蔡州，金哀宗自缢，金遂亡。

宋军弱，屡战屡败，乃为蒙古所轻。

六月，宋禁毁铜钱做器皿，并禁海外贸易，不许下海。

宋军入洛阳，蒙古塔思率兵决汴堤口，水潦泛滥，淹没城池，故宋所收复诸州郡皆为空城。宋援军杨谊至洛阳东三十里，为蒙古塔察尔部将刘亨安所败。

八月，蒙、宋开始正面交锋。

1235 年（太宗七年 / 宋端平二年）

建都于哈剌和林。

蒙古第二次西征。

六月，窝阔台大举兴兵伐宋。

〔次年（八年）至十四年，窝阔台汗遣拔都等王率军西征。此即长子西征欧洲。亦为蒙古第二次西征。〕

1237 年（太宗九年 / 宋嘉熙元年）

二月，蒙古定符印及驿制。

此前蒙古诸府官府自为符印。耶律楚材奏请中书省依规定格式铸给符印。又因诸王贵戚，均可自有驿马，而道途骚扰，弊端甚多。楚材又奏请给牌札，定分例，此弊始革除。

西征军破钦察、罗斯。

八月，考试儒生。

耶律楚材建议窝阔台，守成必用儒业。乃命税课使刘中随郡考试，分经义、词赋、论为三科，以不失文义为中选。儒生有被俘为奴者，亦可就试，其主匿不遣者论死。

耶律楚材还定统一衡量，立钞法，定均输，民政始备。

1239 年（太宗十一年 / 宋嘉熙三年）

窝阔台长子贵由与术赤嫡次子拔都发生冲突。

拔都征服南俄罗斯，进攻克里米亚。

1240 年（太宗十二年 / 宋嘉熙四年）

正月，蒙古以奥都刺合蛮任提领诸路课税所官。

蒙古皇子贵由率军平定西域未下诸部。

宋临安大饥，时饥民掠人以卖为食，日未晚，路无行人。

拔都与蒙哥率军进攻乞瓦（基辅），大公迈克尔逃奔匈牙利。

蒙古使招降基辅，被杀。蒙古军遂围城，城陷，屠城。

蒙古军复西进，冬履冰越过维斯杜拉河，入孛烈儿（波兰），进至克拉科，止于加里西亚平原。

蒙古征服斡罗思（俄罗斯）大部分地区。

十二月，时蒙古官、民借贷于畏吾儿人，名“羊羔息”，岁加倍，其害为甚。是岁，窝阔台令以官物代还，共用七万六千锭银，并命凡假贷岁久，以贷金与息相等为止，著为令。

《蒙古秘史》成书。阿美尼亚王赴蒙古朝见窝阔台。

1241年（太宗十三年/宋淳祐元年）

西征军攻入孛烈儿（波兰）、马札儿（匈牙利）等地。

十一月，窝阔台死，皇后乃马真垂帘称制。

1242年（乃马真皇后元年/宋淳祐二年）

金帐汗国正式成立，西征军东还；察合台逝世。

拔都建金帐汗国。

拔都兄长斡尔达建白帐汗国。

拔都弟昔班建青帐汗国。

〔是岁，蒙古人在东欧等地大胜，使全欧为之震惊。教皇格累戈里九世与腓德烈大帝争端仍，对东欧各地的请求援助，互相推诿。

是年二月，窝阔台逝世消息传至军中，蒙古军撤退，沿途又扰掠保加利亚、瓦拉几亚、摩尔达维亚，经里海北岸退至伏尔加河下游，拔都建萨来为都城，号钦察汗。以后分为数部，嫡长部落为金帐汗。自此金帐汗统治俄罗斯诸国达两百五十余年。〕

1243年（乃马真皇后二年/宋淳祐三年）

春，拔都以萨来城（今俄罗斯阿斯特拉罕附近）为都城，建立钦察汗国。

蒙古军拜住击败东罗马——鲁迷（罗马）算端（苏丹）凯亦·豁思鲁，进占西瓦思（今土耳其锡瓦思）；凯亦·豁思鲁称藩纳贡。

蒙古皇后信任奥都剌合蛮，给以御宝空纸，使自行填写。

耶律楚材谏称：有乱朝章，臣不敢奉诏。

蒙古皇后旋又传旨：凡奥都剌合蛮所建白，令史不为书者，断其手。

耶律楚材言：事若合理，自当奉行。如不可行，死且不避，况截手乎！后不悦。楚材称：老臣事太祖、太宗二十余年，无负于国，皇后亦岂能无罪杀臣。后虽不满，以耶律楚材系先朝耆旧勋臣，亦无能为。

1245年（乃马真皇后四年/宋淳祐五年）

蒙古军占领底格里斯河上游；大马士革王向蒙古纳贡。

1246 年（定宗元年 / 宋淳祐六年）

皇子贵由即位。

元定宗孛儿只斤·贵由（1206—1248 年），蒙古帝国第三位皇帝。

1247 年（定宗二年 / 宋淳祐七年）

吐蕃诸部归附蒙古。

罗马教皇使者普兰·迦尔宾抵哈剌和林；谷儿只（格鲁吉亚）女王之子大卫兄弟入哈剌和林朝觐。

1248 年（定宗三年 / 宋淳祐八年）

贵由下诏讨伐拔都。

三月贵由汗暴死，海迷失后摄政。

1251 年（宪宗元年 / 宋淳祐十一年）

蒙哥即皇帝位。

〔孛儿只斤·蒙哥（1209—1259 年），大蒙古国皇帝，1251 年 7 月至 1259 年 8 月在位，史称“蒙哥汗”。为元太祖成吉思汗之孙、拖雷长子，四弟即元世祖忽必烈。〕

蒙哥汗委托四弟忽必烈治理东部。

1252 年（宪宗二年 / 宋淳祐十二年）

蒙古军第三次西征，命旭烈兀远征中亚、印度河及西亚。

蒙哥处置政敌，杀海米司、镇海等。

将窝阔台领地兀鲁思分为数块，授予窝阔台系诸王。

1253 年（宪宗三年 / 宋宝祐元年）

拖雷之第六子旭烈兀西征。

忽必烈兵分三路攻大理国。

蒙古四路大军第二次伐南宋。

1254 年（宪宗四年 / 宋宝祐二年）

忽必烈蒙古军灭大理。

1256 年（宪宗六年 / 宋宝祐四年）

三月，蒙古扩军，招募汉军。

〔蒙古续签汉军忽必烈遣人至行在所，请蒙哥同意续签内郡汉军，获准。〕

旭烈兀西征军攻灭盘踞里海以南诸山城的波斯地木剌夷国。忽必烈建开平城。

〔蒙哥欲修宫室建都会，忽必烈乃于桓州（今内蒙古正蓝旗）东、滦水北之龙冈修城，经三年建成，名为开平府，后升为上都。〕

旭烈兀建立伊利汗国。

高丽及云南诸国皆入朝于蒙古。

1257 年（宪宗七年 / 宋宝祐五年）

宋民间兴起魔教白衣会。禁民入白衣会，监司、郡县官失察者坐罪。

钦察汗国别儿哥汗即位。

蒙古征服安南。

先是蒙古兀良合台遣使招安南降，安南囚其使臣。于是，蒙古议征安南。兀良合台进兵压安南境，安南国王隔洮江列象骑、步兵甚盛，交战，安南人大败，驾舟逸去。兀良合台入安南，屠其城，安南请降。

是岁，文学家元好问死。

1258 年（宪宗八年 / 宋宝祐六年）

西征军灭黑衣大食。

蒙哥统兵入蜀。

旭烈兀破报达（巴格达），阿拔斯王朝亡。

1259 年（宪宗九年 / 宋开庆元年）

蒙古围宋钓鱼城，久攻不克。

西征军进攻叙利亚。

忽必烈继任攻宋蒙古军统帅，在鄂州与宋权臣贾似道达成和议，撤军。

蒙哥汗战死于钓鱼山。

忽必烈接受贾似道划长江为界和议。

1260 年（中统元年 / 宋景定元年）

三月，忽必烈即汗位于开平（元中都）；五月仿汉制建元中统。

四月，阿里不哥在哈剌和林（元上都）与忽必烈争位，亦被推举为大汗。

十二月，忽必烈封八思巴为国师。

1264 年（至元元年 / 宋景定五年）

七月，阿里不哥势穷，去大汗号，归降称臣。

十月，宋理宗崩，度宗即位。

1268 年（至元五年 / 宋咸淳四年）

蒙古军以中路攻宋，以伯颜为统帅，宋蒙襄樊之战打响。

〔伯颜（1236 年—1295 年 1 月 11 日），生于波斯伊利汗国。至元初年，奉伊利汗旭烈兀命入朝。受元世祖忽必烈赏识，拜中书左丞相，后升任同知枢密院事。于至元十一年（1274 年）统兵伐南宋。〕

1269 年（至元六年 / 宋咸淳五年）

蒙古诸王举行塔剌思大会，八剌、海都等亲王联合对抗忽必烈。

八思巴模仿藏文及梵文，创制蒙古拼音文字。

1271 年（至元八年 / 宋咸淳七年）

十一月，忽必烈改国号为“大元”帝国，取《易经》系词“大哉乾元”之义。颁布《建国号诏》。

建都北京，称“元大都”。

1273 年（至元十年 / 宋咸淳九年）

正月，元军攻克樊城。

二月，襄阳守将吕文焕投降。自此，南宋门户大开。

1274 年（至元十一年 / 宋咸淳十年）

正月，忽必烈在大都皇宫正殿接受百官朝贺。

下诏以上都为夏都。

七月，宋度宗崩，赵显即位，由谢太后听政。

十月，元军自高丽第一次进攻日本。

1275 年（至元十二年 / 宋德祐元年）

正月，贾似道再遣使欲与伯颜议和，伯颜不允。

二月，元军与宋军战于丁家洲。宋军主力丧败，贾似道被贬。后为押解官员郑虎臣所杀。

三月，元军占领建康（今南京）。兵逼两浙，临安告急，宋廷下诏勤王。

1276 年（至元十三年 / 宋德祐二年）

二月，元军兵临临安城下，谢太后携幼帝投降。元军入据临安。

伯颜俘宋恭帝、谢太后等北还。

五月初一，赵昰在福州被拥立为帝，改元景炎。此时闽广仍为宋控制，东川张珏、淮东李庭芝仍在为宋坚守，江西、湖广的争夺也未结束。

1277 年（至元十四年 / 宋景炎二年）

二月，宋广东诸郡降元。四月，宋军收复广州。

十一月，广州降元。

1278 年（至元十五年 / 宋景炎三年）

二月，重庆失陷，元军至此平定东川。

四月，赵昰病逝，群臣拥立赵昺，改元祥兴。

文天祥兵败海丰，被俘。

1279 年（至元十六年 / 宋祥兴二年）

正月，钓鱼城降。自 1259 年元军进攻始，此城坚守达二十年。

元军至此平定巴蜀。

元军与宋军残部战于崖山，宋军全军覆没。陆秀夫负小皇帝投海，宋朝至此彻底终结。

1281 年（至元十八年）

元世祖再派大军分别从高丽、浙江出发进攻日本，因遇飓风，加之日本顽强抵抗，最终失败而还。

集中回回炮手散居他郡者，悉令赴南京屯田。

唆都征占城。占城国来贡象犀。

修宫城、太庙、司天台。命郭守敬与回回天文学家制定新历法，颁行《授时历》。

1282 年（至元十九年）

杀宋丞相文天祥。

〔文天祥（1236—1283 年），宋吉州庐陵（今江西吉安）人。理宗宝祐四年（1256 年）进士第一。至元十五年（1278 年）十二月被俘。次年，严词拒绝元将张弘范诱降，书《过零丁洋》诗以明心迹。旋被送至元大都囚禁达三年之久，誓死不屈，编《指南录》，作《正气歌》。至元十九年（1282 年）冬十二月，忽必烈召文天祥至殿中，谓之曰："汝以事宋者事我，即以汝为中书宰相。"天祥答道："天祥为宋状元宰相，宋亡，惟可死，不可生。"并谓："一死之外，无可为者。"是月初九日，在柴市（今北京菜市口）就义。〕

1285 年（至元二十二年）

诏修《大元大一统志》，大德七年正式定稿。

太子真金（元裕宗）因禅位风波，忧惧成疾而死。

1287 年（至元二十四年）

三月乃颜叛乱，五月，世祖扶病亲征。

1288 年（至元二十五年）

改总制院为宣政院，管理西藏地方事务。

元军从安南撤兵。

遣宋帝瀛国公赵赴藏学习佛法。

1291 年（至元二十八年）

元代第一部法典《至元新格》颁布。

确定行省制，改行尚书省为行中书省，简称行省。

威尼斯人马可·波罗返欧洲。

先是，马可·波罗于至元十二年抵达上都，客居中国十七年。

1293 年（至元三十年）

京杭大运河全线通航。

远征爪哇大军失败返国。

1294 年（至元三十一年）

正月，世祖崩；四月，铁穆耳即位于上都，是为成宗。

1301 年（大德五年）

贵州彝族土司之妻蛇节起兵反元，乌撒、乌蒙、东川、芒部等地少数民族纷起响应。

元将也速锂儿、刘国杰率兵前往镇压，因水土不服，挫败。

亲王海都、都哇反叛，海山在和林与塔米尔迎战，海都败，旋死。

1307 年（大德十一年）

四月，成宗崩。

爱育黎拔力八达发动政变杀阿难答，迎立海山即位，是为武宗。

1311 年（至大四年）

正月，武宗崩。其弟爱育黎拔力八达于三月即皇帝位，是为仁宗。

1314 年（延祐元年）

恢复科举制（延祐复科）。

1320 年（延祐七年）

正月，仁宗崩。

三月，其子硕德八剌即位，是为英宗。

1322 年（至治二年）

英宗在右丞相拜住辅佐下推行新政（至治新政）。

1323 年（至治三年）

八月五日，以铁失、也先帖木儿等为首的保守势力刺杀英宗及拜住于南坡，史称南坡之变。九月四日，也孙铁木儿即皇帝位于龙居河。

1328 年（泰定五年 / 致和元年 / 天历元年）

七月，泰定帝崩于上都。九月，左丞相倒刺沙等在上都立皇太子阿速吉八为帝，改元天顺。同月，佥枢密院事燕铁木儿迎立武宗次子怀王图帖睦尔于大都即位，改元天历。两都之战爆发。

十月，大都军围上都，倒刺沙降，天顺帝被杀，图帖睦尔削天顺年号不记。

1329 年（天历二年）

正月，武宗长子周王和世㻋在和林即皇帝位，是为明宗。图帖睦尔遣使迎之。

八月六日，明宗暴死，十五日，图帖睦尔于上都称帝，即元文宗。

1332 年（至顺三年）

八月，文宗病死于上都。

十月，遵文宗遗命立明宗次子懿璘质班即位，是为宁宗。

十一月，宁宗病逝，在位 52 日。

1333 年（至顺四年）

六月，明宗长子妥懽帖睦尔即位于上都，是为惠宗，同年十月改年号为元统。

1335 年（至元元年）

十一月，废除科举制。

1337 年（至元六年）

三月，脱脱逐权相伯颜。先是伯颜请杀张、王、刘、李、赵五姓汉人，帝不允。

十月，脱脱任中书右丞相，大兴文治，史称“脱脱更化”。

十二月，恢复科举制。

1343 年（至正三年）

三月，诏修辽、金、宋三史，以脱脱为都总裁官。

至正四年三月，《辽史》成；十一月，《金史》成。

至正五年十月，《宋史》成。

1348 年（至正八年）

浙东方国珍反元，后时降时叛。

1351 年（至正十一年）

五月，韩山童、刘福通起兵反叛，其部下自称红巾军。

十月，徐寿辉在蕲水称帝，国号“天完”，建元治平。

1352 年（至正十二年）

郭子兴在濠州起兵反元。

同年，二十五岁的僧人朱元璋投奔郭子兴。

1353 年（至正十三年）

泰州张士诚起义。

1354 年（至正十四年）

正月，张士诚在高邮称周王，年号天祐。

年底，丞相脱脱讨张士诚于高邮，将克，帝罢脱脱，遂败。

1355 年（至正十五年）

二月，刘福通等立韩山童之子韩林儿为帝，号小明王，建都亳州，国号宋，年号龙凤。三月，脱脱被流放云南，十二月，被中书平章政事哈麻派人毒死。

1356 年（至正十六年）

元相哈麻谋废顺帝，事泄被黜，后被杖死。

是年，中原大宋红巾军与元军激战。

三月，朱元璋克集庆路改称应天府。小明王封朱元璋为江南行中书省平章政事。

1357 年（至正十七年）

夏，大宋丞相刘福通派三路红巾军北伐。

八月，张士诚降元。

1358 年（至正十八年）

五月，刘福通克汴梁，宋政权迁都于此。十二月，关先生所率中路北伐军破上都。

1359 年（至正十九年）

八月，察罕帖木儿破汴梁，刘福通携韩林儿走安丰。

1360 年（至正二十年）

五月，陈友谅杀其主徐寿辉，自立为帝，建国号曰“大汉”，改元大义。

闰五月，陈友谅东讨朱元璋，兵败龙湾（今南京西北）。

是年，中书平章政事孛罗帖木儿与河南行省平章政事察罕帖木儿在山西争战，此后，两军冲突不休。

1361 年（至正二十一年）

正月，小明王封朱元璋为吴国公。

1362 年（至正二十二年）

察罕帖木儿在进攻山东益都时被降将田丰、王士诚刺杀，元廷“自此无人矣”。

扩廓贴木儿和孛罗帖木儿两军持续冲突。

1363 年（至正二十三年）

正月，明玉珍在重庆称帝，国号夏，年号天统。

三月，张士诚攻安丰，刘福通战死，朱元璋迎韩林儿至滁州。

七月，朱元璋军发起鄱阳湖之战，陈友谅大败；八月，陈友谅突围不成中矢身亡。

九月，张士诚自称吴王。

十月，扩廓帖木儿破孛罗帖木儿于石岭关，孛罗帖木儿渐弱。

1364 年（至正二十四年）

正月，朱元璋称吴王。

二月，朱元璋督师武昌，武昌陷，陈理投降，汉亡。

元帝与太子争权，各结外援。时奇皇后与太子爱猷识理达腊欲谋内禅，终未果。

1365 年（至正二十五年）

顺帝密遣人刺死孛罗帖木儿。

1366 年（至正二十六年）

夏太祖明玉珍去世，子明升即位，改元开熙。

十二月，朱元璋遣廖永忠自滁州迎小明王归应天，至瓜步沉之于江中。

1367 年（至正二十七年）

九月，平定“东吴”张士诚势力。

十月，朱元璋命徐达、常遇春率军北伐。十二月，方国珍向朱元璋投降。

是年，元关中诸将推李思齐为盟主，共拒扩廓帖木儿。

1368 年（至正二十八年 / 明洪武元年）

正月初四，朱元璋在南京称帝，国号明，年号洪武。

八月初二，徐达率明军攻克大都。

自此元朝势力退居塞外，史称北元。

北元时期

1370年（至正三十年／明洪武三年）

正月至十一月，明太祖派兵北伐。

四月，帝崩于应昌，元臣上上庙号惠宗。

明太祖以其“知顺天命，退避而去”，特谥曰“顺帝”。

太子爱猷识理达腊继位，是为昭宗。

1372年（宣光二年／明洪武五年）

是年正月至十一月，明军发起第二次北伐。

1375年（宣光五年／明洪武八年）

北元太尉扩廓帖木儿病逝。

1378年（宣光八年／明洪武十一年）

四月，帝崩于金山（阿尔泰山），

脱古思帖木儿即位，次年六月改元天元。

1380年（天元二年／明洪武十三年）

二月至三月，明军发起第三次北伐。

1381年（天元三年／明洪武十四年）

正月至八月，明军发起第四次北伐。

傅友德、沐英平云南，元梁王把匝剌瓦尔密自杀。

1387年（天元九年／明洪武二十年）

正月至闰六月，明军发起第五次北伐。

北元太尉纳哈出兵败势穷而降（金山之役）。

九月至二十一年四月，明军发起第六次北伐。

蓝玉在捕鱼儿海大败元军（捕鱼儿海战役）。

北元皇帝脱古思帖木儿被吉尔吉斯部也速迭儿所杀，也速迭儿自立为汗。废除帝号，蒙古此后不再立年号。

读书杂记

关于欧几里得及《几何原本》的疑问

《几何原本》的译名有问题

欧几里得的《几何原本》，比较准确的译名应为《几何原理》，据说此书希腊文的名称：Στοιχεα，即原理之义。

但是《几何原本》的英文书名为 *The Elements*，即几何元素。这个名称来自拉丁文的 Elementa，元素。

明末徐光启、利玛窦则把拉丁文 Elementa——翻译为“原本”。这个“原本”的意义，即本原、原始，之所以这么翻译，是因为明朝当时汉语还没有“元素”或者“原理”之词。

实际上，《几何原本》此书与多数的所谓古希腊著作一样，都是 12—15 世纪自小亚细亚的“希腊”（即东罗马）地区，在被十字军洗劫后，流散到欧洲的亚洲著作，最早传到欧洲的可能是阿拉伯文本。

据黑格尔在《哲学史讲演录》中的说法，所有的希腊著作包括《几何原本》在内，都是通过阿拉伯人传到欧洲的。

徐光启、利玛窦的译本是根据拉丁文本翻译的（所据系 1574 年由利玛窦老师克拉维乌斯 Christophorus Clavius 编纂的拉丁文版本）。

但是到 19 世纪末，却据说在梵蒂冈图书馆发现了《几何原本》的希腊文本。

又据说，19 世纪末在埃及俄克喜林库斯曾经发现大批古希腊的纸草著作，包括《几何原本》，即纸草中一页题名“元素”的几何证明。

但是这批所谓希腊著作的纸草文本的可信性，在西方学界也一直有人质疑。

其实，如果这些纸草文件可信，那么因其出土于埃及，表明此书与雅典希腊无关，而与亚洲的“希腊”或者阿拉伯人的确有关。

欧几里得，来历不明之人

据西方主流说法，欧几里得是埃及亚历山大人，因此被称为亚历山大里亚的欧几里得。据说他生活于托勒密一世时期，属于亚历山大学派。

但是，所谓亚历山大远征以及托勒密统治埃及的历史可说是虚妄的神话传说。而关于神奇的亚历山大图书馆等说法，也无任何可信史料支撑，都属于虚构的无稽之谈。

伪希腊历史的杜撰者称他为柏拉图的学生，曾就读于雅典柏拉图学院。但是雅典是一个非常简陋的山城，所谓柏拉图学院纯属子虚乌有。

阿拉伯人认为，《几何原本》的作者并不是希腊人，而是阿拉伯地区的人。欧几里得是阿拉伯人 Naucrates 的儿子，出生在提尔 Tyre（即推罗，黎巴嫩）。几何一书实际是（未必是一个人）对亚洲地区早期几何学及逻辑学思想的系统总结。

因此，西方所称的“几何之父”欧几里得其人和其书《几何原本》，事实上都是文艺复兴以后出现于欧洲，而来历则一直不明。

《几何原本》作者并非一人

据称欧几里得所著的《几何原本》成书于公元前 300 年，实际上，原书早已失传。

西方学界有人认为其实根本没有欧几里得这个人，《几何原本》其实是一群数学家以“欧几里得”为名所写，取名欧几里得是为了“好名声”。

〔附注：实际上，“欧几里得”一词是虚构的名称，据说希腊文原意就是好名声。“欧几里得 Euclid 是希腊文 Εκλεδης 的英化名字，意为好名声”。〕

有人认为，欧几里得类似由一群法国数学家组成的“尼古拉·布尔巴基数学小组”，集体编撰了《几何原本》一书。近代西方人为了杜撰一个一切科学起源于雅典希腊的神话，而臆造了“几何之父”欧几里得以及据称同时代的“物理力学之父”阿基米德。（The MacTutor History of Mathematics archive. Jean Itard. Les livres arithmétiques d'Euclide. 1962）

实际上，关于欧几里得的可信生平资料根本没有。大部分关于欧几里得的资料据说都是来自5世纪时一个罗马人普罗克洛及4世纪的帕普斯的评论，这两个人的著作也是15世纪以后出现的，本身很可疑。而所说的他们的年代距欧几里得也有近千年之久。

〔附注：据说普罗克洛在《对几何原本的评论》（*Commentary on the Elements*）中简单地述及欧几里得。根据普罗克洛的说法，欧几里得属于柏拉图学派，将《几何原本》集合在一起，这些著作原来是由柏拉图的学生（特别是欧多克索斯、泰阿泰德及欧普斯的腓力等）所写的。普罗克洛认为欧几里得与阿基米德都是托勒密一世时期的人云云。诸如此类这些说法查不到原始史料，毫无可信性。〕

《几何原本》是数学史上一部重要著作

众所公认，《几何原本》是数学史上一部重要的数学著作。它是数学的基础，总结了平面几何五大公设，被广泛认为是历史上最成功的一部初等教科书。

《几何原本》也涉及了一些关于透视、圆锥曲线、球面几何学及数论的内容。

《几何原本》第一次使用了公理化以及逻辑推演的论说方法，这一方法后来成了建立任何知识体系的典范，在差不多2000年间，被奉为必须遵守的严密思维的范例。

这本著作是数学的基础，在西方曾经是仅次于《圣经》而流传最广的书籍。

其中有严谨的数学证明系统，是后来2300年的数学逻辑构架的基础。

《几何原本》（*The Elements*）共有13卷（或说15卷），是一部成熟的总结性著作。是小亚细亚地区的亚洲本土希腊学派数学的总结性著作，文艺复兴时期流传到欧洲。

关于俄克喜林库斯纸莎草 29（P.29）《几何元素》片段

该片段据称是格伦菲尔（Grenfell）和亨特（Hunt）于 1897 年在埃及俄克喜林库斯垃圾中发现的。该片段年代据称为 3 世纪末或 4 世纪初，最近认为可能是 1 世纪。原件现藏于宾夕法尼亚大学图书馆（大学博物馆，E2748 藏品）。该文本格伦菲尔和亨特于 1898 年曾经发表出版。

据称，此稿是以斜体不规则的 uncial 字母抄写。碎片尺寸约为 85 毫米 ×152 毫米。该片段系《几何元素》第二册第 5 命题的论说，大意为："如果将一条直线切成相等和不相等的线段，则整个不等距线段所包含的矩形以及该截面的两点之间的直线上的正方形等于一半的正方形。"

〔何新注：

事实上，《几何原本》，更准确地说应当称为"原理"。因为据说原书书名为希腊文 Στοιχεα，是希腊文"定理"一词 Στοιχειον 的复数形式，因此原书直接的意思是"诸定理"，或者原理。

这本书的拉丁文译本书名为 *Elementa*，即元素。现代西方普遍沿用拉丁文译名，所以英文翻译为 Elements，也是"元素"的意思。

而埃及纸草文本的名称，据称是小亚细亚地区的古希腊文字。如果其题名是较晚出现的"元素"，而不是希腊的"原理"或"定理"，那么此文本之来历，即更加可疑。〕

【附录】

《大不列颠百科全书》欧几里得词条

【何新按】

这个词条最有趣之处是，承认："欧几里得的生平没有资料传留，出生地也无从查考。"但是它还是信誓旦旦地写了那么多有趣的内容。

词条原文

Euclid 欧几里得（活动时期约为公元前 300 年，亚历山大城），古代最杰出的数学家，以《几何原本》(以下简称《原本》）而闻名。

这部著作从他写作的时代一直流传至今，对人类活动起着持续的重大影响，至少到 19 世纪非欧几里得几何出现以前，它一直是几何的推理、定理和方法的主要源泉。

欧几里得的生平没有资料传留，出生地也无从查考。

仅知托勒密一世索特尔统治时期（约公元前 323 年—公元前 285 年或公元前 283 年)，他在亚历山大城教学并创办学校。

在中世纪人们往往把他和早 100 年的柏拉图时代的哲学家欧克莱得斯（Eucleides of Mega ma）混为一人。

他的《原本》汇编了早期许多人的著作，如希俄斯的希波克拉底（公元前 5 世纪）的著作和图狄乌斯的教科书。

其主题材料无疑取自前人的论著，但是整个著作无疑是由欧几里得自己构思的，他融合了前人的工作并发明了新的证明方法。

例如在《原本》的 13 篇中，第 5 篇主要是欧多克索斯的工作，第 10 篇主要是特埃特图斯的工作，但又都补充、发展了新的内容。

欧洲流传的欧几里得著作的拉丁文本主要来源于亚历山大城的泰昂对《原本》的修订本，而《原本》希腊文手稿，于 19 世纪初才在梵蒂冈图书馆发现。

除《原本》外，欧几里得还有其他著作。1916 年出版的拉丁文本《欧几里得全集》，收录了他留传下来的全部著作。

其中有《数据》(可能是《原本》的习题)、《论图形的剖分》、《光学》、《镜面反射》、《现象》(讲天文学、球面几何）等。据记载，他还有 4 部失传的著作：《辨伪术》是为训练学生区别几何推理的正确和谬误；《衍论》，共 3 卷，其主要内容已失传，据说是讨论介于纯理论与证明存在性的作图题之间的问题；《二次曲线》是一部仅次于《原本》的重要著作，共 4 卷，它成为阿波罗尼奥斯的《圆锥曲线》

头 4 篇的主体内容；还有《曲面—轨迹》，可能是讲形成曲面的轨迹或是曲面上的轨迹的。

欧几里得可能不是第一流数学家，然而他是第一流的数学教师，他写的教科书实际上持续使用了 2000 年之久，直到 19 世纪中叶发生所谓的“离开欧几里得”运动后，才出现大批其他各种几何学教科书。

（2019 年 11 月 1 日原载何新博客）

中国古今天文历法之演变

《宋史·律历志》:“古者帝王之治天下，以律历为先;儒者之通天人，至律历而止。历以数始，数自律生，故律历既正，寒暑以节，岁功以成，民事以序，庶绩以凝，万事根本由兹立焉。”

上古有太阳历法，也有太阴历法，也有观测气象物候的乾坤历(《易经》)历法。

夏、商、周时期，有所谓的“三正历”。

三正历，不仅岁首不同，季节划分也不同(有雨旱或春秋两季，或四个季节)，每年月数也不同(10个月或11个、12个、13个甚至更多个月)。

战国时期，人们根据一回归年为356又1/4天，创制《四分历》，即确立四季历法。但是，一些大国因地区不同，时序物候差异，而颁布了自己的历法，有秦历、楚历、齐历之别。

《四分历》的误差积累渐大，到汉武帝太初元年，时序严重错乱。汉武帝乃命司马谈、司马迁父子对《四分历》做了一次大的修订，制订了《太初历》。

《太初历》正式将“二十四节气”编入其中，明确一年为12个月，形成了“阴阳合历”的格局，基本确立了中国传统历法的体系。

此后，历朝历代多次改历。其中影响最大的有四次，分别是:唐代的《大衍历》、元代的《授时历》、明代的《崇祯历》以及清代的《时宪历》法。

需要特别说明的是，这四次改历都曾吸收西域天文学观测及计算，都与外来文明有关。

例如，唐代一行修订的《大衍历》借助了北印度的天文学。一行的老师是印度僧人善无畏。善无畏及一行在《开元占经》中记录了印度天文学的《九执历》。

发源于尼泊尔、克什米尔的佛教通过西域进入中国，秦汉以后在中国盛行。伴随着佛教的传播，古代克什米尔、印度河地区的文化和天文学传到了中国。

在隋唐之际，有多位来自克什米尔、印度的天文学家在朝廷的司天监供职。

开元年间，中天竺高僧善无畏来到长安后，建立了中土密宗。善无畏将天文历法秘传给弟子一行法师。

后来，一行受朝廷命制定《大衍历》。《大衍历》记录了太阳周年运动规律，标志着中国古代历法体系的成熟，并对后来的历法产生了重要影响。

此后，五代及宋代又多次重修历法。

元朝蒙古军队三次西征，大批色目人进入中国。回回天文历法也于此时传入中国。

1263 年，元世祖忽必烈设立“回回星历司”，招聘阿拉伯天文历法专家主持天文历法事务。

回回历法是以月相纪时的“阴历”。结合回回历法，郭守敬编撰了元代的《授时历》。

《授时历》是我国古代天文历法的又一座高峰，继承中国本土历法的同时吸取了回回历法的知识，比原先的历法更为精准。

明朝建国后，太祖朱元璋命刘基重修历法，1517 年刘基制定《大统历》，参照了元朝天文学家郭守敬编修的《授时历》和回历（1267 年正式传入中国）。

元朝时多由回族天文学家（著名的有札马鲁丁）担任大都观象台台长，明朝钦天监也有回历局。

明末，历法失调，预报日月食期不准。此时西方传教士已进入中国，给中国带来了欧洲新的天文历法知识。崇祯即位后，命徐光启修历。徐光启重用汤若望等西洋传教士，用“西洋新法”，编修了《崇祯新历》。

清顺治元年（1644 年）七月，礼部提出：“定鼎燕京，应颁宝历。据钦天监称，改用新法推注已成，请易新名。伏候钦定，以便颁行。”

随后清廷发布摄政王多尔衮谕令，依据耶稣会士汤若望呈《西洋新法历书》

（即原明《崇祯新历》）修订的“新法正历”，作为新王朝的法定历书。此历法即大清之《时宪历》。

此历法颁行不久，便因杨光先等本土守旧官员攻击而一度被贬废。但康熙七年（1668 年），因杨光先等复用的旧明历法失时，康熙皇帝诏令重新启用西洋历法。此后，新历法遂以《时宪历》为名畅行天下。

在康熙一朝，《时宪历》又由南怀仁主持进一步修订完善，遂达到中国传统历法的最高峰。

现在使用的农历，是由南京紫金山天文台颁布的《紫金历》，此历法基本沿用清代的《时宪历》历法。《紫金历》又称夏历，从 1929 年启用，一直沿用至今。

1949 年中华人民共和国成立后，主体历法宣布沿用中华民国时启用的西方格里历（现行公历），采用公元纪年法，同时也保留了夏历作为传统历法使用。

夏历采用干支纪年，20 世纪 60 年代中期以后，改称为农历。

【附录 1】

清朝康熙年间的历法之争

顺治十四年（1657 年），钦天监前回回科明炫奏新法之误，请“复立回回科，以存绝学”。新安卫官生杨光先进《摘谬论》《选择议》，攻击新历法。

康熙三年（1664 年），杨光先复上《请诛邪教状》，罗织罪名，诬陷汤若望等耶稣会士谋反。翌年朝廷判汤若望等迟凌及处斩。其中一条最重要罪名，是《时宪历》公然宣称依据西洋历法。但在汤若望预定的行刑之日，京师发生地震，震动朝野。于是汤氏被康熙特赦，只杀了李祖白等 5 名钦天监官员，《时宪历》亦遭废止。

此后杨光先乃出任钦天监正，吴明煊（明炫之弟）为监副，以回回历法为据“复用大统旧术”。行之数年，节气物候误差日大。持新法之比利时传教士南怀仁等，与持旧法之杨光先等交争不已。

康熙七年（1668 年）十一月，康熙派钦差察勘两造实际观测，证明新历法优准于旧历法。于是杨光先被革职，拟斩首，后以年老而遭赦免，改流放边疆。

康熙任南怀仁为钦天监副，于康熙九年（1670 年）全国复行依据西洋新法推算的“时宪历”。

此历法流传到今天，小有修订，即今日之农历、夏历。

【附录 2】

《授时历》，又称《辛巳历》。元时由王恂、郭守敬、杨恭懿和许衡等创制，郭守敬执笔定稿。

元世祖至元十三年（1276 年）开始编订，十七年冬完成，十八年正式颁行。此历汲取了汉以来四十多部历法之长，汇集自己实测成果。

《授时历》极富创新，其所考正的有冬至、岁余、日躔、月离、入交、二十八宿和日出入昼夜刻七事。

其创新之处在于：（一）用招差法和定气，求每日太阳运动；（二）用招差法，并分一近点月为 336 限，来计算月亮运动；（三）用勾股弧矢之法，求黄赤道差；（四）用圆容方直矢接勾股之法，求黄道去极度；（五）计算白道与赤道交点位置，即白道交周等，称为“创法五事”，皆极精彩。

《授时历》采用百位制，以一日为百刻，一刻为百分，一分为百秒；废除上元积年，以至元十八年（1281 年）辛巳岁天正冬至（实际上是在至元十七年内）为历元。

根据连续四年的实测，确定了当年的“气应”“闰应”“转应”和“交应”等数据；《授时历》还用招差法创立内插公式，推算日月五星行度；处理月球在近点月内的不等速问题。利用招差法制定了一个从冬至起按日盈积分数的表格。因招差术精度，可至高次差。

使用这种累次差的内插公式，中国要比西方约早 400 年。

《授时历》还创立从太阳黄道积度求赤道积度和赤道内外度的两个球面公式。《授时历》施行时间，如包括《大统历》在内，共三百六十四年。还曾传入朝鲜和日本。

1364年明太祖朱元璋召刘基造历，刘基改《授时历》为《大统历》。

洪武十七年（1384年），元统予以改编，去掉岁实消长以此年天正冬至为历元，基本天文数据和计算方法仍用《授时历》，调整原来篇目次序，共得四卷，称《大统历通轨》。

《明史历志二》将《大统历》分为三编。首编《法原》含勾股测望、弧矢割圆、黄赤道差、黄赤道内外度、白道交周、日月五星平立定三差和里差刻漏共七目。次编《立成》，详载各种用数表，以便推步使用。末编《推步》含气朔、日躔、月离、中星、交食、五星和四余共七目；四余即紫气（炁）、月孛、罗和计都。

《大统历》主要数据为：历元，洪武十七年甲子岁。岁实365.2425日，朔策29.530593日。气应55.0375日，即历元上距甲子日子正的日数，闰应18.217018日，即历元上距天正经朔的日数。推算月朔的方法，先用朔策和闰应，求得经朔，即日月平行会合；然后查《太阳盈缩差表》和《太阴迟疾差表》，求得太阳运动不均匀而产生的太阳改正和因月亮运动不均匀而产生的月亮改正，可得定朔。

推算节气的方法，用气策，即岁实，及气应，可得恒气。至于注历，月用定朔，二十四气用恒气不用定气。置闰则以定朔月内没有中气的月份为闰月。《大统历》自洪武十八年施用至崇祯十七年（1644年）。

但是，到明代中期以后，历序已经错乱失实。

《明史律历志》载："景泰元年正月辛卯，正三刻月食。监官误推辰初初刻，致失救护。下法司，论徒。诏宥之。"

"成化十年，以监官多不职，擢云南提学童轩为太常寺少卿，掌监事。十五年十一月戊戌望，月食，监推又误，帝以天象微渺，不之罪也。"

"十七年，真定教谕俞正已上《改历议》，诏礼部及轩参考。尚书周洪谟等言：'正已止据《皇极经世书》及历代天文、历志推算气朔，又以己意创为八十七年约法，每月大小相间。轻率狂妄，宜正其罪。'遂下正已诏狱。"

这是明朝后期最初倡议改历的人，但被处罚，类似西方的布鲁诺等。

【附录3】

《五代史》记古今历法

粤自轩黄，肇正天统，岁躔辛卯，历法时成。

故黄帝始用《辛卯历》，颛顼次用《乙卯历》，虞用《戊午历》，夏用《丙寅历》，商用《甲寅历》，周用《丁巳历》，鲁用《庚子历》，秦用《乙卯历》。

汉用《太初历》《四分历》《三统历》，凡三本。

魏用《黄初历》《景初历》，凡二本。

晋用《元始历》《合元万分历》，凡二本。

宋用《大明历》《元嘉历》，凡二本。

齐用《天保历》《同章历》《正象历》，凡三本。

后魏用《兴和历》《正光历》《正元历》，凡三本。

梁用《大同历》《干象历》《永昌历》，凡三本。

后周用《天和历》《丙寅历》《明元历》，凡三本。

隋用《甲子历》《开皇历》《皇极历》《大业历》，凡四本。

唐用《戊寅历》《麟德历》《神龙历》《大衍历》《元和观象历》《长庆宣明历》《宝应历》《正元历》《景福崇元历》，凡九本。

【附录 4】

宋代历法多变

建隆二年，以推验稍疏，诏王处讷等别造新历。四年，历成，赐名《应天》，未几，气候渐差。

太平兴国四年，行《乾元历》，未几，气候又差。继作者曰《仪天》，曰《崇天》，曰《明天》，曰《奉元》，曰《观天》，曰《纪元》。

迨靖康丙午，百六十余年，而八改历。

南渡之后，曰《统元》，曰《乾道》，曰《淳熙》，曰《会元》，曰《统天》，曰《开禧》，曰《会天》，曰《成天》，至德佑丙子，又百五十年，复八改历。

使其初而立法吻合天道，则千岁日至可坐而致，奚必数数更法，以求幸合玄象哉！盖必有任其责者矣。

虽然，天步惟艰，古今通患，天运日行，左右既分，不能无忒。

【附录 5】

《明史》载《回回历法》

《回回历法》，西域默狄纳国王马哈麻所作。其地北极高二十四度半，经度偏西一百零七度，约在云南之西八千余昊。其历元用隋开皇己未，即其建国之年也。洪武初，得其书于元都。

十五年秋，太祖谓西域推测天象最精，其五星纬度又中国所无。命翰林李翀、吴伯宗同回回大师马沙亦黑等译其书。其法不用闰月，以三百六十五日为一岁。

岁十二宫，宫有闰日，凡百二十八年而宫闰三十一日。以三百五十四日为一周，周一十十月有闰日。凡有闰闰凡百二十八年而官闰三十一日，以三百五十四日为一周，周十二月，月有闰日。

凡三十年月闰十一日，历千九百四十一年，宫月日辰再会。此其立法之大概也。按西域历术见于史者，在唐有《九执历》，元有札马鲁丁之《万年历》。

《九执因》最疏，《万年历》行之未久。唯《回回历》设科，隶钦天监，与《大统》参用二百七十余年。虽于交食之有无深浅，时有出入，然胜于《九执》《万年》远矣。但其书多脱误。

盗盖其人之隶籍台官者，类以土盘布算，仍用其本国之书。而明之习其术者，如唐顺之、陈壤、袁黄辈之所论著又自成一家言。

以故翻译之本不行于世，其残缺宜也。今为博访专门之裔，考究其原书，以补其脱落，正其讹舛，为《回回历法》，著于篇。积年起西域阿喇必年，隋开皇己未。下至洪武甲子，七百八十六年。

（2019 年 10 月 29 日原载何新博客）

唐代之胡旋舞

胡旋舞出自汉代。汉灵帝“好胡服、胡帐、胡床、胡坐、胡饭、胡空侯、胡笛、胡舞”。

逮于唐代,《旧唐书》记武则天的侄孙武延秀学胡旋舞:

延秀久在蕃中，解突厥语。常于主第，延秀唱突厥歌，作胡旋舞。

胡旋舞是西域胡人所跳之舞，特点是旋转如风。

《新唐书》记中亚的粟特的康国多次进献“胡旋女”。

康国位于今中亚细亚撒马尔罕,《新唐书》记康国,“开元初贡锁子铠、水精杯、码瓶、驼鸟卵及越诺、侏儒、胡旋女子”。

又有西域多国献胡旋舞:

米，或曰弥末……开元时，献璧、舞筵、师子、胡旋女。

俱蜜者，治山中……贞观十六年，遣使者入朝。开元中，献胡旋舞女。

北宋《册府元龟》卷九百七十一:

(开元年间)五月，俱蜜国遣使献胡旋女子及方物。

五月，康国献胡旋女子及豹史国献胡旋女子及蒲萄酒安国献马。

七月，突厥骨吐禄遣使献马及波斯锦史国王阿忽必多遣使献胡旋女子及豹。

安禄山是康国人。善胡旋舞——“乃疾如风”。

安史之乱后，白居易在回忆开元、天宝往事时，作诗《胡旋女》：

胡旋女，胡旋女。心应弦，手应鼓。弦鼓一声双袖举。回雪飘飖转蓬舞。左旋右转不知疲，千匝万周无已时。

胡旋女，出康居，徒劳东来万里余。中原自有胡旋者，斗妙争能尔不如。

天宝季年时欲变，臣妾人人学圜转。中有太真外禄山，二人最道能胡旋。

梨花园中册作妃，金鸡障下养为儿。禄山胡旋迷君眼，兵过黄河疑未反。

元稹《胡旋女》也云：

天宝欲末胡欲乱，胡人献女能胡旋。旋得明王不觉迷，妖胡奄到长生殿。胡旋之义世莫知，胡旋之容我能传。

（2020 年 2 月 1 日原载何新博客）

关于“尼亚”“斯坦”“利亚”

很多欧亚国家名称后缀有“尼亚”“斯坦”“利亚”。

比如亚美尼亚、罗马尼亚、肯尼亚、斯洛文尼亚、阿尔巴尼亚，乌兹别克斯坦、巴基斯坦、哈萨克斯坦、伊利斯坦，叙利亚、西伯利亚、保加利亚等。

这些后缀词语都是指地理范围，就是“某某之地”的意思。

例如叙利亚，意思就是苫（闪人）的土地。亚述 Assyria 和叙利亚 Syria 两个词有语源联系，亚述 Assyria，可以译为阿—叙利亚，而叙利亚 Syria 一词则是亚述 as+syria 的缩写。sy 的意思就是苫，闪人。

据西亚的传说，认为犹太人、阿拉伯人的祖先都是闪人。西亚—黎凡特地区古代是闪人的家园，叙利亚名称就是这么来的。

据欧洲语言学家研究，“斯坦”来自古波斯语，而“尼亚”来自西亚的拉丁语。

“尼亚”是拉丁文中“nia”的词尾，意思可释为“之国”。“尼亚”这个词语起源于小亚细亚地区。“尼亚”在一些欧洲语言中转语为“西亚”，例如达西亚、波利尼西亚、西里西亚等。

而“斯坦”这个词语是出自波斯语，为“土地”的意思，例如哈萨克斯坦，就是哈萨克人的土地，是表达一个族部控制下的地理范围。

“斯坦”这个后缀语主要是出现在中亚地区。古代中亚属于突厥人和波斯人的文化圈，所以带“斯坦”的一些国家，或者与突厥文化或者与波斯文化的影响有关。比如哈萨克斯坦、塔吉克斯坦、乌兹别克斯坦、印度斯坦、巴基斯坦等。巴基斯坦在伊斯兰化以前，称作印度斯坦。中亚的阿富汗，以前称为阿富汗斯坦。

“利亚”这个缀语则是出自古代北亚的匈奴—鲜卑和后来蒙古人的语言，也是土地的意思。例如西伯利亚，就是鲜卑利亚，鲜卑人的土地。蒙古利亚，就是蒙古人的土地。

（2020 年 2 月 28 日原载何新博客）

读利玛窦《坤舆万国全图》札记

1602年前后利玛窦、李之藻绘制了《坤舆万国全图》。

1.《坤舆万国全图》认为美洲是欧罗巴人发现的

南北亚墨利加并亚墨瓦腊泥加，自古无人知有此处。唯一百年前欧罗巴人乘船至其海边之地，方知然。其地广阔而人蛮滑，迨今未详审地内名国人俗。

〔何新按：1492年10月12日，哥伦布率西班牙船队初次来到南美洲新大陆。〕

2.图中南太平洋方向，有澳洲——大洋洲

《坤舆万国全图》中有巴布亚新几内亚，此地在图中名叫巴布亚私。此岛之西南即澳洲，当时叫新入匿。记云：

此地名为新入匿，因其势貌利未亚入匿相同。欧罗巴人近方至此，故未审，或为一片相连地方，或为一岛。

澳洲，最早是1512年被葡萄牙人发现的。

〔何新按：1512年，有葡萄牙人登陆巴布亚新几内亚，新几内亚是现在的澳大利亚属岛，发现了大洋洲——澳大利亚。〕

3.前此有人认为利玛窦图中的南极鹦鹉地为澳大利亚，似误

我以为，南极鹦鹉地就是南极，其隔海（印度洋）对面，即非洲大陆之南非。而南极之所以称为“鹦鹉地”，实际应当是指企鹅之地。因企鹅与大鹦鹉形

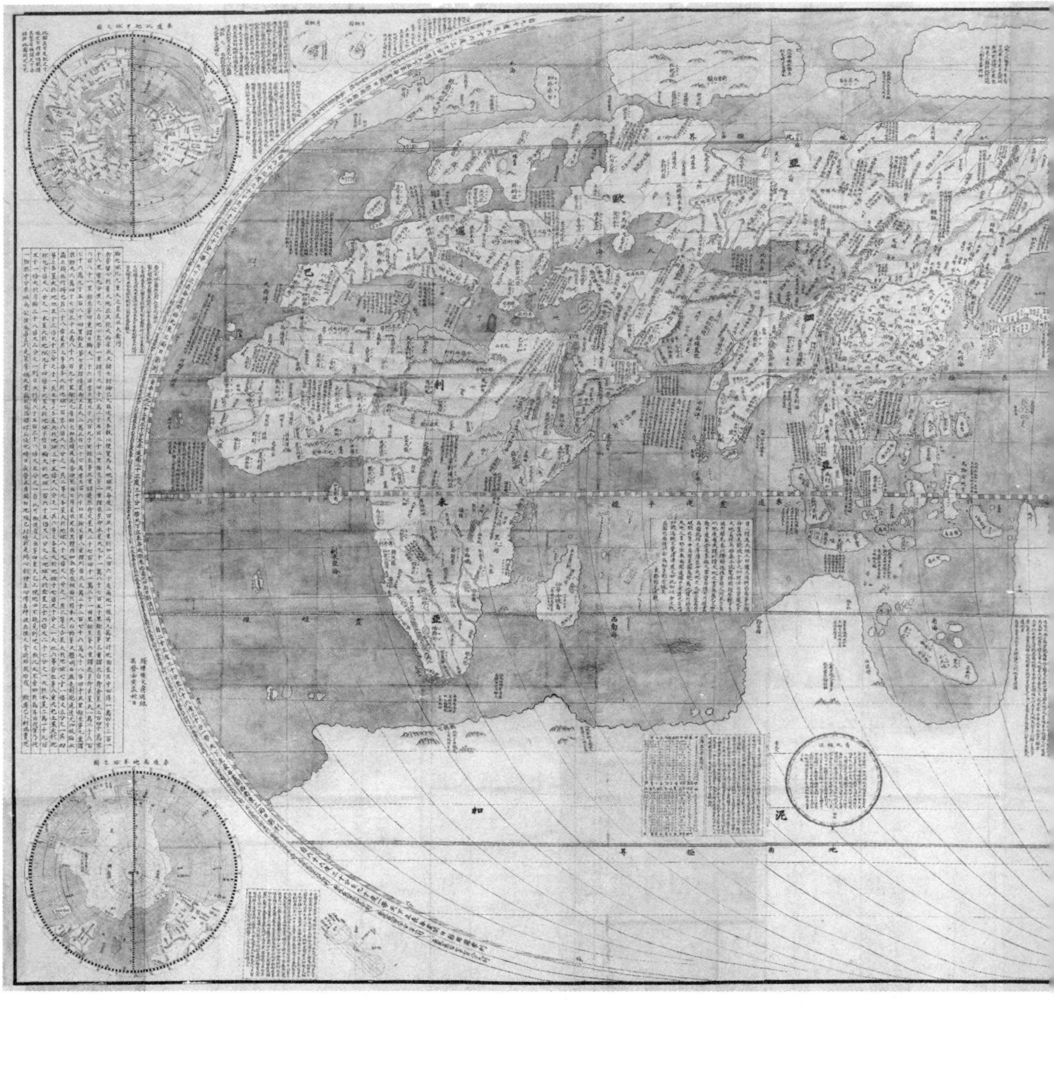

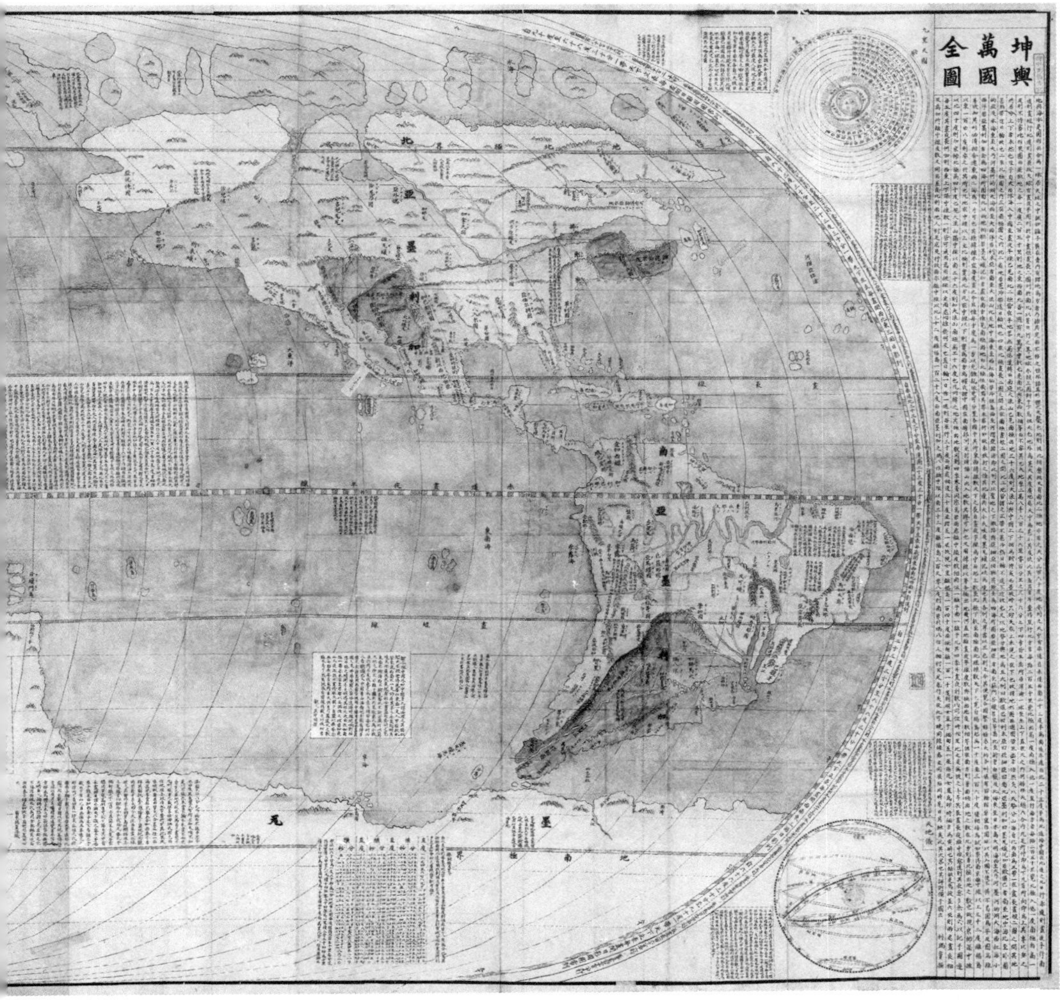
坤輿萬國全圖

似，而南极地多企鹅，故名鸚鵡地也。

4. 明代时希腊半岛尚无“希腊”之名

今日之希腊半岛，在《坤舆万国全图》中主要指亚尔百泥亚（阿尔巴尼亚），希腊则名为厄勒齐亚，即 Graecia 格里西亚，即今日希腊国名之格里斯。此也是希腊半岛阿卡拉地区的本名。

所谓“希腊”，本来是亚洲的地名。据《圣经》，希腊原在地中海东部之黎凡特地区。文艺复兴后欧洲人把亚洲的“希腊”，张冠李戴赋予了爱琴海西之格里斯半岛。顺便还须说明，现在希腊半岛的主要居民，并不是古希腊族人的后裔，而是阿尔巴尼亚族人。现代希腊语言，也是阿尔巴尼亚语的希腊分枝。

〔附注：阿尔巴尼亚族人大部分分布在阿尔巴尼亚，另外在马其顿、希腊等地也有大量分布。阿尔巴尼亚语西方语言学认为属于印欧语系中自成一支的语言，母语是阿尔巴尼亚、科索沃和马其顿的官方语言。希腊语与阿尔巴尼亚语言属于近亲语言。〕

值得注意的是，伯罗奔尼撒半岛在《坤舆万国全图》中记作桑叶岛即莫勒亚 Morea，莫勒亚是桑叶之意。这应当是这个岛的本土古名。但是如果此岛古代没有伯罗奔尼撒这个名称，那么所谓的雅典与斯巴达的“伯罗奔尼撒”人力船战争，就极其可疑了。

《坤舆万国全图》中有意大利半岛，称意大里亚。

【附记】

利玛窦《坤舆万国全图》绘制于 1602 年前后，图上的南极地理图，可能是参考过当时的欧洲世界地图。例如 1570 年，亚伯拉罕·奥特柳斯绘制的世界地图，已清楚描绘有北极大陆和南极大陆。

（2019 年 11 月 11 日原载何新博客）

【附录】

关于利玛窦《坤舆万国全图》的现存版本

一、《坤舆万国全图》在国内有三个藏本：

1. 南京博物院所藏《坤舆万国全图》，为明万历三十六年所作；

（1608 年）宫廷中的彩色摹绘本，是国内现存最早的摹绘版本；

(《坤舆万国全图》通幅纵 168.7 厘米、横 380.2 厘米）

2.1603 年刻本《两仪玄览图》今藏于辽宁省博物馆；

3. 康熙十三年比利时传教士南怀仁制作《坤舆图说》，藏于河北大学图书馆。

二、李之藻原刻版《坤舆万国全图》六件，保存在国外的：

1. 梵蒂冈教廷图书馆有两个藏本（完整的六屏幅，无着色）；

2. 日本京都大学（六屏幅完整，着色）；

3. 日本宫城县立图书馆（六屏幅完整，着色）；

4. 日本内阁文库（无着色）；

5. 原克莱芒学院（如今下落不明）；

6. 意大利博洛尼亚大学天文台（现存两条屏幅，第一区和第六区）。

（2019 年 11 月 15 日原载何新博客）

西戎与欧洲

中国自古有四夷的传说，即东夷、南蛮、西戎、北狄。

所谓西戎，广义指西北所有的异族，但狭义可能是指柔然。戎就是柔然的反切古音。

柔然，史书亦称蠕蠕、芮芮、茹茹、蝚蠕等，汉代以前是匈奴别部。南北朝时强盛于西北方的草原与大漠之间。

北魏武帝拓跋焘的时候，决定亲征柔然。北魏拓跋族属于鲜卑人，非常看不起柔然，因为柔然的始祖曾经是拓跋部的奴隶。429 年，拓跋焘击败柔然。此后，柔然走向了没落。最后在 554 年灭国。

柔然灭国后，一部分人逐渐融合于突厥、契丹部落，被同化。另一部分人辗转西迁，经过南俄罗斯草原进入欧洲。7 世纪时，柔然人在今天的德国巴伐利亚地区建立了阿瓦尔汗国。阿瓦尔汗国后来西征法兰克地区，生擒了法兰克王西格伯特，导致墨洛温王朝的衰微和加洛林王朝的兴起。

突然崛起的阿瓦尔汗国将整个中欧地区吞并，在中欧建立柔然帝国，成为欧洲第一强权，横霸整个中欧二百多年，一直到 798 年才被法兰克国王查理率兵打败。

柔然吞并格皮德王国后，迫使伦巴第人向南方迁徙，很多柔然人留下居住在伦巴第。

如今的伦巴第地区属于意大利。而具有柔然人血统的后裔则在意大利北部生活至今。

（参考资料:《中国历代疆域面积考》）

史地辑佚

杜环《西海经行记》辑注

《西海经行记》，是唐人杜环所写的中西亚旅行记录，此书在《通典》中被称作“经行记”。作者杜环，唐玄宗时京兆人，生卒年不详。

唐玄宗天宝十年（751 年）七月随右羽林大将军高仙芝率蕃、汉兵 5 万进攻大食。两军在怛逻斯会战，唐军败，此役“士卒死亡略尽，所余才千余人”，唐军被俘者 2 万人，杜环也在其中。

其后，杜环在中亚、西亚及地中海等大食地区居留十多年。

〔按：怛逻斯，刘郁称塔拉寺，今称塔拉兹（Тараз，Taraz），旧称江布尔，在今哈萨克斯坦江布尔州首府，位于该国南部塔拉斯河畔，邻近吉尔吉斯斯坦。怛逻斯为石国大镇。天宝十年，高仙芝兵败于此地。〕

十一年后代宗宝应元年（762 年）杜环乘商船由海路经印度洋、锡兰、马来半岛返回广州。归国后将他在西方的游历见闻编著成书即《西海经行记》。

但遗憾的是，此书已佚。所幸杜环之族父杜佑在《通典》中引用了此书，保留下一部分重要的内容。

〔杜佑《通典》卷一百九十一《西戎总序》，及卷一百九十三《大食传》《边防典》中，引述《西海经行记》的部分内容。〕

民国初年王国维根据明代嘉靖本《通典》，将其中引用的《西海经行记》片段辑录成《古行记校录》。近人张一纯有详细校注本，由中华书局于 1960 年出版。

在《西海经行记》中，杜环的记述涉及中西亚计 13 国：拔汗那国、康国、师子国、拂菻国、摩邻国、勃萨罗国、大食国、大秦国、波斯国、石国、碎叶国、末禄国、苫国，以及南亚之锡兰以及马来半岛。

此为笔者旧年研读张一纯本所做的部分校订、摘录及杂记。

〔唐〕杜环撰　王国维辑

张一纯　笺注

何新重编并附注（补充、校订）

目录

序

杜佑《通典》叙：

"族子环，随镇西节度芝西征，天宝十载（751 年）至西海。宝应初（762 年）因贾商船舶自广州而回，著《经行记》。"（《通典》卷一九一《西戎总序》）

一、拔汗那国

拔汗那国，在怛逻斯南千里。

〔附注：丁谦说拔汗那（Ferghanah）之地即汉代之大宛国，为一伊兰语系国家，"（即）古渠搜国"。唐天宝三载改其国号（《新唐书》卷 221 下《西域传》）。今锡尔河上游费尔干盆地即其地。〕

〔《新唐书》二二一："宁远者，本拔汗那，或曰汗，元魏时谓破洛那。去京师八千里。居西鞬城，在真珠河之北。有大城六，小城百。人多寿。其王自魏、晋相承不绝。每元日，王及首领判二朋，朋出一人被甲斗，众以瓦石相之，有死者止，以卜岁善恶"。〕

〔按：怛逻斯即今哈萨克斯坦塔拉兹城。此地在唐代曾发生过两次重要战役。

唐开元二十七年（739年），唐军与西突厥会战于此。碛西节度使盖嘉运遣别将破怛逻斯城，大胜，擒突厥黑可汗。(《资治通鉴》)

天宝十年（751年），安西节度使高仙芝率唐军与大食国和石国联军会战于此，唐军败。《新唐书·高仙芝传》：石国“王子走大食，乞兵攻仙芝于怛逻斯城”。《读史方舆纪要》卷六十五：“怛逻斯城在故石国东北。杜佑曰：碎叶川长千余里，东头有热海，西头有怛逻斯城。开元……盖嘉运潜袭怛逻斯城，擒突骑施别部黑姓可汗尔微。天宝十载，高仙芝自安西讨大食，大败于怛逻斯城。”本书作者即于此战中被俘。〕

东隔山，去疏勒二千余里。

〔附注：山即天山，在其东。疏勒，故地在今新疆喀什（噶尔）。《西域记》谓赭时，即石国。〕

〔《通典》一九二：“疏勒，汉时通焉。王理疏勒城，去长安九千三百里。户千五百。都白山南百余里。东至都尉理所二千二百里。南有河，西带葱岭，亦名雪山，在国西北百余里，河所出。东去龟兹千五百里，西去拔汗国（拔汗一名判汗）千里，当大月氏、大宛、康居道。南去莎车五六百里，北去朱俱波八九百里。（隋史云：东北去突厥牙帐千余里，东南去瓜州四千六百里）在于阗国北千五百里。土多稻、粟、蔗、麦、铜、铁、绵、锦、雌黄。”《旧唐书》一九八：“疏勒国，即汉时旧地也。西带葱岭，在京师西九千三百里。其王姓裴氏。贞观中，突厥以女妻王。胜兵二千人。

俗事祆神，有胡书文字。贞观九年，遣使献名马，自是朝贡不绝。开元十六年，玄宗遣使册立其王裴安定为疏勒王。”〕

〔《新唐书》二二一：“疏勒，一曰佉沙，环五千里，距京师九千里而赢。多沙碛，少壤土。俗尚诡诈，生子亦夹头取褊，其人文身碧瞳。王姓裴氏，自号‘阿摩支’，居迦师城，突厥以女妻之。胜兵二千人。俗祠祆神。”即今新疆疏勒县。〕

西去石国千余里。

〔附注：石国地在今乌兹别克斯坦塔什干。〕

城有数十，兵有数万。大唐天宝三年，嫁和义公主于此。

〔《新唐书》二二一：“玄宗开元二十七年，王阿悉烂达干助平吐火仙，册拜奉化

王。天宝三载，改其国号宁远，帝以外家姓赐其王曰窦，又封宗室女为和义公主，降之。”〕

国土有波罗林，林下有球场。又有野鼠，遍于山谷。

〔《新唐书》西域传：贞观二十一年摩揭陀献波罗树，波罗树类白杨。〕

〔附注：球场，向达说即波罗球场。波罗球，马球也，起于波斯。唐贞观年间自西域传入中国，为唐时贵族之所好。

野鼠，《太平广记》四百四十引《异苑》曰：“西域有鼠，大如狗，中者如兔，小者如常。大鼠头悉已白，然带以金枷。商贾有经过其国，不先祈祀者，则啮人衣裳也。得沙门咒愿，更获无他。释道安昔至西方，亲见如此。”〕

土宜蒲萄、䅟罗果、香枣、桃、李。

从此国至西海，尽居土室，衣羊皮、叠布，男子妇人皆着靴。妇人不饰铅粉，以青黛涂眼而已。

〔附注：皆西域果品。蒲萄即葡萄。䅟罗果，即今之库尔勒香梨，香枣即新疆哈密枣。(《新唐书》地理志)

西海，此可能指里海。

中国历史不同时代之西海，即西方之海，并无确定之指。青海、海、印度洋以及地中海都曾被称为西海。杜环书中多以地中海为西海。〕

(《通典》卷一九二《疏勒》)

二、康国

康国在米国西南三百余里，一名萨末建。

〔附注：康国，地在今乌兹别克斯坦之撒马尔罕，为月氏人或为粟特人所建。〕

〔《新唐书》二二一：“米，或曰弥末，曰弥秣贺。北百里距康。其君治钵息德城，永徽时，为大食所破。显庆三年，以其地为南谧州，授其君昭武开拙为刺史，自是朝贡不绝。开元时，献璧、舞筵、师子、胡旋女。十八年，大首领末野门来朝。天宝初，封其君为恭顺王，母可敦郡夫人。”〕

土沃，人富。国小。有神祠名（拔）祆。

诸国事者，本出于此。

〔附注：祆神，拜火教之火神。盖谓诸国共事祆神（即拜火教）者，皆源于此祠也。〕

〔《通典》一九三："康居国，汉时通焉。在大宛西北可二千里，与粟弋、伊列邻接。王理乐越匿地卑阗城，亦居苏薤城，去长安万二千三百里。不属都护。户十二万。东至都护理所五千五百里。与大月氏同俗。地和暖，饶桐、柳、蒲萄，多牛羊，出好马。……至隋时，谓之康国。大业中，遣使朝贡。其王姓温，月氏人也。（隋史云：即汉康居之后，自汉以来，相承不绝）

旧居祁连山北昭武城，自被匈奴所破，西逾葱岭，遂有此国。枝庶各分王，故康国左右诸国，米国、史国、曹国、何国、安国、小安国、那色波国、乌那曷国、穆国凡九国，皆其种类，并以昭武为姓，示不忘本也。〕

〔韦节《西蕃记》："康国人并善贾，男年五岁则令学书，少解则遣学贾，以得利多为善。其人好音声。以六月一日为岁首，至此日，王及人庶并服新衣，翦发须。在国城东林下七日马射，至欲罢日，置一金钱于帖上，射中者则得一日为王。

俗事天神，崇敬甚重。云神儿七月死，失骸骨，事神之人每至其月，俱着黑叠衣，徒跣抚胸号哭，涕泪交流。丈夫妇女三五百人散在草野，求天儿骸骨，七日便止。国城外别有二百余户，专知丧事，别筑一院，院内养狗。每有人死，即往取尸，置此院内，令狗食之，肉尽收骸骨，埋殡无棺椁。"〕

〔《旧唐书》一九八："康国，即汉康居之国也。其王姓温，月氏人。先居张掖祁连山北昭武城，为突厥所破，南依葱岭，遂有其地。枝庶皆以昭武为姓氏，不忘本也。其人皆深目高鼻，多须髯。丈夫剪发或辫发。其王冠毡帽，饰以金宝。妇人盘髻，幪以皂巾，饰以金花。人多嗜酒，好歌舞于道路。

"生子必以石蜜内口中，明胶置掌内，欲其成长口常甘言，掌持钱如胶之黏物。俗习胡书。善商贾，争分铢之利。男子年二十，即远之旁国，来适中夏，利之所在，无所不到。以十二月为岁首。有婆罗门为之占星候气，以定吉凶。颇有佛法。至十一月，鼓舞乞寒，以水相泼，盛为戏乐。"〕

〔《新唐书》二二一："康者，一曰萨末鞬，亦曰飒秣建，元魏所谓悉斤者。其南距史百五十里，西北距西曹百余里，东南属米百里，北中曹五十里。在那密水南，大城三十，小堡三百。君姓温，本月氏人。始居祁连北昭武城，为突厥所破，稍南依葱岭，即有其地。枝庶分王，曰安，曰曹，曰石，曰米，曰何，曰火寻，曰戊地，曰史，世谓九姓，皆氏昭武。

"土沃宜禾，出善马，兵强诸国。人嗜酒，好歌舞于道。王帽毡，饰金杂宝。女子盘髻，蒙黑巾，缀金花。生儿以石蜜啖之，置胶于掌，欲长而甘言，持珤若黏云。习旁行书。善商贾，好利，丈夫年二十，去傍国，利所在，无不至。以十二月为岁首，尚浮图法，祠祆神，出机巧技。十一月鼓舞乞寒，以水交泼为乐。"〕

（《通典》卷一九三《康居》）

三、末禄国

末禄国，在亚梅国西南七百余里。

〔附注：末禄地在土库曼斯坦，今中亚土库曼共和国之梅尔夫（Merv）城。张星烺谓祆教圣地。丁谦云：即安息东界之木鹿城，隋时之穆国。

《西域传》作木鹿城，《隋书》作穆国。阿拉伯地理学家有作马鲁、美路、痲甫（《中西交通史料汇编》第五册98页）。

此地乃呼罗珊首府，黑衣大食之发祥地。

怛逻斯战役败高仙芝军而虏杜环者，即在此附近。至11世纪时，塞尔柱突厥人建都于此。〕

胡姓末者，兹土人也。

其城方十五里，用铁为城门。城中有盐池，又有两所佛寺。其境东西百四十里，南北百八十里，村栅连接，树木交映，四面合匝，总是流沙。

南有大河，流入其境。

〔附注：即阿姆河。〕

分渠数百，溉灌一州。

其土沃饶，其人净洁。墙宇高厚，市鄽平正。

木既雕刻，土亦绘画。又有细软叠布，（即波斯锦）羔羊皮裘，估其上者，值银钱数百。

果有红桃、白柰、遏白黄李。瓜大者名寻支，十余人飧一颗辄足。越瓜长四尺以上。

菜有蔓菁、萝卜、长葱、颗葱、芸台、胡芦、葛蓝、军达、茴香、英薤、瓠芦，尤多蒲陶。又有黄牛、野马、水鸭、石鸡。其俗以五月为岁，每岁以画缸相献。有打球节、秋千节。其大食东道使镇于此。从此至西海以来，大食、波斯参杂居止。其俗礼仪，不食自死肉及宿肉，以香油涂发。

〔附注：军达，《本草纲目》作莙荙，甜菜也。葛蓝即甘蓝。蒲陶即葡萄。〕

〔《新唐书》二二一："（大食）东有末禄，小国也。治城郭，多木姓。以五月为岁首，以画缸相献。有寻支瓜，大者十人食乃尽。蔬有颗葱、葛蓝、军达、茇薤。"当本此。〕

（《通典》卷一九三《大食》）

四、石国

其国城一名赭支，一名大宛。

〔附注：张氏云：石国为"昭武九姓"之一，即今塔什干（Tachkend），在今中亚乌兹别克共和国境。kend 为城市，突厥语谓石为 tach，Tach-kend 系言石城。〕

〔《通典》一九三："石国，隋时通焉。居于药杀水，都柘折城，方十余里。本汉大宛北鄙之地。东与北至西突厥界，西至波腊国界，西南至康居界，南至率都沙那国界。王姓石。

"国城之东南立屋，置座于中，正月六日、七月十五日以王父母烧余之骨，金瓮盛之，置于床上，巡绕而行，散以香花杂果，王率臣下设祭焉。礼终，王与夫人出就别帐，臣下以次列坐而飨宴。有粟、麦，多良马。南去（音拨）汗六百里，东南去瓜州六千里。"〕

〔《新唐书》二二一："石国或曰柘支，曰柘折，曰赭时，汉大宛北鄙也。去京师九千里。东北距西突厥，西北波腊，南二百里所抵俱战提，西南五百里康也。圆千余里，右涯素叶河。王姓石，治柘折城，故康居小王窳匿城地。西南有药杀水，入中国谓之真珠河，亦曰质河。东南有大山，生瑟瑟。俗善战，多良马。隋大业初，西突厥杀其王，以特勒匐职统其国。

"武德、贞观间，数献方物。显庆三年，以瞰羯城为大宛都督府，授其王瞰土屯摄舍提于屈昭穆都督。开元初，封其君莫贺咄吐屯，有功，为石国王。

"二十八年，又册顺义王。明年，王伊捺吐屯屈勒上言：'今突厥已属天可汗，惟大食为诸国患，请讨之。'天子不许。天宝初，封王子那俱车鼻施为怀化王，赐铁券。久之，安西节度使高仙芝劾其无蕃臣礼，请讨之。王约降，仙芝遣使者护送至开远门，俘以献，斩阙下，于是西域皆怨。王子走大食乞兵，攻怛逻斯城，败仙芝军，自是臣大食。宝应时，遣使朝贡。"〕

天宝中，镇西节度使高仙芝，擒其王及妻子归京师。

〔《旧唐书》卷一百四《高仙芝传》："（天宝）九载，将兵讨石国，平之，获其国王以归。仙芝性贪，获石国大块瑟瑟十余石、真金五六馲驼、名马宝玉称是。"〕

〔《新唐书》卷一三五："（天宝）九载，讨石国，其王车鼻施约降，仙芝为俘献阙下，斩之，由是西域不服。其王子走大食，乞兵攻仙芝于怛逻斯城，以直其冤。仙芝为人贪，破石，获瑟瑟十余斛、黄金五六橐驼、良马宝玉甚众，家赀累巨万。然亦不甚爱惜，人有求辄与，不问几何。"〕

〔《资治通鉴》二一六：天宝九年，"安西四镇节度使高仙芝伪与石国约和，引兵袭之，虏其王及部众以归，悉杀其老弱"。十年，"安西节度使高仙芝入朝，献所擒突骑施可汗、吐蕃酋长、石国王、朅师王。加仙芝开府仪同三司。寻以仙芝为河西节度使，代安思顺"。〕

国中有二水，一名真珠河，一名质河，并西北流。

土地平敞，多果实，出好犬、良马。

〔附注：真珠河（Ajak-Tach）一作珍珠河，即药杀水。《西域记》："赭时国，周千余里，西临叶河。"叶河，《慈恩传》作叶叶河，即药杀水。〕

〔《通典》："大宛，汉时通焉。王理贵山城，去长安万二千五百里。户六万。东至都护理所四千里，北至康居卑阗城千五百里，西南至大月氏七百里。北与康居、南与大月氏接。土地风气物类人俗与大月氏、安息同。”(《通典》一九二）注引宋膺《异物志》:“大宛马有肉角数寸，或有解人语及知音、舞与鼓节相应者。”隋《西域图记》云:“其马，骝马、乌马多赤耳，黄马、赤马多黑耳。唯耳色别，自余毛色与常马不异。”〕

(《通典》卷一九三《石国》)

五、碎叶国

碎叶国，从安西西北千余里，有勃达岭。

〔附注：又称拨达岭（即八达岭)，今天山南道也。

贞观中置安西都护府于交河城（今新疆吐鲁番西)，显庆（656—661年）初，移治龟兹（今新疆库车)，库车与碎叶城之距离约八百华里，玄奘说九百余里，近是。〕

〔《新唐书》二二一:“徙安西都护于其都（即龟兹国都伊逻庐城)，统于阗、碎叶、疏勒，号‘四镇’。

“有碎叶者，出安西西北千里所，得勃达岭，南抵上国，北突骑施南鄙也，西南直葱岭赢二千里。水南流者经中国入于海，北流者经胡入于海。

“北三日行度雪海，春夏常雨雪。繇勃达岭北行赢千里，得细叶川。东曰热海，地寒不冻。西有碎叶城，天宝七载，北庭节度使王正见伐安西，毁之。川长千里，有异姓突厥兵数万，耕者皆擐甲，相掠为奴婢。

“石常分兵镇之。自此抵西海矣。三月讫九月，未尝雨，人以雪水溉田。”〕

岭南是大唐北界，岭北是突厥骑施南界，西南至葱岭二千余里。

其水，岭南流者尽过中国而归东海。

〔附注：丁谦说长江黄河均出西部高原，归入东海。〕

岭北流者尽经胡境而入北海。

又北行数日，度雪海。其海在山中，春夏常雨雪，故曰雪海。中有细道，道傍往往有水孔，嵌空万仞，辄堕者莫知所在。

勃达岭北行千余里，至碎叶川。其川东头有热海，兹地寒而不冻，故曰热海。

〔按：今日伊塞克湖。〕

又有碎叶城。

〔附注：碎叶城是唐朝在西域之重镇，位于今吉尔吉斯斯坦首都比什凯克以东，楚河流域的托克马克市附近，巴尔喀什湖以东、以南，自公元前 1 世纪汉朝设立西域都护府，就成为护卫西域的一个重镇。碎叶城地处“丝绸之路”两条干线的交汇处，中西商人汇集于此，东西交通的必经之路。是中国历代王朝在西部地区设防最远的一座边陲城市，也是丝路上一重要城镇。它与龟兹、疏勒、于阗并称为唐代“安西四镇”。曾经多次修筑城墙，唐代碎叶城是仿长安城而建。〕

天宝七年，北庭节度使王正见薄伐，城壁摧毁，邑居零落。

昔交河公主所居止之处，建大云寺，犹存。

〔《新唐书》二一五：“突骑施吐火仙之败，始以怀道子昕为十姓可汗、开府仪同三司、蒙池都护，册其妻凉国夫人李为交河公主，遣兵护送。昕至碎叶西俱兰城，为突骑施莫贺达干所杀，交河公主与其子忠孝亡归，授左领军卫员外将军，西突厥遂亡。”〕

其川西接石国，约长千余里。川中有异姓部落，有异姓突厥。

〔附注：即葛逻禄，见《新唐书》卷 217。〕

各有兵马数万。城堡间杂，日寻干戈，凡是农人，皆擐甲胄，专相虏掠，以为奴婢。

其川西头有城，名曰怛逻斯。石国大镇，即天宝十年高仙芝军败之地。

〔《资治通鉴》二一六：“高仙芝之虏石国王也，石国王子逃诣诸胡，具告仙芝欺诱贪暴之状。诸胡皆怒，潜引大食欲共攻四镇。仙芝闻之，将蕃、汉三万众击大食，深入七百余里，至怛罗斯城，与大食遇。相持五日，葛罗禄部众叛，与大食夹攻唐军，仙芝大败，士卒死亡略尽，所余才数千人。右威卫将军李嗣业劝仙芝宵遁，道路阻隘，拔汗那部众在前，人畜塞路；嗣业前驱，奋大梃击之，人马俱毙，仙芝乃得过，将士相失。”〕

从此至西海以来，自三月至九月，天无云雨，皆以雪水种田。宜大麦、小麦、稻禾、豌豆、毕豆。饮蒲萄酒、糜酒、醋乳。

（《通典》卷一九三《石国》）

六、波斯国

（波斯）自被大食灭至天宝末，已百余年矣。

〔附注：波斯，《西域记》《新唐书》《西域传》并作波剌斯，两汉时期之安息也。

张氏云：3世纪30年代，安息衰弱，阿尔达喜兴起，建立波斯萨珊王朝，在423—627年，波斯既与东罗马连年构兵，元气大伤，则王位争夺，内乱频仍，于是阿拉伯人乘机而起。当波斯瓦解时，其王伊嗣俟三世出奔木鹿城（Merv），其地长官所弑，王子卑路斯奔丁谦云："按波斯为阿拉伯人所灭，为唐高宗永徽三年（652年），至天宝末（755年），计一百有二年。"〕

〔《通典》一九三："波斯，后魏时通焉。在达曷水之西，都宿利城。（后周史云：苏利城。隋史云：苏蔺城。记录音讹，其实一也）有河经其城中南流，即条支之故地也。大月氏之别种。其先有波斯匿王，其子孙以王父字为氏，因为国号焉。王姓波斯。户十余万。东去中国万余里，西去海数百里，东南去穆国四千余里，西北去拂菻四千五百里。有楼观、屋宇、佛寺。城西十五里有土山，周回高大，其势连接甚远，中有鹫鸟啖羊，土人极以为患。"〕

〔《旧唐书》一九八："波斯国，在京师西一万五千三百里，东与吐火罗、康国接，北邻突厥之可萨部，西北拒拂菻，正西及南俱临大海。户数十万。其王居有二城，复有大城十余，犹中国之离宫。"〕

〔《新唐书》二二一："大食，本波斯地。男子鼻高，黑而髯。女子白皙，出辄鄣面。日五拜天神。银带，佩银刀，不饮酒举乐。有礼堂容数百人，率七日，王高坐为下说曰：'死敌者，生天上，杀敌受福。'故俗勇于斗。土饶砾不可耕，猎而食肉。刻石蜜为庐如舆状，岁献贵人。蒲陶大者如鸡卵。有千里马，传为龙种。

"隋大业中，有波斯国人牧于俱纷摩地那山，有兽言曰：'山西三穴，有利兵，黑石而白文，得之者王。'走视，如言。石文言当反，乃诡众裒亡命于恒曷水，劫商旅，保西鄙自王，移黑石宝之。国人往讨之，皆大败还，于是遂强。灭波斯，破拂菻，始有粟麦仓庾。南侵婆罗门，并诸国，胜兵至四十万。康、石皆往臣之。其地广万里，

东距突骑施。西南属海。"〕

〔《旧唐书》卷一九八："龙朔初，击破波斯，又破拂菻，始有米面之属。又将兵南侵婆罗门，吞并诸胡国，胜兵四十余万。"〕

（《通典》卷一九三《波斯》）

七、大食国

（大食）一名亚俱罗。其大食王号"暮门"，都此处。

其士、女瑰伟长大，衣裳鲜洁，容止闲丽。

女子出门，必拥蔽其面。无问贵贱，一日五时礼天。

食肉作斋，以杀生为功德。系银带，佩银刀。断饮酒，禁音乐，人相争者不至殴击。

又有礼堂，容数万人。

〔附注：张氏云，大食，亚美尼亚文 Tacik，叙利亚文 Tayi，中波斯文 Tcyk，新波斯文 Tajik（Tay），波斯人自古即有阿拉伯人之名，中国人因波斯而知阿拉伯，故因袭波斯人之称谓。

法国学者沙畹说："亚俱罗（似应作亚罗俱，即 Iraq 伊拉克之对音也。亚罗俱为第一黑衣大食国王定都之所）礼堂，即麦加天房，大清真寺也。〕

每七日，王出礼拜，登高座为众说法，曰："人生甚难，天道不易。奸非劫窃、细行谩言、安己危人、欺贫虐贱。有一于此，罪莫大焉。凡有征战，为敌所戮，必得升天；杀其敌人，获福无量。"率土禀化，从之如流。

法唯从宽，葬唯从俭。郛郭之内，里闾之中，土地所生，无物不有。四方辐凑，万货丰贱。

锦绣珠贝，满于市肆；驼马驴骡，充于街巷。

刻石蜜为卢舍，有似中国宝舆。

〔附注：石蜜即冰糖，蔗糖也。〕

每至节日，将献贵人琉璃器皿、鍮石瓶钵，盖不可数算。

粳米白面，不异中华。其果有褊桃，又千年枣。其蔓菁，根大如斗而圆，味甚美。余菜亦与诸国同。蒲陶大者如鸡子。香油贵者有二：一名耶塞漫，一名没匝（女甲反）师。

〔附注：褊桃即扁桃，或曰巴旦杏。千年枣，波斯枣。蔓菁，即盘菜。〕

香草贵者有二：一名查塞莑（蒲孔反），一名葜芦茇。

绫绢机杼，金银匠、画匠，汉匠起作画者，京兆人樊淑、刘泚；织络者，河东人乐阛、吕礼。

又以橐驼驾车。其马，俗云西海滨龙与马交所产也。腹肚小，脚腕长，善者日走千里。其驼小而紧，背有孤峰，良者日驰千里。

〔附注：所谓"明驼"也。〕

又有驼鸟，高四尺以上，脚似驼蹄，颈项胜得人骑行五六里，其卵大如三升。

〔《新唐书》二二一："永徽元年，（吐火罗）献大鸟，高七尺，色黑，足类橐驼，翅而行，日三百里，能啖铁，俗谓驼鸟。"〕

又有荠树，实如夏枣，堪作油；食，除瘴。其气候温，土地无冰雪。人多疟痢，一年之内，十中五死。今吞灭四五十国，皆为所役属，多分其兵镇守。其境尽于西海焉。

〔《新唐书》二二一："大食，本波斯地。男子鼻高，黑而髯。

"女子白皙，出辄鄣面。日五拜天神。银带，佩银刀，不饮酒举乐。有礼堂容数百人，率七日，王高坐为下说曰：'死敌者，生天上，杀敌受福。'故俗勇于斗。土饶砾不可耕，猎而食肉。刻石蜜为庐如舆状，岁献贵人。蒲陶大者如鸡卵。有千里马，传为龙种。

"隋大业中，有波斯国人牧于俱纷摩地那山，有兽言曰：'山西三穴，有利兵，黑石而白文，得之者王。'走视，如言。石文言当反，乃诡众裒亡命于恒曷水，劫商旅，保西鄙自王，移黑石宝之。国人往讨之，皆大败还，于是遂强。灭波斯，破拂菻，始有粟麦仓庾。南侵婆罗门，并诸国，胜兵至四十万。康、石皆往臣之。其地广万里，东距突骑施。西南属海。"〕

〔《旧唐书》一九八："大食国，本在波斯之西。大业中，有波斯胡人牧驼于俱纷摩地那之山，忽有狮子人语，谓之曰：'此山西有三穴，穴中大有兵器，汝可取之。

穴中并有黑石白文，读之便作王位。’胡人依言，果见穴中有石及槊刃甚多，上有文，教其反叛。于是纠合亡命，渡恒曷水，劫夺商旅，其众渐盛，遂割据波斯西境，自立为王。

“波斯、拂菻各遣兵讨之，皆为所败。永徽二年，始遣使朝贡。其王姓大食氏，名啖密莫末腻，自云有国已三十四年，历三主矣。其国男儿色黑多须，鼻大而长，似婆罗门；妇人白皙。亦有文字。出驼马，大于诸国。

“兵刃劲利。其俗勇于战斗，好事天神。土多沙石，不堪耕种，唯食驼马等肉。……龙朔初，击破波斯，又破拂菻，始有米面之属。又将兵南侵婆罗门，吞并诸胡国，胜兵四十余万。……其时西域康国、石国之类，皆臣属之，其境东西万里，东与突骑施相接焉。”即所谓哈里发帝国也。〕

（《通典》卷一九三《大食》）

八、大食法律

诸国陆行之所经也，胡则一种，法有数般，有大食法，有大秦法，有寻寻法。

〔附注：法谓教法也。大食为回族教，大秦为景教，属于基督教。寻寻为祆教、拜火教，其中国流传一派为摩尼教。〕

其寻寻蒸报，于诸夷狄中最甚。

当食不语。

〔附注：大食即阿拉伯哈里发帝国。古代大食人称祆教徒为寻寻。有解为烝亵者，则与下句不相连续，盖云近亲可以通婚。〕

其大食法者，以弟子亲戚而作判典，纵有微过，不至相累。

不食猪、狗、驴、马等肉，不拜国王、父母之尊，不信鬼神，祀天而已。

其俗，每七日一假，不买卖，不出纳，唯饮酒谑浪终日。

〔《新唐书》二二一：“自拂菻西南度碛二千里，有国曰磨邻，曰老勃萨。其人黑而性悍。地瘴疠，无草木五谷，饲马以槁鱼，人食鹘莽。鹘莽，波斯枣也。不耻烝报，于夷狄最甚，号曰‘寻’。其君臣七日一休，不出纳交易，饮以穷夜。”〕

其士人善医眼及痢，或未病先见，或开脑出虫。

〔附注:《通志》卷196引此作“士人”。《通典》作“大秦”，似误。今从《通志》。〕

（《通典》卷一九三《大秦》）

九、苫国

苫国在大食西界，周回数千里。

〔附注：苫国即今叙利亚。苫国即闪国，闪人之国。苫城即大马士革。大马士革（Damascus），源于阿拉米语（古叙利亚语言）旧称：大马善。《圣经》称大马色，阿拉伯语简称为沙姆（sham），即Sam，善，西班牙语称sham，英文Sham，突厥语sahte。大马士革在古中国也被称作钐城。唐代称“苫国”。〕

造屋兼瓦，垒石为壁。米谷殊贱，有大川东流入亚俱罗。

〔附注：大川即幼发拉底河。〕

商客籴此粜彼，往来相继。

人多魁梧，衣裳宽大，有似儒服。

其苫国有五节度，有兵马一万以上。

北接可萨突厥。

〔《新唐书》二二一：“大食之西有苫者，亦自国。北距突厥可萨部，地数千里。有五节度，胜兵万人。土多禾。有大川，东流入亚俱罗。商贾往来相望云。”〕

〔附注：可萨，《旧唐书》卷198《西戎传》作“突厥之可萨部”。《新唐书·西域传》作“突厥曷萨”“突可萨部”。此可萨即为西史中Khazar。《元史译文证补》卷二十七：“（突厥）极西之部为可萨，亦曰曷萨。西方古籍载此部名哈萨克，即曷萨转音，亦曰喀萨克，亦可萨转音，里海、黑海之北，皆其种落屯集。”“俄人称为哥萨克。”

据张氏考证：可萨族之名常见于波斯史。波斯王库思老·陈奴细儿汪，在位时间为531—579年，曾筑长城于高加索山系，以防可萨人、阿兰人（Alains）之侵入（《中西交通史料汇编》第五册131页）。

据圣马丁（St. artin）考证：唐时，亚美尼亚人称里海北之突厥可萨部人（Khazars）

及其他部族比为中国人（同上书，第四册4页引文）。圣马丁又言，7世纪前后，可萨民族在里海沿岸及高加索西北，已成为有力部族，故里海亦名可萨海。7世纪中叶，可萨人占领保加利亚故地，8世纪初，征服今之克里米亚。〕

可萨北又有突厥，足似牛蹄，好噉人肉。

〔附注："牛蹄突厥"，史言亦见之契丹。953年，胡乔入契丹亡归，述其所见："牛蹄突厥，人身牛足，其地尤寒。"（《新五代史》卷73）

日本史家白鸟库吉称：杜环在751年至762年间，留寓大食、拂菻；可萨之名，为大食人周知，杜环记之，决无足怪。而此时适值可萨最盛时期，常为罗马之盟国，亦为大食之敌也。〕

（《通典》卷一九三《大食》）

十、拂菻国

拂菻国在苫国西。

〔附注：拂菻古音蒲麻，有二音。法国学者笈克（Jacquet）、鲍梯（Pauthier）主张拂菻为希腊语Polin、police译音，指城堡即君士坦丁堡（Constantinople）。英国学者玉尔（Henry Yule）据阿拉伯人记载，谓希腊人呼其都城为Bolin柏林。法国夏德谓拂菻指叙利亚一带罗马地而言。按君士坦丁堡中古阿拉伯人称之Rum，而唐人又将Rum译成拂菻云。

岑仲勉曰："拂菻之初译，推原于元帝《职贡图》之拂壈。"拂菻，《西域记》卷11作拂凛，慧超《往五天竺图传》作拂利率。

而《册府元龟》卷971作拂林，《隋书》《新唐书》《旧唐书》《宋史》等《西域传》及"三通"、《环宇记》引文俱作拂菻（麻）。

夏德初认为大秦为古叙利亚；藤田丰八谓大秦为波斯语Daksina（西方）对音。

白鸟库吉亦认为大秦专指叙利亚，而非泛指罗马或罗马属地之叙利亚。

《册府元龟》记拂菻国多次遣使来唐，一次为711年，一次为722年。719年两次。〕

（《通典》卷一九三《大秦》）

十一、大秦

隔山数千里，亦曰大秦。

〔《后汉书·西域传》："大秦国一名犁鞬，以在海西，亦云海西国。地方数千里，有四百余城。小国役属者数十。以石为城郭。列置邮亭，皆垩塈之。有松柏诸木百草。人俗力田作，多种树蚕桑。皆髡头而衣文绣，乘辎軿白盖小车，出入击鼓，建旌旗幡帜。……其人民皆长大平正，有类中国，故谓之大秦。"〕

〔《旧唐书》卷一九八："拂菻国，一名大秦，在西海之上，东南与波斯接，地方万余里，列城四百，邑居连属。"〕

〔《新唐书》二二一："拂菻，古大秦也，居西海上，一曰海西国。去京师四万里，在苫西，北直突厥可萨部，西濒海，有迟散城，东南接波斯。地方万里，城四百，胜兵百万。十里一亭，三亭一置。臣役小国数十，以名通者曰泽散，曰驴分。泽散直东北，不得其道里。东度海二千里至驴分国。"〕

〔外国图云：从喁臣北有国名大秦，其种长大，身丈五六尺。〕

〔《通典》卷一九三："大秦，一名犁靬（靬，居言反。一云前汉时犁靬国也），后汉时始通焉。其国在西海之西，亦云海西国。其王理安都城，宫室皆以水精为柱。从条支西度海曲万里，去长安盖四万里。其地平正，人居星布。其地东西南北各数千里，有四百余城。小国役属者数十。

"西有大海。海西有迟散城。王城有官曹簿领，而文字习胡。人皆髦头，而衣文绣，亦有白盖小车、旌旗之属。及十里一亭，三十里一堠，一如中州。地多师子，遮害行旅，不百余人持兵器，辄为所食。其王无常人，皆简立贤者，有灾异及风雨不时，辄废而更立，受放者无怨。其人长大平正，有类中国，故谓之大秦，或云本中国人也。"〕

〔《三国志》第三十卷注内所引《魏略》：先前谬以为条支在大秦西，其实在东。先前又谬以为强于安息，实役属之，号为安息西界。先前又谬以为弱水在条支西，今弱水在大秦西。先前又谬以为从条支西行二百余日，近日所入，今从大秦西近日所入。

大秦国一号犁靬，在安息、条支西、大海之西，从安息界安谷城乘船直截海西，遇风利二月到，风迟或一岁，无风或三岁。其国在海西，故俗谓之海西。有河出其国，西又有大海。

海西有迟散城，从国下直北至乌丹城，西南又渡一河，乘船一日乃过，西南又渡一河，一日乃过。凡有大都三：从安谷城陆道直北行之海北，复直西行之海西，复直南行经之乌迟散城，渡一河，乘船一日乃过，周回绕海，凡当渡大海六日乃到其国。

国有小城邑合四百余，东西南北数千里。其王治滨侧河海，以石为城郭，其土地有松、柏、槐、梓、竹、苇、杨、柳、梧桐、百草。

民俗：田种五谷，畜乘有马、驴、骡、骆驼、桑蚕。俗多奇幻，口中出火，自缚自解，跳十二丸巧妙。

其国无常主，国中有灾异，辄更立贤人以为王，而生放其故王，王亦不敢怨。其俗人长大平正，似中国人而胡服，自云本中国一别也。常欲通使于中国，而安息图其利，不能得过。其俗能胡书。其制度：公私宫室为重屋，旌旗击鼓，白盖小车，邮驿亭置如中国。从安息绕海北到其国。人民相属，十里一亭三十里一置，终无盗贼，但有猛虎、狮子为害，行道不群则不得过。

其国置小王数十，其王所治城周回百余里，有官曹文书。王有五宫，一宫间相去十里。其王平旦之一宫听事，至日暮一宿，明日复至一宫，五日一周。置三十六将，每议事，一将不至则不议也。王出行，常使从人持一韦囊自随，有白言者，受其辞投囊中，还宫乃省为决理。以水晶作宫柱及器物。作弓矢。其别枝封小国，曰泽散王，曰驴分王，曰且兰王，曰贤督王，曰汜复王，曰于罗王。其余小王国甚多，不能一一详之也。

国出细絺，作金银钱，金钱一当银钱十。有织成细布，言用水羊毳，名海西布。此国六畜皆出水，或云非独用羊毛也，亦用木皮或野茧丝作，织成氍毹、毾㲪、罽帐之属，皆好，其色又鲜于海东诸国所作也。

又常利得中国丝，解以为胡绫故数与安息诸国交市于海中。海水苦不可食，故往来者希到。其国中山出九色次玉石：一曰青，二曰赤，三曰黄，四曰白，五曰黑，六曰绿，七曰紫，八曰红，九曰绀。今伊吾山中有九色石即其类。(《文献通考》卷 339 卷注引)〕

〔又《西域旧图》云：

大秦多金、银、铜、铁、铅、锡、神龟、白马、朱髦、骇鸡犀、瑇瑁、玄熊、赤螭、辟毒鼠、大贝、车渠、玛瑙、南金、翠爵、羽翮、象牙、符采玉、明月珠、夜光珠、真白珠、琥珀、珊瑚、赤白黑绿黄青绀缥红紫十种流离，璆琳、琅玕、水精、玫瑰、雄黄、雌黄、碧五色玉、黄白黑绿紫红绛绀金黄缥留黄十种氍毹、五色骈氍、五色九色首下疑氍、金缕绣、杂色绫、金涂布、绯持布、发陆布、绯持渠布、火浣布（Asbestoscloth）、阿罗得布、巴则布、度代布、温色布、五色桃布、绛地金织帐、五色斗帐、一微木、二苏合、狄提、迷迷、兜纳、白附子、熏陆、郁金、芸胶熏草木十二种香。

大秦道既从海北陆通，又循海而南，与交趾七郡外夷北，又有水道通益州永昌，故永昌出异物。前世但论有水道，不知有陆道，今其略如此。其民人户数不能备详也。

自葱岭西，此国最大，置诸小王甚多，故录其属大者矣。泽散王属大秦，其治在海中央，北至驴分，水行半岁，风疾时一月到，最与安息安谷城相近，西南诣大秦都，不知里数。驴分王属大秦，其治去大秦都二千里。从驴分城西之大秦，渡海飞桥长二百三十里，渡海道西南行，绕海直西行。

且兰王属大秦，从思陶国直南，渡河，乃直西行之且兰三千里，道出河南，乃西行，从且兰复直西河之汜复国六百里，南道会汜复，乃西南之贤督国。且兰汜复直南乃有积石，积石南乃有大海，出珊瑚、真珠。且兰、汜复、斯宾、阿蛮北有一山东西行，大秦海西东各有一山皆南北行。

史料贤督王属大秦，其治东北去汜复六百里。汜复王属大秦，其治东北去于罗三百四十里渡海也。于罗属大秦，其治在汜复东北渡河，从于罗东北又渡河。斯罗东北又渡河，斯罗国属安息，与大秦接也。大秦西有海水，海水西有河水，河水西南北行有大山，西有赤水，赤水西有白玉山，白玉山有西王母，西王母西有修流沙，流沙西有大夏国、坚沙国、属繇国、月氏国。四国西有黑水，所传闻西之极矣。〕

〔《文献通考》第三三九卷：大秦一名犁靬，一云前汉时犁靬国也。后汉时始通焉。其国在西海之西，亦云海西国。其王治安都城，宫室皆以水精为柱。从条支西渡海曲万里，去长安盖四万里。其国平正，人居星布。其地东西南北各数千里，有四百余城，小国役属者数十，西有大海，海西有迟散城。王城有官曹、簿领，而文字习胡。人皆髦头而衣文绣，亦有白盖小车、旌旗之属。又十里一亭，三十里一堠，如中州。

地多狮子，遮害行旅，不百余人持兵器辄为所食。其王无常人，皆循立贤者，有灾异及风雨不时，辄废而更立，受放者无怨。其人长大平正，有类中国，故谓之大秦，或曰本中国人也。土有骇鸡犀，《抱朴子》云，通天犀有一白理如铤者，以盛米置群鸡中，欲啄米至，辄惊去，故南人名为《骇鸡》也。

合会诸香，煎其汁以为苏合。土出金银奇宝，夜光璧、明月珠、琥珀、琉璃、神龟、白马、朱髦、玮瑁、玄熊、赤璃、璧毒鼠、大贝、车渠广雅云，车渠石似玉。玛瑙石似玉。贤出西海，有养者似狗，多力犷恶赞截宗反。

北附庸小邑有羊羔自然生于土中，候其欲萌，筑护之，恐兽所食也，其脐与地连，割之绝则死，击物惊之遂绝，逐水草无群。又有木难，出翅鸟口中结沫所成，碧色珠也。土人珍之曹子建珊瑚间木难。有幻人能额上为炎炉，手中作江湖，举足而珠玉自堕；开口则播牦乱出前汉武帝遣使至安息，安息献犁靳幻人皆戚眉峭鼻乱发拳鬓，长四尺五寸。人志反。有织成细布，言用水羊毛，名曰海中布。作氍县氍氍㲪帐之属，其色又鲜于海东诸国所作也。

又常利得中国缣素，解以为胡绫绀纹，数与安息诸胡交市于海中。西南涨海中上可七八里行到珊瑚洲，水底有盘石，珊瑚生其上。大秦人常乘大舶载铁网，令水工没水先入视之，可下网乃下，初生折而渐渐似黄拆甲，历一岁许出，网目间变作黄色，支格交错，高极三四尺，大者围尺余，三年色乃赤好，复视之，知可采，便以铁钞发其根，乃以索系网。使人于舶上绞车举出，还国理截，恣决所作，若失时不举，便蠹败。

其国以金银为钱。银钱十当金钱一。其人质直市无二价。谷令常贱，国用富饶。邻国使到其界首者，乘驿诣王都，至则给以金钱。其王常欲通使于汉，而安息欲以汉缯彩与之交市，故遮阂不得自达。又途经大海，商客往来皆赍三岁粮，是以至者稀。汉桓帝元嘉初（151—153 年）大秦王安敦遣使自日南徼象牙犀角瑇瑁，始乃一通焉。其所表贡并无珍异，疑传者隐之。至晋武帝太康中（280—290 年）其王遣使贡献。或云其国西有弱水流沙，近西王母处，几于日所入也。〕

其人颜色红白，男子悉着素衣，妇人皆服珠锦。

好饮酒，尚干饼，多淫巧。

〔《后汉书·西域传》注引鱼豢《魏略》曰："大秦国俗多奇幻，口中出火，自缚自解，跳十二丸，巧妙非常。"〕

善织络。或有俘在诸国，守死不改乡风。琉璃妙者，天下莫比。

王城方八十里。四面境土，各数千里。

胜兵约有百万，常与大食相御。

西枕西海，南枕南海，北接可萨突厥。

〔附注：西海、南海，均为地中海。可萨突厥，突厥之可萨部。〕

西海中有市，客主同和。我往则彼去，彼来则我归。

卖者陈之于前，买者酬之于后，皆以其直置诸物傍，待领直然后收物，名曰"鬼市"。

〔附注：此乃古代以物易物之遗风也。〕

〔《新唐书》二二一："（拂菻国）俗喜酒，嗜干饼。

"多幻人，能发火于颜，手为江湖，口幡眊举，足堕珠玉。

"有善医能开脑出虫以愈目眚。土多金、银、夜光璧、明月珠、大贝、车渠、码瑙、木难、孔翠、虎魄。织水羊毛为布，曰海西布。海中有珊瑚洲，海人乘大舶，堕铁网水底。

"珊瑚初生盘石上，白如菌，一岁而黄，三岁赤，枝格交错，高三四尺。铁发其根，系网舶上，绞而出之，失时不敢即腐。

"西海有市，贸易不相见，置直物旁，名鬼市。"〕

〔附注：《文献通考》卷一四八："拂菻，其国每岁蒲桃熟时造酒，肆筵弹胡琴，打偏鼓，拍手歌舞，以为乐焉。"〕

〔《新唐书》二二一："（拂菻国）俗喜酒，嗜干饼。多幻人，能发火于颜，手为江湖，口幡眊举，足堕珠玉。有善医能开脑出虫以愈目眚。

"土多金、银、夜光璧、明月珠、大贝、车渠、码瑙、木难、孔翠、虎魄。织水羊毛为布，曰海西布。海中有珊瑚洲，海人乘大舶，堕铁网水底。珊瑚初生盘石上，白如菌，一岁而黄，三岁赤，枝格交错，高三四尺。铁发其根，系网舶上，绞而出之，失时不敢即腐。

西海有市，贸易不相见，置直物旁，名鬼市。有兽名勀，大如狗，犷恶而力。北邑有羊，生土中，脐属地，割必死，俗介马而走，击鼓以惊之，羔脐绝，即逐水草，不能群。”〕

（《通典》卷一九三《大秦》）

十二、女国

又闻西有女国，感水而生。

〔附注：感水生子，不孕而生也。〕

〔《通典》一九三："女国，隋时通焉。在葱岭之南。其国代以女为国王，王姓苏毗。女王之夫号为金聚，不知政事。国内丈夫唯以征伐为务。山上为城，方五六里，人有万家。王居九层之楼，侍女数百人，五日一听朝。复有小女王，共理国政。

"其俗贵妇人，轻丈夫，而性不妒忌。男女皆以彩色涂面，一日之内或数度变改之。男子皆被发，妇人辫发而萦之。其王死，若无女嗣位，国人乃调敛金钱，得数百万，还于死王之族，买女而立之。其地五男三女，贵女子，贱丈夫，妇人为吏职，男子为军士。

"女子贵者则多有侍男，男子不得有侍女。虽贱庶之女，尽为家长，有数夫焉。生子皆从母姓。气候多寒，以射猎为业。出鍮石、朱砂、麝香、牦（里之反）牛、骏马、蜀马。尤多盐，常将盐向天竺兴贩，其利数倍。

"亦数与天竺及党项战争。其女王死，国中贵人剥取皮，以金屑和骨肉置于瓶内而埋之，经一年，又以其皮纳于铁器埋之。俗事阿修罗神。"〕

〔《新唐书》二二一："东女，亦曰苏伐剌拏瞿咀罗，羌别种也，西海亦有女自王，故称'东'别之。东与吐蕃、党项、茂州接，西属三波诃，北距于阗，东南属雅州罗女蛮、白狼夷。东西行尽九日，南北行尽二十日。有八十城。

"以女为君，居康延川，岩险四缭，有弱水南流，缝革为船。户四万，胜兵万人。"〕

〔附注：古史书多有女国之传说。此西方之女国或即古传说之西王母国也。起源于上古母系社会，男女隔离。类如摩梭人的母系社会。〕

（《通典》卷一九三《大秦》）

十三、摩邻国

摩邻国，在秋萨罗国西南。渡大碛，行二千里至其国。其人黑。

〔附注：丁谦说摩邻国即摩洛哥，在非洲西北，时为阿拉伯帝国属地。

秋萨罗即西班牙，西班牙古称castille，即恰斯勒，音近秋萨罗也。

摩洛哥人为黑色人种。西班牙南部、摩洛哥北部古称木兰皮，能造大船。元白珽《湛润静语》卷二："舟之最大者，莫若木兰皮国，其舟内有市井买卖、机坊酒肆之类，拖长数丈，中积数年粮食。"（《知不足齐业书》本）容一千人（《岭外代答》笼子6），较中国船为小（参见Henry Yule：Cathay Ⅳ. P. 25-26注）。〕

其俗犷，少米麦，无草木，马食干鱼，人餐鹘莽。鹘莽，即波斯枣也。

〔附注：伊拉克蜜枣。鹘莽，《酉阳杂俎》作窟莽，《新唐书》误作鹘奔，《辍耕录》作苦鲁麻，皆阿拉伯文Khurma译音，为《本草纲目》之万年枣，即今之伊拉克蜜枣。〕

瘴疠特甚。

（《通典》卷一九三《大秦》）

十四、师子国

师子国，亦曰新檀，又曰婆罗门，即南天竺也。

国之北，人尽胡貌，秋夏炎旱。国之南，人尽獠面。四时霖雨。从此始有佛法寺舍。

人皆儋耳，布裹腰。

〔附注：印度天竺，乃印度河流域今巴基斯坦克什米尔地区。而恒河以南之印度次大陆即今日印度，古代不称为印度，而称为婆罗门。婆罗门乃印度教僧侣阶级之名也。

锡兰地区古代信仰婆罗门与小乘佛教。

张氏说："中世纪阿拉伯人称锡兰为Serendib，新檀之名当即Serendib对音，杜环之言，可信。"

杜环自海路从阿拉伯地区回中国，中途必经锡兰，即今斯里兰卡。

今马来半岛之新加坡亦别号狮城。〕

〔《通典》一九三："师子国，东晋时通焉，天竺旁国也。

"在西海之中，延袤二千余里。多出奇宝。其地和适，无冬夏之异。五谷随人所种，不须时节。其国旧无人，止有鬼神及龙居之。

"诸国商贾来共市易，鬼神不见其形，但出珍宝，明其所堪价，商人依价取之。

"诸国人闻其土乐，因此竞至，或有停住者，遂成大国。能驯养神师子，遂以为名。风俗与婆罗门同，而尤敬佛法。"〕

〔附注：《通典》所记述之师子国，可与杜环所记参证，所言西海乃笼统之海洋，当即今之阿拉伯和印度洋。

师子国以土人善驯狮子而得名，"唐言执师子国"。(《西域记》及《慈恩传》)

锡兰本土人有先达罗毗茶人（Pre-Dravidian）之吠陀人（veda），住锡兰岛，躯干甚短肤色暗黑，头甚长，额略退削，眉棱骨常突，面板，鼻扁平、唇薄。《西域记》"（其）形貌卑黑，方颐大颡，性情犷烈"，所谓"獠面"者即指此。

《西域记》记："王宫侧，有佛牙精舍，高数百尺，莹以珠珍，饰以奇宾。精舍上建表柱，磴鈢昙宁罗伽大宝，宝光赫奕，联晖照曜，盘夜远望，烂若明星。"〕

〔《新唐书》二二一："师子，居西南海中，延袤二千余里。有棱伽山，多奇宝，以宝置洲上，商舶偿直辄取去。后邻国人稍往居之。能驯养师子，因以名国。总章三年，遣使者来朝。天宝初，王尸罗迷迦再遣使献大珠、钿金、宝璎、象齿、白氎。"〕

(《通典》卷一九三《师子》)

刘郁《常德西使记》考注

何新序

蒙古世祖中统四年（1263年）三月，刘郁随转运使常德出使伊利汗国（伊朗），记录见闻，作《常德西使记》一卷。《常德西使记》是研究13世纪东西方历史、地理、文化、交通的重要文献。丁谦、王国维、陈德芝等均有校注传世。

〔附注：1259年，常德奉蒙古大汗蒙哥之命，由哈剌和林出发，赴波斯桃里寺（Tabrz）西觐旭烈兀，归来后随员刘郁记录成《常德西使记》一书。〕

关于刘郁，资料不多。元人《秋涧集》卷五八记："郁字文季，亦名士。中统元年肇建中省，辟左右司都事。出尹新河，召拜监察御史。能文辞，工书翰。别号归愚，卒年六十一。"

常德，《元史》无传，生卒年亦不详。仅知其1251年后曾任彰德府宣课使。

〔附注：宣课使是税务官，"主汉地赋调，置十路课税所"。(《元史·百官志》亦作宣课司）"掌税赋钱谷事，其长称课税所长官或宣课长官、课税使、宣课使。"世祖中统四年（1263年）正月，诸路课税所并改为转运司，长官称转运使。〕

彰德府乃旭烈兀领地，在今河南安阳。

正文

壬子岁，皇弟锡喇，统诸军，奉诏西征。凡六年，拓境几万里。

〔皇弟锡喇，名旭烈兀Hule，蒙语，意为"剩余"，全名孛儿只斤·旭烈兀（1217—

1265年），他是成吉思汗之孙、拖雷之子，忽必烈、蒙哥和阿里不哥的兄弟。

旭烈兀西征是中世纪后期历史中重大事件。旭烈兀是伊朗—伊利汗国的建立者，西南亚的征服者，1258年灭阿拉伯帝国。

关于旭烈兀西征，《元史·宪宗纪》二年七月记："命……怯的不花征没里奚，旭烈兀征西域素丹诸国。"

三年六月记："命诸王旭烈兀及兀良合台等，帅师征西域哈里发、八哈塔（巴格达）等国。"

据志费尼《世界征服者史》，蒙哥命旭烈兀西征。回历650年（1252年3月至1253年3月）中，先锋怯的不花·博尔赤于当年主马答月（1252年7月）先出发，开始征伐异端（即没里奚）。

旭烈兀于回历651年沙班月二十四日（1253年10月19日）起驾西征。（何高济汉译本，页699，727）

宪宗下令从成吉思汗分配给诸子、诸弟、侄的全部军队中每十人抽调二人拨归旭烈兀指挥，随他出征，各支宗王亦各派一人从征。

又遣使至汉地签取汉人抛石机手、火器手和弩手一千人给他（《世界征服者史》汉译本，页724—725；拉施都丁《史集》第三卷汉译本，页29；德黑兰波斯原文刊本，页975）。

按《元史》卷一四九《元史·郭宝玉传》："壬子，送兵仗至和林，改抄马那颜，从宗王旭烈兀西征。""抄马"为突厥语chaiman的音译，意为弹火、投射（《喀什噶里突厥语词典》见C. Brockelmann编Mitteltiirkischer Wortschatznach Mahmud al-Kaysgharis DIVAN LUGHAT AL-TURK，1928年，页50）。抄马那颜即炮手军统领。

旭烈兀西征军于1256年11月灭没里奚国（《世界征服者史》汉译本，页751），1258年2月攻取八哈塔（今巴格达），阿拉伯阿拔斯朝的末代哈里发谟斯塔歆出降（《史集》第三卷，汉译本，页6566）。从1253年出征至此共6年。〕

己未正月甲子，常德（字仁卿）驰驿西觐。

〔己未正月甲子，即宪宗九年正月二十日，1259年2月13日。

宪宗九年（1259年），旭烈兀领地彰德路之宣课使常德，受命前往西亚觐见，报告其领地的财赋事宜，或送纳其应得课银。刘郁是常德的随员。

旭烈兀西征史事以及西域地理人情，后由刘郁记录而成《常德西使记》。

旭烈兀于1265年亡，子阿八哈继位。现存阿八哈1279年给教皇的“敕令”上钤有“辅国安民之宝”汉字印玺，当系忽必烈授予旭烈兀者，“辅国贤王”是旭烈兀的尊称。

旭烈兀西征，在波斯建立伊利汗国，其国人尊称他为“赛因额毡”（蒙古语“好主人”，见《瓦萨夫史》德黑兰刊本，页441），与汉籍所载“贤王”相当。〕

自和林，出乌逊（兀孙）中，西北行二百余里。地渐高，入站。经瀚海，地极高寒。

〔按：和林全称哈剌和林（Qara-goru，突厥语，意为黑砾石），蒙古国都城，建于太宗七年（1235年）。故址在今蒙古国北杭爱省哈尔和林（额尔德尼召北）。

“兀孙”有人认为即汉乌孙，盖古国名。按汉时乌孙地在西域。但丁谦谓：“兀孙，观记中形势，必和林西南地名，与汉时乌孙国无涉”（其说见《元刘郁西使记地理考证》）。

陈德芝云：“兀孙当系蒙语usun的音译，意为水，亦用于称河流。自和林西行，必经鄂尔浑河上游，兀孙疑指其地。”〕

虽酷暑，雪不消，山石皆松文。

西南七日，过瀚海，行三百里，地渐下。

〔瀚海，刘郁篇末释云：“今之所谓瀚海者，即古金山也。”刘说错误。丁谦据刘郁所言“地极高”云云，谓乃“以瀚海之名移称金山”。

陈氏云：按从和林西行，必先越今杭爱山，方可达阿尔泰山。记中所说和林西北二百余里之瀚海，应指杭爱山，元代此名常作杭爱岭（又译沆海）。〕

有河，阔数里，曰浑穆纳（昏木辇）。夏涨，以舟楫济。

〔陈氏云：昏木辇（qum-muren），译沙河。丁谦谓即乌龙古河上游布勒棍河（今布尔根河）。〕

数日，过龙骨河。复西北行，与巴实伯里（别失八里）南北相直，近五百里，多汉民，有二麦、黍、谷。

〔陈氏云：龙骨河即《秘史》之兀泷古河（Urunggu），今乌伦古河。

别失八里（Bes-balq），突厥语，译五城。本汉车师后王庭，唐置庭州，附郭金满县（用汉金满城故名），为北庭都护府治所，故后人又称为北庭。故城遗址在今新疆吉木萨尔北。此地距乌伦古河南岸鸟道约250公里，与所载甚合。〕

河西注潴为海，约千余里，曰赫色勒巴实（乞则里八寺）。

多鱼，可食。有碾硙，亦以水激之。

〔陈氏云：乞则里八寺，突厥语Qizil-bas的音译，意为红头。《圣武亲征录》《元史·太祖纪》作黑辛八石，《元朝秘史》第158节作乞湿勒巴失海子（Qisil-bas nahur）。那珂通世谓："湖多红头鱼，因以为名"（《校正增注元亲征录》，页24），相通的南北两湖，南为小湖，今名吉力库勒；北为大湖，今名布伦托海（本乌伦古河口附近一城名，建于清同治时，度为办事大臣驻所，即今新疆福海。托海togo，蒙古语，意为河湾，是以地名为城名，复将城名讹为溯名）。湖中盛产鱼，至今犹然。〕

行渐西，有城曰伊玛（业瞒），又西南行，过博罗城（孛罗）。所种皆麦、稻。

山多柏，不能株，络石而长。

城居肆囿间错，土屋，窗户皆琉璃。城北有海，铁山风出，往往吹行人堕海中。

西南行二十里，有关，曰特穆尔彻辰（帖木儿忏察）。守关者，皆汉民。关径崎岖，似栈道。

出关，至阿里玛图（阿里麻里）城，市井皆流水交贯，有诸果，唯瓜、蒲萄、石榴最佳。

〔陈氏云：阿里麻里又译阿里马、阿力麻里。amalia，突厥语意为苹果园。西辽统治时期哈剌鲁部阿尔思兰汗的属城，后为同部人斡匝儿所据。哈剌鲁降附蒙古，成吉思汗以其地授予次子察合台。

有元一代，阿里麻里一直是察合台汗国东部的主要城市。故址即今新疆霍城东北十三公里克干山南麓阿尔泰古城（参见黄文弼《元阿力麻里古城考》，载《考古》1963年第10期）。〕

回纥与汉民杂居，其俗渐染。颇似中国。

又南，有齐默克（赤木儿）城。居民多并、汾人。

〔黄文弼《元阿力麻里古城考》谓阿力麻里古城之南，磨河西岸，有古城遗址，当地人称为阿塔洛克，应即常德所述之赤木儿城。〕

有兽，似虎，毛厚，金色无文，善伤人。

〔陈氏云：即沙漠山猫（Felis caracal），力大凶猛，毛长，深棕色，无斑点，蒙古人极贵重之。

按：学名非洲猞猁，狞猫（拉丁学名：Caracal caracal），体型中等，毛发有许多种颜色，栖息在干燥的旷野、山区和沙漠。主食鸟类、小兽，狞猫跳跃能力极强，奔跑速度快，能捕捉降落或起飞时的鸟类，主要分布在非洲、西亚、南亚西北部等地。〕

有虫如蛛，毒中人，则烦渴，饮水立死。惟过醉蒲萄酒，吐则解。有蜜酒。

〔陈氏云：即八叉虫，清人《西域闻见录》卷七：八叉虫，新疆在在有之，形类土蜘蛛，色褐而圆，八爪微短，紫口，口有四岐，啮铁有声，遍身黄绿为章，皮里通明如茧蚕。生湿地沟渠及人家多年土壁中，大者如鸡子，小者如胡桃。每大风则出穴，逐风而行，入人屋宇，行急如飞，怒则八足耸立逐人。寻常于人身上往来，切不可动，听其自去，亦竟无恙。倘少动触之，辄噬人，最为恶毒，痛彻心髓，须臾不救，通身溃烂而死。如噬人轻，即取其虫碎之，尚无大害。若噬人时，吐白丝于疮口，或噬人后，走向水中呼吸，则人必死矣。或曰，茜草捣汁服之，并敷疮口，可愈。〕

博罗（孛罗）城，迤西，金银铜为钱，有文，而无孔方。

〔指察合台汗国和伊利汗国的银币。旭烈兀第十一子蒙哥帖木儿的王妃乃袄思·阿塔卑，为波斯女王，曾制作伊利汗国银币、铜币。正面中间均为汉字“宝”，背面铸有 atabak Abish 之名，银币正面所铸年代为回历 666 年（1267 年）。见日本《史林》91 卷第 3 期（2008 年 5 月）所载的《伊利汗国钱币》文。〕

至玛哈忠（麻阿中），以马牵拖床递铺，负重而行疾。

〔麻阿中，中亚地名。拖床递铺指爬犁，用雪橇为运具，《新唐书》载黠戛斯等部“俗乘木马驰冰上”，即指此。〕

或曰奇尔济苏（乞里乞四），易马以犬。

〔乞里乞四，即吉尔吉斯。《元史·地理志六》作吉利吉思（又有乞儿吉思等意译），本居叶尼塞河上游，汉称坚昆，又称鬲人，唐称黠戛斯。此处系指迁至天山西部之吉利吉思人。王延德《使高昌记》谓高昌回王所统诸部族中有黠戛司，知10世纪下半叶此族有一部已迁居伊犁河流域。

同时代佚名穆斯林作家之《世界境域志》亦记载割禄（Khallukh，即哈剌鲁）境内之BONJUL（Bochul）此时为黠戛司所据（米诺尔斯基译注本，页98）。据11世纪穆斯林著作家Gardizi记载，Bochul之地在Barskhan（伊塞克湖南岸）和Kuj（库车）之间，米诺尔斯基认为，此名似可读为Bonchk，即汉籍之温宿（同上书，页273，294—296），当是。〕

二月二十四日，过伊都（亦堵）。两山间，土平民伙，沟洫映带，多故垒坏垣。问之，盖契丹故居也。计其地去和林，万五千里。

〔亦堵为山名，并谓即伊塞克湖北之昆格阿拉套山。王国维谓亦堵即西辽都城虎思斡耳朵的略称。

斡耳朵，《元史·郭宝玉传》作"讹夷朵"，乃讹作"亦堵"（见王国维《长春真人西游记校注》卷上）。〕

而近有河，曰伊，运流汹汹东注，土人云此黄河也。

〔王国维《长春真人西游记校注》谓河名为"亦"，亦河即《新唐书·突厥传》之叶水，碎叶水之略称，《大唐西域记》作素叶水，《元朝秘史》作垂河，即今楚河。"东注"应为"西注"之误。〕

二十八日，过塔喇寺。

〔塔喇寺即塔拉斯，即怛逻斯，旧称江布尔，地在今哈萨克斯坦江布尔州首府，位于塔拉斯河畔，邻近吉尔吉斯斯坦。怛逻斯为古代石国之大镇。天宝十年，高仙芝兵败于此地。〕

三月一日，过萨兰（赛蓝）城，有浮图，诸回纥礼拜之所。

〔浮图（浮屠）本为梵语Buddha的音译，指佛塔。旧时亦称伞或旗的尖顶子，因其形似塔顶，故名。〕

三日，过丕实南（别石兰），诸回纥贸易如上巳节。

〔陈氏云：别石兰当指石国，察赤地区之主城Banakath。上巳节是每年三月古代举行"祓除畔浴"活动中最重要的节日，人们结伴去水边沐浴，称为"祓禊"。〕

四日，过呼展（忽章）河，渡船如弓鞋然。

〔忽章河《长春真人西游记》作霍阐没辇，即今锡尔河（Sir-Darya）。

锡尔河中国古称药杀水，它源于天山山脉，流经图兰低地注入咸海。亚洲中部内陆河，流经乌兹别克斯坦、塔吉克斯坦和哈萨克斯坦。由费尔干纳盆地（Fergana）东部的纳伦河、卡拉河汇合而成，注入咸海。全长2212公里（以支流纳伦河起计河长则为3019公里），为中亚最长的河流（但流量小于阿姆河）。〕

土人云，河源出南大山，地多产玉，疑为昆仑山。以西多龟蛇，行相杂，邮亭、客舍，甃如浴室，门户皆以琉璃饰之。

民赋岁止输金钱十文，然贫富有差。

〔《元史·郭宝玉传》："从帝（太祖）讨契丹遗族，历古徐鬼国讹夷朵（虎思斡耳朵之误读）等城，破其兵三十余万。……寻复战，收别失八里别失兰等城，次忽章河。"〕

八日，过塔实干城，大而民繁，时群花正开，唯梨花、蔷薇、玫瑰如中国，余多不能名。

〔按：塔实干，即唐代之石国，Chach（粟特语意为"石"）。阿拉伯语作Shash，乃粟末人之国。Shash，汉语对音即塞上，塞人即粟末人。隋唐时音译柘析、赭时、柘支等，元代译名察赤。

塔什干即今乌兹别克斯坦之撒马尔罕（Samarkand）。《汉书·张骞传》称其地为"康居"，《魏书·孝文帝纪》称悉万斤，《大唐西域记》称飒秣建，《新唐书·西域传》称萨末鞬，《元史·地理志》称撒麻耳干，均为Samarkand的音译。

14世纪后期，帖木儿朝以此为国都，建新城于旧城南郊，即今撒马尔罕（详见巴托尔德《蒙古入侵时期的突厥斯坦》，页99—108）。〕

城之西，所植皆蒲萄、粳稻。有麦，亦秋种。其地产药十数种，皆中国所无，药物疗疾甚效。曰阿哲尔，状如苦参，治马鼠疮、妇人损胎及打扑内损，用豆许燕之，自消。

曰阿锡尔，状如地骨皮，治妇人产后衣不下，又治金疮脓不出，嚼碎傅疮上，即出。

曰努格萨尔，形似桔梗，治金疮及肠与筋断者，嚼碎傅之，自续。余不能尽录。

十四日，过安巴（暗不）河。夏不雨，秋则雨，溉田以水。地多蝗，有乌飞食之。

〔即阿姆河。汉代称妫水、隋唐称乌浒水，《西游录》作阿谋河，《长春真人西游记》作阿母没涟，《元史》作阿母河、阿木河。Amu-darya，今译阿姆河，一般认为以河畔之 Amul（Amu）城得名。或云出于粟末语之河神乌浒之名。

阿姆河是中亚流量最大的河流。在古代，这条河被认为是大伊朗和图兰之间的边界，是丝绸之路自中国西域通向中央亚细亚的咽喉要地，波斯呼罗珊通往河外地区的大路。

《史记·大宛列传》《汉书·西域传上》称作嬀水，《隋书·西域传》《新唐书·西域传下》作乌浒水。古雅利安人对阿姆河的称呼 Wakhshu，即《大唐西域记》卷一之缚刍河。〕

十九日，过琳沁（里丑）城。其地有桑枣，征西鄂罗（奥鲁）屯驻于此。

二十六日，过玛勒城，又过诺尔桑城。草皆苜蓿，藩篱以柏。

二十九日，过塔舒尔城。满山皆盐，如水晶状。

〔张广达《刘郁〈西使记〉不明地理考》（载《中亚学刊》1990 年第 3 辑）对上述诸地名重新作审慎考证，认为此四处在中世纪阿拉伯、波斯文献中均可找到印证。〕

近西南六七里，新得国，曰穆锡（木乃奚）。其牛皆驼峰，黑色。

地无水，土人隔山岭凿井，相沿数十里，下通流，以溉田。

〔按：即坎儿井。坎儿井是一种结构巧妙的西域特殊灌溉系统，它由竖井、暗渠、明渠和涝坝四部分组成。总的说来，坎儿井的构造原理是：在高山雪水潜流处，寻其水源，以一定间隔打深浅不等的竖井，然后再依地势高下在井底修通暗渠，沟通各井，引水下流。地下渠道的出水口与地面渠道相连接，把地下水引至地面灌溉农田。〕

所属山城，三百五（六）十，已而皆下，惟檐寒西一山城，名奇塔卜（乞都不），孤峰峻绝，不能矢石。

丙辰年，王师至城下，城绝高险。仰视之，帽为坠。诸道并进，敌大惊。令相和卓纳色尔（火者纳失儿）来纳款。已而，乌尔古纳苏勒坦（兀鲁兀乃算滩）出降。

苏勒坦（算滩），犹国王也。其父领兵，别据山城。令其子取之，七日而陷。

〔苏勒坦或算滩即苏丹。〕

金玉宝物甚多，一带有直银千笏者。其国，兵皆刺客。俗见男子勇壮者，以利诱之，令手刃父兄，然后充兵。醉酒，扶入窟室，娱以音乐美女，纵其欲。数日复置故处。既醒，问其所见，教之能为刺客，死，则享福如此。因授以经咒，日诵，盖使蛊其心志，死无悔也。令潜使未服之国，必刺其主而后已，虽妇人亦然。

其穆锡国（木乃奚），在西域中最为凶悍，威胁邻国，霸四十余年。王师既克，诛之，无遗类。

〔木乃奚，地名。《圣武亲征录》《元史·太祖纪》作“木剌夷”，《元史·太宗纪》作木罗夷，《元史·宪宗纪》作“没里奚”“末来”，《元史·郭侃传》作“木乃兮”。

陈氏云：阿剌模忒堡（Alamut，意为“鹰巢”，在可疾云北 6 farsakh，约 34 公里），构建为首府，派遣党徒到码咱答而、忽希思单传布其教义，利用徒聚势力略取远近山区数百堡寨，驱逐塞尔柱朝地方官，形成自主之宗教王国。哈散萨巴自称承袭尼札里之“伊玛目”，徒囊必须绝对服从，成为尼札里派领袖。此派以暗杀手段除灭敌酋著称。

自 1090 年（《史集》作 1084 年）哈散萨巴入据阿剌模忒至 1256 年其国主鲁克纳丁归降蒙古，“木剌夷”王国共称霸其地一百六十七年。拉施都丁《史集》记载为回历 477 年至 654 年，即 1084—1256 年，共 177 年（见汉译本第三卷，页 44）。刘郁所记之“四十余年”不确。〕

四月六日，过奇拉尔城。所产蛇，皆四跗，长五尺余，首黑身黄，皮如鲨鱼，口吐紫焰。

过阿勒鼎（阿剌丁）城。密藏达尔（码咱苍答儿）人，被发，率以红帕勒首，衣青如鬼。

〔陈氏云：阿剌丁城该地并无阿剌丁城名，此应指木剌夷国主阿剌丁·马合谋所驻之阿剌模忒堡（Alamut），其遗址位于里海南厄尔布儿上山脉中心险峻高耸的山顶，在可疾云北北—东 6 程。1257 年被蒙古军占领。（见《伊斯兰百科全书》Alamut 条）

“码咱苍答儿”，《元史·郭侃传》作“码拶答而”。《元史·郭侃传》称“旭烈兀

遣侃往说兀鲁兀乃算滩来降。其父阿力据西城，侃攻破之，走据东城，复攻破杀之”。此“阿力”当指阿剌丁。〕

然王师自入西域，降者几三十国。

有佛国，名克实密尔西（乞石迷西），在印毒西北，盖传释迦氏衣钵者。

〔何新按：即克什米尔，印毒，印度也。《元史·宪宗纪》：三年夏六月，“命塔塔儿带撒里·土鲁花等征欣都、思怯、失迷儿等国”。

《史集·旭烈兀汗传》：“（过去）答亦儿·巴阿秃儿率领的被派到克什米尔和印度担任探马赤的军队，全部归旭烈兀汗统率。答亦儿那颜处的军队，在他去世后由……（原缺），继由……（原缺）管辖，然后转归塔塔儿部人撒里那颜管辖。他攻占了克什米尔……”（余大钧译本，页29）〕

其人，仪状甚古，如世所绘达摩像，不茹荤酒，日啖粳一合，所谈皆佛法，禅定至暮方语。

丁巳岁，取布达（报达）国，南北二千里，其王曰哈里巴（合里法）。

〔何新按：报达，布达，巴格达。

陈氏云：“报达，即今伊拉克首都巴格达，本书又译八哈塔（《元史·宪宗纪》）、八吉打（《地理志六》），为阿拉伯阿拔斯朝（《新唐书》《旧唐书》称为黑衣大食）第二代哈里发曼苏尔（a-Mansur，754—775年在位）所建新都城，此后一直是阿拔斯王朝都城。《新唐书·地理志七》所录贾耽《边州入四夷道里》译作‘缚达’，宋周去非《岭外代答》卷三作‘白达’。拉施都丁《史集》第三卷《旭烈兀汗传》记载蒙古军攻取报达之战甚详（余大钧译本，页59—70）。

“《元史·郭侃传》载其攻打报达之役，先破西城，屠之；复破东城，焚其殿宇。又造浮梁于河以扼之，阻哈里发逃遁。据《史集》记载，蒙古军围攻报达，使用炮击毁其城墙，可证炮手军统领（抄马那颜）郭侃确实参与此役。

“合里法即哈里发。阿拉伯语意为‘代理者’‘继承人’。632年穆罕默德去世，其继承者Abu bakr自称‘哈里发’，此后一直是伊斯兰宗教国元首的称号。1258年初蒙古军围攻报达时，哈里发穆斯塔歆（al-Musta’shim）试图以贡献重金请求退兵而不接受招降，其书记官（并非哈里发）与党羽乘船逃走，遭蒙古军炮击拦截退回。2月

10 日穆斯塔歆被迫偕同三子出城投降，随后被杀，仅幼子木八剌沙被赐予完者哈敦，哈敦命他到麻剌合随从纳速剌丁徒思，并赐一蒙古女子为妻（见《史集》第三卷，余大钧译本，页 66—68）。”

按：哈里巴，即哈里发。《元史·郭侃传》载其攻打报达之役，先破西城，屠之；复破东城，焚其殿宇。又造浮梁于河以扼之，阻哈里发逃遁。据《史集》记载，蒙古军围攻报达，使用炮击毁其城墙，可证炮手军统领（抄马那颜）郭侃确实参与此役。〕

其城有东西城，中有大河，西城无壁垒，东城固之以甓，绘其上，甚盛。

王师至城下，一交战破，胜兵四十余万。西城陷，皆尽屠其民。

寻围东城，六日而破，死者以数十万。

哈里巴以舸走，获焉。

其国俗富庶，为西域冠。宫殿皆以沉檀、乌木、降真为之。壁皆以黑、白玉为之。金、珠、珍贝，不可胜计，其后妃皆汉人。

所产大珠，曰太岁弹、兰石、瑟瑟、金刚钻之类。带有直千金者。

其国六百余年，传四十主，至哈里巴（哈里发）而亡。

人物颇秀于诸国。所产马，名托必察。

〔脱必察《元朝秘史》第 274 节：“绰儿马罕·豁儿赤将巴黑塔惕百姓收服了，报告那地面有好物事，斡歌歹合罕遂降旨命绰儿马罕为探马赤官留镇其地，令将黄金、镀金制品、浑金、织金、绣金珠子、大珠、长颈高脚的西马、骆驼、驮物骡子等每年送来。”“西马”原文即作“脱必察兀惕”（tobia 的复数），指阿拉伯马。〕

哈里巴不悦，以橙浆和糖为饮。

琵琶三十六弦。

初，哈里巴患头痛，医不能治。一伶人作新琵琶，七十二弦，听之立解。土人相传。

〔以橙浆和糖为饮，薄乃德谓即 sherbet（阿拉伯语药用果汁），元代译名舍利别、舍里八。〕

布达诸国之祖，故诸国皆臣服。

布达之西，马行二十日，有天房，内有天使神，国之祖葬所也。

〔天房，阿拉伯语 Bait al-haram（或 Bait allah）的意译。《岛夷志略》作“天堂”，明代文献多作“天方”。指伊斯兰教圣地、沙特阿拉伯境内的麦加，特指城中心清真寺内的方形石殿。此地本供奉多神教偶像，穆罕默德攻取麦加后，拆除神像，定为伊斯兰教徒朝觐地。〕

（国）师名班巴尔（癖颜八儿），其房中悬铁絙，以手扪之，心诚可及，不诚者竟不得扪。

〔癖颜八儿《元史·赛典赤瞻思丁传》作别庵伯尔，波斯语 peighambar 的音译，意为“预言者、先知”，是对穆罕默德的尊称。〕

经文甚多，皆班巴尔所作。辖大城数十，其民富实。

西有密实勒（密乞儿）国，尤富。

〔密乞儿国即 Misr 米西耳的音译，又作密昔儿。埃及民祖，北非土族 Berber 人和埃及土族 Copt 人的祖先（《圣经〔旧约〕·创世记》说是诺亚之子 Ham 闪的儿子），遂为埃及国名，也用于指国都开罗（Misr al Kahirah）。

本是闪米特语词，用为地名应来源于同一词根（参见《伊斯兰百科全书》Misr 条）。

宋赵汝适《诸蕃志》作“密徐篱”“勿厮离”。《元史·顺帝纪》作米西儿。

《元史·郭侃传》载郭侃军至密昔儿，“下令军中，衔枚转箭，敌不知也，潜兵夜来袭，杀病卒，可乃算滩大惊曰：‘东天将军，神人也。’遂降”。

旭烈兀征服叙利亚后，遣先锋怯的不花进兵密昔儿，与越境前来迎敌的马穆鲁克算端忽秃思（Qutuz）军会战，中其埋伏而大败。怯的不花被杀（见拉施都丁《史集》第三卷，汉译本，页 78—80）。

薄乃德注谓《元史·郭侃传》所载“可乃算滩”即指忽秃思。〕

地产金，人夜视有光处，志之以灰，翌日发之，有大如枣者。

至布达六千余里，国西即海。

〔地产金，薄乃德注（《中世纪研究》，页 142，注 387）谓：似为斯特拉波（Srab）所言黄玉（topazios），即夜明珠。据称此物发现于埃及附近尼罗河上游之 Ophiodes 岛上，系金色之透明石，甚光亮，以致人们白天看不见，采集者仅能于晚间见之。

或谓此物并非斯特拉波说的黄玉，而是 chlorophan，一种受热时能发出荧光的粉晶石，白天暴露在太阳下，至夜则放射出光芒。东汉时甘英出使西域说大秦国有“夜光璧”（见《后汉书·西域传》大秦国条），亦指此。〕

海西有富浪国。妇人衣冠，如世所画菩萨状。男子僧服，皆善，寝不去衣。虽夫妇亦异处。

〔何新按：

一、富浪即拂菻也，即君士坦丁堡罗马。

东罗马帝国（Eastern Roman Empire）通常被认为开始于395年，直至1453年。在上千年的存在期内它一般被人简单地称为“罗马帝国”。

东方罗马以君士坦丁堡为中心，此地古称希腊，因此本土人被称为希腊人，文化和语言是希腊语文。

他们的语言是希腊语，他们的文化在许多世纪中是希腊文化，他们的宗教是基督即希腊正教。

1204年威尼斯和法兰克组织的第四次十字军攻陷君士坦丁堡，建立拉丁罗马，直至13世纪后，官方语言改为拉丁语。

周围的国家（东方的波斯帝国和阿拉伯帝国，西方的欧洲国家，北方的俄罗斯）都将君士坦丁堡称为罗马人。假如有人将他们称为“希腊人”，对他们来说就是一种侮辱，因为“希腊人”表示小亚细亚地区的本土人。

一直到17世纪，这个帝国一直被称为罗马国。从17世纪开始，德国（神圣罗马帝国）的历史学引入了拜占庭帝国这个称法。伪称这个称呼来源于其首都君士坦丁堡的前身：古希腊的殖民地拜占庭城。

二、富浪国，波斯人称欧洲（尤指意大利及以西）为“扶卢”，即富浪Farang的音译。元代又有“发郎国”“佛郎国”等异译。

薄乃德谓franks指西欧居民，5世纪初以来其名经常见于罗马编年史。法兰克Franks人的古日耳曼部落最初见于3世纪的罗马史书，其时居莱茵河下游，后来兴起了强盛的法兰克帝国，拥有欧洲大部地区。

上引《元史·郭侃传》于记述密昔儿之后又记：“戊午（1258年），旭烈兀命侃西渡海收富浪。侃喻以祸福，兀都算滩曰：‘吾昨所梦神人，乃将军也。’即来降。”

此“兀都算滩”无疑是指战胜蒙古军的埃及马穆鲁克朝忽秃思算端。而年代、地点颠倒错乱，所言“西渡海收富浪”无旁证。〕

有大鸟，驼蹄苍色，鼓翅而行，高丈余，食火，卵如升许。

〔大鸟即鸵鸟，产于非洲和西亚，《本草纲目》详述西域鸵鸟，略谓：“唐高宗永徽中吐火罗献之，高七尺，足如豪驼，鼓翅而行，日三百里，食铜铁也。”李延寿《北史》云“波斯国有鸟，形如驼，能飞不高，食草与肉，亦噉火，日行七百里。”〕

其实喇斯（其失罗子）国出珍珠，其王名乌苏阿都巴（袄思阿塔卑）。

〔其失罗子，今伊朗设拉子。《元史·地理志六》作设剌子，该省是波斯经济、文化发达的地区。

《元史·郭侃传》载：“西南至石罗子，敌人来拒，侃直出掠阵，一鼓败之，换斯干阿答毕算滩降。”石罗子即失罗子。〕

云西南海也，采珠盛以革囊，止露两手，腰絙石，坠入海。手取蚌并泥沙，贮于囊中。遇恶虫，以醋噀之，即去。既得蚌满囊，撼絙，舟人引出之，往往有死者。

印毒国去中国最近，军民一千二百万户。

所出细药：大胡桃、珠宝、乌木、鸡舌、宾铁诸物。

国中悬大钟，有诉者，击之，司钟者纪其事及时，王官亦纪其名，以防奸欺。民居以蒲为屋。夏大热，人处水中。

〔按：印毒、印度，此非南亚之印度，而指印度河流域即今之巴基斯坦也。细药即贵细药，贵重药材。

《本草纲目》：“丁子香、鸡舌香。鸡舌即鸡舌香，通称丁香（cloves）。”

“鸡舌香树叶及皮并似栗，花如梅花，子似枣核，此雌树也，不入香用。其雄树虽花不实，采花酿之以成香。出昆仑及交州、爱州以南。气味：辛，微温，无毒。主治：风水毒肿，霍乱心痛，去恶气。吹鼻，杀脑疳。人诸香中，令人身香。”

镔铁产于巴基斯坦的乌兹铁矿。宾铁即镔铁，罽宾铁，优质钢，可制锋利刀剑。《魏书·西域传》镔铁出波斯。《一切经音义》谓镔铁出罽宾（今克什米尔、巴基斯坦）。其后文献每有记载，多从西域输入。《本草纲目》卷八镔铁条有综合叙述。〕

己未年七月，乌林国阿必鼎（阿毕丁）苏勒坦（算滩）来降。城，大小一百二十。民，一百七十万。山产银。

〔此兀林国即 Rum 苏丹国。Rum，蒙古语读为 Urm（蒙古语读首音 R 的外来语，要在前面加 R 后的原音，如 Ros 读成 Oros，俄罗斯）；阿拉伯语 Rum 本指罗马人，即东罗马帝国。亦即郭传所记。

11 世纪后，一些突厥王国在小亚细亚地区兴起，如北部之答失蛮王朝（Danishmand），东部之塞尔柱王朝。塞尔柱分支也有一个罗姆算端国（首都 Konya）。

或说阿毕丁算滩即当时罗姆算端 lzal-Din。据《史集》第三卷记载，他曾抵抗蒙古探马赤军统帅拜住的进攻，后闻旭烈兀攻取报达，遂于 1258 年 8 月亲至桃里寺（Tabris）献降，得到旭烈兀的赦免。刘郁误将其归降年代记为己未（1259 年）。〕

黑契丹国，名奇勒扬（乞里弯），王名和达玛鼎苏勒坦（忽教马丁算滩），闻王大贤，亦来降。其巴尔斯（拔里寺），大城。

〔陈氏云：乞里弯在今伊拉克尔曼省（Kerman/Kirman）地。

黑契丹，即西辽（1124—1218 年）是中国古代契丹族建立的国家，亦称哈剌契丹。由辽贵族耶律大石在金朝灭辽后，于西北召集残部建立。后来扩张到中亚，首都虎斯翰耳朵，一时成为中亚强国，统治中亚 94 年。1218 年被成吉思汗国灭亡。

1257 年，蒙古汗廷所派“八思哈”（Basqaq，突厥语长官，同达鲁花赤）到达 Kirman，Qutb al Din 虽保有苏丹 Sultan 之号，实际并无独立地位。忽教马丁乃“忽都马丁”之误。此即上述之 Qutb al-Din。

拔里寺大城，薄乃德注称其为 Kirman 主城 Ardashir（或作 Bardshir）。〕

狮子，雄者，鬃尾如缨拂，伤人。吼则声从腹中出。马闻之怖，溺血。

狼有鬃。

孔雀，如中国画者，惟尾在翅内，每日中，振羽。

香猫似土豹，粪溺皆香，如麝。

鹦鹉，多五色。

风驼，急使乘，日可千里。

〔按：狮子，《汉书·西域传》载：乌弋山离国有“桃拔、师子、犀牛”。“师子”

即“狮子”，波斯语的音译。此汉籍始见此名。

《后汉书·西域传》载条支国出师子；“安息国于章帝章和元年遣使献师子”；和帝永元十三年（101 年）“安息王满屈复献师子”。

其后《魏书·西域传》《旧唐书·太宗纪下》分别有波斯出师子，康国进狮子等记载。

狼有鬃，是指鬣狗（hyenas）。

香猫即 civet-cat，麝猫科（Viverra）动物。按其香味分两类非洲的 Viverra civetta 和亚洲（特别是印度、阿拉伯）的 Iverra etha。

风驼当指单峰驼，即 dromedary（camelus dromedarius），非洲和西南亚特产。〕

鹁鸽，传日亦千里。

珊瑚出西南海，取以铁网，高有至三尺者。

兰赤生西南海。

山石中，有五色鸭，其价最高。

金刚钻，出印毒。以肉投大涧底，飞鸟食其肉，粪中得之。

〔陈氏云：兰赤、鸭思均为宝石的译名。前者可能为碧琉璃（lapis lazuli）的波斯语名 Lajaward；后者似为阿拉伯语的 shm/yash 金刚钻。阿拉伯故事：水手辛巴德听到在印度有一金刚钻山谷以及商人们获取之计，即当鹰隼在周围山地繁殖之季，将大块肉投入他们难以到达的散布金刚钻的山谷，金刚钻黏附于肉，当鹰隼从所居高处俯冲入谷将食物衔回鹰巢，商人们就大声呼喊，迫使鹰隼抛下美食，金刚钻遂落入这些冒险者之手。〕

萨巴尔，出西海中，盖蝳蝐之遗精，蛟鱼食之，吐出。年深，结成价如金。其假者，即犀牛粪为之也。

〔按：萨巴尔，陈氏云即龙涎香（ambergris），阿拉伯语 amber，亦称 sahabiri。宋人多有记载，作“龙涎香”。

龙涎香又名龙腹香，其色黑褐如琥珀，有时有五彩斑纹，呈不透明的固态蜡状胶块，焚之有持久香气，有股独特的甘甜土质香味，故西方称之为“灰琥珀”。龙涎香（Ambergris）是抹香鲸的肠内分泌物的干燥品，取自宰杀的抹香鲸肠内分泌物（即鲸鱼的粪便，它是抹香鲸吞食墨鱼后，胃肠道分泌出来的灰黑色的蜡状排泄物）。其味甘、气腥、性涩，具有行气活血、散结止痛、利水通淋、理气化痰等功效；用于治疗咳喘气逆、心腹疼痛等症。本品系各类动物排泄物中最名贵的中药，极为难得。

《本草纲目拾遗》卷一“龙涎香”:《通雅》：龙涎有屿，在花面国傍，独立南海中，彼人言于树收之，最收香气，今大内甜香用之。《澳门记略》：大食国产龙涎香为上，西洋产于伯西儿海，焚之则翠烟浮空，结而不散，坐客可用一剪，以分烟缕。

《峤南记》：龙涎香新者色白，久则紫，又久则黑，白者如百药煎，黑者次之，似五灵脂，其气近臊，和香焚之，则翠烟浮空不散。

《广东新志》：新安有龙一穴一洲，每风雨即有龙起，去地不数丈，朱鬣金鳞，两目如电，其精华在浮沫，时喷薄如瀿泉如雨，土人争承取之，稍缓则入地中，是为龙涎。或谓龙涎多积于海上枯木，如鸟遗状，其色青黧，其香腥杂，百和焚之，翠烟千结，蜿蜒蟠空，经时不散，可以剪分香缕，然多不真。从番舶来者，出大秦波斯，于雨中焚之，膊有声者真。

《坤舆图记》：龙涎香，黑人国与伯西儿两海最多，有大块重千余斤者，望之如岛，每为风涛涌泊于岸，诸虫鸟兽亟喜食之。汪机本草：龙吐涎沫可制香。

《星槎胜览》：锡兰山国、卜剌哇国、竹步国、木骨都束国、剌撒国、佐法儿国、忽鲁谟斯国、溜山洋国，俱产龙涎香。

《稗史汇编》：龙涎香，白者如百药煎，而腻理极细；黑者亚之，如五灵脂而光泽，其气近于臊，似浮石而轻香，本无损益，但能聚香耳。和香而用真龙涎，焚之则翠烟浮空，结而不散，坐客可用一剪以分烟缕，所以然者，入蜃气楼台之余烈也。泉广合香人云：龙涎入香，能收敛脑麝气，虽经数十年者，香味仍存。

《广东通志》：龙涎在水采者褐黑色，在山采者褐白色。东西洋考：海旁有花，若木芙蓉花，落海，大鱼吞之腹中，先食龙涎，花咽入，久即胀闷，昂头向石上吐沫，干枯可用，惟粪者不佳，若散碎皆取自沙渗，力薄。

范咸《台湾府志》：龙涎香传为鳅鱼精液，泡水面凝为涎。能止心痛，助一精一气，以淡黄色嚼而不化者为佳；出淡水者，皆淡黄色，无黑色。〕

骨笃犀，大蛇之角也，解诸毒。

〔骨笃犀，蛇角。

有角蛇即角蝰，产于西亚及北非，其双眼位置有一对竖立的刺状角鳞。角蝰体约为30—85厘米。体色以黄色为主，另外也有浅灰色、粉红色及浅棕色等多种颜色。

《本草纲目·鳞一·蛇角》："骨咄犀亦作骨笃。"

周密《云烟过眼录》："骨咄犀，乃蛇角也。其性至毒而能解毒，盖以毒攻毒也，故又曰蛊毒犀。"〕

龙种马，出西海中，有鳞角。

牝马有驹，不敢同牧，遛马被引入海，不复出。

〔陈氏云：龙种马，或为儒艮（dugong，海生哺乳动物），动物学上称为 halicore cetacea，见于印度洋、红海及波斯湾一带，或被称为海牛。〕

皂雕，一产三卵，内一卵，生犬，灰色而毛短，随母影而走，所逐禽无不获者。

〔皂雕即黑鹰，别名海东青。〕

垄种羊，出西海，以羊脐种土中，溉以水，闻雷而生，脐系地中。及长，惊以木，脐断便行。啮草至秋，可食，脐内复有种。

〔陇种羊，此即中世纪传说的植物羊——塞西亚羔羊（Agnus scythicus）。《旧唐书·拂菻传》载："有羊羔生于土中，其国人候其欲萌，乃筑墙以院之，防外兽所食也。然其脐与地连，割之则死，惟人着甲走马及击鼓以骇之，其羔惊鸣而脐绝，便逐水草。"〕

又一妇人，解马语，即知吉凶，甚验。其怪异等事，不可殚纪。

往返凡一十四月。

郁叹曰：西域之开始自张骞，其土地山川固在也。然世代浸远，国号变易，事亦难考。

今之所谓瀚海者，即古金山也。印毒即汉身毒也。

曰驼鸟者，即安息所产大马爵也。

密实勒（密昔儿），即唐拂菻地也，观其土产风俗可知已。

又《新唐书》载：拂菻，去京师四万里，在西海上。

所产珍异之物，与今日地里正同，盖无疑也。

中统四年三月浑源刘郁记。

耶律楚材《西游录》辑存

《西游录》，元湛然居士著。湛然居士是成吉思汗之辅臣耶律楚材的法号。

耶律楚材（1190—1244年），契丹人，字晋卿，辽太祖耶律阿保机九世孙。幼年在金中都（今北京）生活，熟悉儒家经典，学识渊博。及长，任金朝左右司员外郎等职。

金贞祐年间（1214年），蒙古攻占金朝中都，耶律楚材入成吉思汗幕，为蒙古国时期朝纲政章之确立作出了贡献。

1219—1224年，耶律楚材应召西行，过居庸关，经武川，出云中，到达成吉思汗营地。后随军西征，到达花剌子模国首府布哈拉，行程五六万里，留西域六七年。回燕京后，写《西游录》，记录所经之地，在1228年成书，1229年刊行。

该书足本为5000余字，由两部分组成：第一部分记载了从中都启程并西行途中之见闻，第二部分则以佛教徒身份记述了他同道士丘处机之间的论争情况。是了解蒙古时期东西交通路线变化、西域和中亚历史文化情况、佛道两教论争的重要资料。

此书上卷为元人关于西域中亚见闻的一篇重要游记。

元·耶律楚材撰文

清·李文田注

叙

中书令国初时扈从西征，行五六万里，留西域六七年，有《西游录》述其事，人所罕见，因节略于此。

辑文

戊寅春三月（元太祖十三年也），出云中，抵天山。

〔《汉书·西域传》:“卑陆国，王治天山东干当国。”晋灼《武帝纪注》曰:“天山近蒲类国，去长安八千余里。”师古曰:“天山即祁连山。”祁太史韵士《西陲要略》曰:“哈密之山，即天山。山之北三百余里为巴里坤，柳谷水在城东北，源出天山，藉资灌田焉。”〕

涉大碛，逾沙漠，达行在所。

〔宋程大昌《北边备对》曰:“大漠，言沙碛广莫，望之漠漠然。汉以后史家变称为碛。碛者，沙积也。其义一也。”《大唐西域记》:“龟兹西行六百里，经小碛，至跋禄伽国。”祁韵士《万里行程记》云:“安西州，旧名大湾，后复设安西府，今改为州。”〕

出北门五里许，过一涸河，即入沙碛。土人呼为戈壁，即古瀚海也。地以沙石为骨，如熔炼而成肤。

〔此即元太祖和林之行在，丘处机《长春真人西游记》所云“皇帝旧兀里多”者也。《长春真人西游记》:“辛巳六月廿八日，泊窝里朵，汉语行宫也。”又称乃满国兀里朵，盖太祖灭乃蛮后，即置行在于此，以便西伐也。〕

明年，

〔己卯年也，是为元太祖十四年。〕

大举西伐，道过金山。

〔《北边备对》曰:“金山，隋唐间突厥阿史那氏，得古匈奴北部之地，居金山之阳。”案:《湛然居士集》卷一有《过金山用人韵诗》。《西域释地》云:

“乌鲁木齐博克达山，三峰峭拔入云，山腰有潭，周十余里，土人称海子。山南有俗所呼七个达坂者，即此。”按：《唐书》西州交河县，北行经柳谷，度金沙岭，至北庭都护城。又按：杜甫诗注：“自交河北行八十里，至龙泉馆，北入谷百三十里，经柳谷，度台沙岭，百六十里，经石会汉戍，至北庭都护府。”今乌鲁木齐为唐北庭都护故治，吐鲁番为西州古治，以相距道里考之，此“达坂”即所谓金沙岭。今岭畔有陟坡，沙子细碎，滑马足，“金沙”“台沙”之名当以此。《皇舆西域图志》云：“按今阿勒坦为古金山，《唐书》称阿史那氏居金山之阳，裴罗西超金山者，是也。”〕

时方盛夏，雪凝冰积，斫冰为道。松桧参天，花草弥谷。金山而西，水皆西流入海。

〔金刘祁《北使记》：“出北界，行西北向，地浸高，并夏国。前七八千里，山之东，水尽东；山之西，水亦西，地浸下。”祁韵士《西陲要略》云：“新疆诸水，分流异趋，南路之水皆东流，出自南北山中，若喀什喀尔之乌兰乌苏、叶尔羌之玉河、和阗之哈喇哈什、玉陇哈什二河，乌什之瑚什奇、阿克苏之浑巴什、库车之渭干、喀喇沙尔之开都，悉东会于土鲁番之罗卜淖尔。凡南北山积雪融化之水，皆入之。溢沦渟蓄，伏流地中，即古蒲昌海也。北路之水，若伊犁诸河多西流，塔尔巴哈台之额尔齐斯诸河多东流，乌鲁木齐之玛纳斯河多北流，或归入淖尔，或流经苇湖，或伏入沙碛，以及雪融会合之水甚多。”〕

其南有回鹘城，

〔《元史·西北地附录》曰：“畏兀儿地。至元二十年，立畏兀儿四处站及交钞库。”《明世法录》曰：“火州，元号畏兀儿。东七十里，距柳陈城西百里，为土鲁番，即古高昌国治。”案：《辽史·兵卫志》：“属国军有回鹘，有甘州回鹘，有沙州回鹘，有和州回鹘。”此和州回鹘城也。宋洪皓《松漠纪闻》曰：“回鹘、甘、凉、瓜、沙，旧皆有族帐。惟居四郡外地者，颇自为国，有君长。”〕

名别石把，

〔《西使记》曰：“龙骨河复西北行，与别失八里南以相直，近五百里。”《元史·西北地附录》曰：“别失八里。至元十五年，授八撒察里虎符，掌别失八里畏吾城子里军站事。十七年，以万户綦公直戍别失八里。十八年，从诸王阿只吉请，自太和岭至别失八里，置新站三十。二十年，立别失八里和州等处宣慰司。二十三年，遣侍卫新附兵千人屯田别失八里，置元帅府。"《明史·西域传》云："别失八里，西域大国也。南接于阗，西抵撒马儿罕，东抵火州，北连瓦剌。元世祖议宣慰司。"《长春真人西游记》作"鳖思马大城"。欧阳玄《高昌契氏家传》："北庭者，今之别失八里城。"〕

有唐碑。

〔《长春真人西游记》曰："北庭端府。景龙三年，杨公河大都护有德政，有龙兴西寺二石刻在，功德焕然可观。寺有佛书一藏，唐之边城往往尚存。"《槐西杂志》："特纳格尔，为唐金满县也，尚有残碑。"《西域释地》曰："库车丁谷山在城北，有古寺，多唐碑，浮图高数十丈。"《西域水道记》："巴尔库勒淖尔四源，东南源曰招摩多沙乌鲁木齐，治曰巩宁城。城南阻阿拉癸山，东扼博克达山，山之阴为阜康县。又东并山行一百九十里，为唐沙钵镇，即阿史那贺鲁所处之莫贺城。又东五十里，为济木萨西突厥之可汗浮图城，唐为庭州金满县，又改后庭县，北庭都护治也。元于别失八里立北庭都元帅府，亦治于斯。故城在今保惠城北二十余里，地曰护堡子。破城有唐金满县残碑，碑石立为二，俱高八寸，广六寸，一石七行，一石六行。"〕

所谓瀚海军。

〔元刘郁《西使记》曰："瀚海地极高寒，虽酷暑，雪不消。"今之所谓瀚海者，即古金山也。（何新按：当为杭爱山）

《唐书·地理志》："北庭大都护府，本庭州。贞观十四年，平高昌。置有瀚海军，长安二年置。"〕

瀚海去城数百里，

〔《西域释地》云："哈密东至安西州，西至土鲁番，俱有沙碛，乏水草，不毛之地数百里，谓之瀚海，今呼为戈壁。"〕

海中有屿，其上皆禽鸟所落羽毛。

〔《史记·匈奴传》："骠骑将军去病封于狼居胥山，禅姑衍，临翰海而还。"如淳曰："翰海，北海名。"张守节《正义》曰："按：翰海自一大海名，群鸟解羽伏乳于石，因名也。"李光廷《西域图考》曰："按：文正《西游录》云：'戊辰，达行在所，至即唐之高昌'云云，此以今济木萨为瀚海，与刘郁《西使记》殊，且言蒲类海，亦未确也。"

《西域释地》云："巴里坤名会宁城。有海子，即古蒲类海，一名婆悉海，俗呼为海子，在城北沙山之下。东西袤一百余里，对岸广数十里。《后汉书》张言呼延王常辗转蒲类、秦海之间，《元和志》言伊州纳职县北直抵蒲类海。唐之伊州，即今哈密，距巴里坤相近，而巴里坤又为汉蒲类国地。是此海子为蒲类海无疑。"〕

城西二百里，有轮台县，

〔《新唐书·地理志》："庭州西延城西至轮台县，共三百二十里。"《长春真人西游记》："鳖思马大城，其东数百里，有府曰西凉。其西三百余里，有县曰轮台。师问曰：'有几程得至行在？'皆曰：'西南更行万余里，即是。'"〕

唐碑在焉。

〔《西域水道记》有说。城之南五百里，有和州，《元史·耶律希亮传》："由苦先至哈剌火州。"《元史·西北地附录》："阿里麻里"之下有"合剌火"者。〕

即唐之高昌，

〔《辽史·兵卫志》："属国军有高昌。"《明史》："火州，其地多山，青红若火，故名。火州东有荒城，即高昌国都，汉戊己校尉所治。西北连别失八里，后为土鲁番所并。"〕

亦名伊州。

〔《湛然居士集·十二怀古诗》："瀚海过西伊。"自注云："伊州之西北有瀚海，伊州又谓之西州。"《西域释地》曰："《元和志》言伊州纳职县北直抵蒲类海。唐之伊州，即今哈密。"〕

高昌西三四千里，有五端城，即唐之于阗国。

〔《元史·西北地附录》作"忽炭"者，是也。《曷思麦里传》作"斡端"。《拜延八都鲁传》亦作"斡端"，《宪宗纪》则作"扩端"，均此"五端"二字之声转。今称"和阗"者，是其地也。《明史》作"阿端"，又沿古名作"于阗"均非两地。《西域释地》云："叶尔羌，汉莎车国地。唐以后并入于阗，又曰和阗。汉于阗国，唐置于阗都督府于此。回人谓汉人为'黑台'，和阗即'黑台'之讹。相传汉任尚弃其众于此。"〕

河出乌白玉。

〔《西陲要略》云："叶尔羌之山，则有密尔迪山，在城南二百余里，产玉。

有玛尔瑚卢克山，在城西南四百余里，产玉。又有一大山，在叶尔羌西南，与密尔迪山相连。回人呼为塔什达巴罕，疑即所谓葱岭者是也。水则有玉河，自密尔迪山流出，南分支入和阗。和阗境内一带山皆积雪，水则有哈喇哈什河，有玉陇哈什河，有哈琅圭塔克河，俱多产五，且资灌田。”〕

过瀚海千余里，有不剌城。

〔《元史·西北地附录》作“普剌”。《元史·耶律希亮传》：“至不剌城。”李光廷《西域图考》曰：“不剌城，即《西使记》‘孛罗城’之转音，城南有阴山，即松树头岭。山顶在池。今赛喇木泊在四山之中，即池也。”〕

不剌南有阴山，东西千里，南北二百里。

〔《长春真人西游记》曰：“初在沙陀北，南望天际，若银霞。问之左右，皆未详。师曰：‘多是阴山’。翌日，过沙陀，遇樵者，再问之，皆曰然。”《湛然居士集》卷一有《过阴山和人韵诗六首》。〕

山顶有池，周围七八十里。

〔《西陲要略》曰：“伊犁之水，有赛里木淖尔，在城东北，隔山二百余里。

凡境内之水，皆朝宗于伊犁河，惟赛里木淖尔不与焉。”《西域释地》：“赛里木诺尔，在伊犁城东北二百余里，塔尔奇岭之东。其北有川，名博罗塔拉。”〕

池南地皆林檎，树阴蓊郁，不露日色。出阴山，有阿里马城。

〔《西使记》曰：“出关至阿里麻里城，市井皆流水交贯。”《西使记》云“出关至阿里麻里城”，当云“出关至阿里麻城”，衍一“里”字。此即《湛然居士集》之“阿里马城”，非《元史·西北地附录》之“阿力麻里”也。〕

西人目“林檎”曰“阿里马”，附郭皆林檎园，故以名。附庸城邑八九。

〔《至元译语》曰：“蒙古语‘梨’曰‘阿里马’。”〕

多蒲萄、梨果。播种五谷，一如中原。又西有大河，曰亦列。

〔刘祁《北使记》曰：“兴定四年十二月，出北界行，地浸高。前七八千里。又前四五千里，地甚燠，历城百余，皆非汉名。又几万里，至回纥国之益离城，即回纥王所都”云云。案“益离”即“亦列”之声转，盖以亦列水得名也。《长春真人西游记》曰：“沿天池正南，下阿里马城，又西行四日，至答剌速没辇。没辇，河也。”徐松跋云：“阿里马城者，即今西阿里玛图河，在拱宸城东北，出塔勒奇山口，西南至阿里玛图河，仅百里。又西行四日，至答剌速没辇，是今伊犁河。

以西行四日计之，当在今察林渡之西渡河。”亦列河，李光廷曰：“当是今瞻德城西之察罕乌苏河，以伊犁统名之耳。”《西域释地》：“伊犁河在伊犁城南一里许，源出哈什、空吉斯二河，洪流深广，境内之水皆归焉。过城南，折而西北流七百余里，入哈萨克界，遇沙而伏。”按：《唐书》：“贞观中，西突厥分其部为二，以伊列水为界。显庆二年，苏定方为伊丽道行军总管，讨西突厥。”所称伊丽，即今伊犁，以水为名。“犁”与“丽”同名，“列”则音相近耳。〕

其西有城，曰虎司窝鲁朵，即西辽之都。

〔明陈士元《诸史译语》云：“‘斡耳朵’，华言‘帐房’也。《辽史》称‘斡鲁朵’，音之转也。”《西使记》云：“过六屠两山间，土平民伙，沟洫映带，多故垒壤垣。问之，盖契丹故居也。计其地，去和林万五千里而近。”

《辽史·天祚本纪》：“耶律大石建都城，号虎思斡鲁朵。”又《辽史·兵卫志》：“属国军有胡母思山蕃。”胡母思，即《本纪》之“虎思”矣。又《部族表》，辽太祖天赞二年，破胡母思山蕃。又《诸部表》有忽母思部。均即此《录》之“虎司”，自大石建都后称为“斡耳朵”者也。《辽史·营卫志》：“居有宫卫，谓之斡鲁朵。”《金史·百官志》：“斡里朵，官府治事之所也。”〕

附庸城数十。又西数百里，有塔剌思城。

〔《西使记》曰：“二十八日过塔剌寺。”即怛逻斯。

《长春真人西游记》有“答剌速没辇”。原注：“没辇，河也。”是“塔剌思”即“答剌速”之对音。此城以河得名，其上游已名为答剌速河，此《录》称为亦列河，在西辽河中府都之东也。此河西行数百里，绕此城，即此《录》之塔剌思城，又即刘郁所过之塔剌寺矣。〕

又西南四百余里，有苦盏城、

〔《西使记》曰：“四日过忽章河，渡船如公鞋然。土人云：‘河源出南大山，地多产玉。’疑为昆仑山。”〕

八普城、

〔《元史·西北地附录》有“巴补”，即此《录》“八普”之音同字异也。〕

可伞城、

〔《元史·西北地附录》作"柯散"，即此《录》"可伞"之异文也。《曷思麦里传》作"可散城"。芭榄城。《长春真人西游记》："壬午之春正月，杷榄始华，类小桃。俟秋，采其实，食之，味如胡桃。"《湛然居士集·记西游事诗》："亲尝芭榄宁论价，自酿蒲萄不纳官。"其他诗言杷榄、蒲萄者，不可枚举。〕

苦盏多石榴，其大如拱，甘而差酸。凡三五枚，绞汁盈盂，渴中之尤物也。

〔苦盏，《元史·西北地附录》作"忽毡"，《明史·西域传》作"火占"。

《元史·薛塔剌海传》从征虎忽缠诸国，即此苦盏城地矣。又《元史·郭宝玉传》曰："收别失八里、别失兰等城，次忽章河。"据此《传》知"苦盏"与"忽章"同音，盖以河得名。〕

芭榄城边皆芭榄园，故以名。其花如杏而微淡，叶如桃而差小。冬季而花，夏盛而实。八普城西瓜大者五十斤，

〔《松漠纪闻》曰："西瓜形如匾蒲而圆，色极青翠，经岁则变黄，其瓞类甜瓜，中有汁，尤冷。"明张翼《清赏录》引耶律楚材《西游录》云："八普城西瓜大者重五十斤，可以容狐。"今此文无"可以容狐"四字，为《老学丛录》删。〕

长耳仅负二枚。

苦盏西北五百里，有讹打剌城。

〔《元史·本纪》"十四年，取讹答剌城"，即此"讹打剌"三字之对音也。《元史·西北地附录》作"兀提剌耳"。又《元史·本纪》"十五年，秋，攻斡脱罗儿城，克之"，与此亦音近，疑所采不一书，故致重复。且西域强悍，未必非取后复叛，故两次征克也。李光廷《西域图考》云："龟兹入元，为别失八里，西境城曰苦先，即今'库车'之对音。《元史·耶律希亮传》云从征至浑八升城。今阿克苏南有浑巴什庄。世祖自二王所召还，由苦先城至哈剌火州，出伊州，涉大漠还，亦曰苦盏。"文正《西游录》云："苦盏西北五百里，有讹打剌城。"皆是地也。〕

附庸城十数。此城渠酋，尝杀命吏数人、商贾百数，尽掠其财货。西伐之举由此也。

〔《元史·本纪》："太祖十四年夏六月，西域杀使者，帝帅师亲征，取讹答剌城，

擒其酋哈只儿只兰秃。”〕

讹打剌西千余里，有大城曰寻斯干。

〔《西使记》曰“过挦思干，城大而民繁。”《元史·太祖本纪》曰：“十五年，克寻思干城。”又曰：“十六年，攻薛迷思干城。”今案太祖克此城，后复叛，故十六年再攻之。“薛迷思干”，即“寻斯干”也。

《元史·西北地附录》作“撒麻耳干”。《元史·按竺迩传》曰：“太祖西征寻斯干。”《元史·郭宝玉传》曰：“下挦思干城。”又曰：“引兵据挦思干，入铁门，屯大雪山。”《耶律阿海传》曰：“下寻斯干等城。”《明世法录》曰：“撒马儿干，古罽宾国，在悬度山西。唐以其地为修鲜都督府，拜其五都督。元驸马帖木儿主其国。东有养儿沙鹿海牙赛兰达失干，西有渴石迭里迷诸城，并隶焉。”〕

寻斯干者，西人云肥也，以地土肥饶，故名。

〔《长春真人西游记》曰：“寻思干城，万里外回纥国国最佳处。”杜环《经行记》曰：“萨末建，土沃，人富，国小，有神祠，名拔诸。”《湛然居士集·十二怀古诗》：

“感恩承圣敕，寄信到寻思。”自注：“寻思虔，西域城名。西人云：‘寻思，肥也。虔，城也。’通谓之肥城。”〕

甚富庶。用金铜钱，无孔郭。环城数十里皆园林，飞渠走泉，方池圆沼，花木连延，诚为胜概。瓜大者如马首。谷无黍、糯、大豆，盛夏无雨。以蒲萄酿酒，有桑不能蚕，皆服屈眴。

〔《湛然居士集》卷七《戏作二首》：“屈眴轻衫裁鸭绿，蒲萄新酒泛鹅黄。”

卷五《乞扇诗》：“屈眴圆裁白玉盘，幽人自翦素琅。”《元史·舆服志》曰：“质孙，华言一色服也。勋戚大臣近侍，赐则服之，下至乐工、术士，皆有此服，精粗之制不同，总曰质孙。”〕

以白衣为吉〔色〕，以青衣为丧服，故皆衣白。

〔陈诚《使西域记》：“哈烈国主以白布缠头，辫发后髻。男子髡首，缠以白布。妇人以白布蒙首。”〕

寻思干西六七百里，有蒲华城，土产更饶，城邑稍多。

〔《元史·太祖本纪》：“十五年，克蒲华城。”《耶律阿海传》：“下蒲华城。”《元史·西北地附录》:“忒耳迷”之下,有“不花剌”。似即《元史·太祖本纪》之蒲华。

《明世法录》曰:“卜花儿在撒马儿罕西七百里。以道里计之,撒马儿干即寻思干,则卜花儿即蒲华矣。”《耶律阿海传》:“从帝攻西城,下蒲华、寻斯干等城。”《湛然居士集》卷五《赠蒲察元帅诗》其七:“闲乘羸马过蒲华,又到西阳太守家。”又卷六有《蒲华城梦万松老人诗》。〕

寻思干乃谋速鲁蛮种落梭里檀所都。

〔《北使记》曰:“有没速鲁蛮回纥者,性残忍,肉必手杀而啖,虽斋亦酒脯自若。”《长春真人西游记》曰:“至阿里马城,铺速满国王来迎,宿于西园。”“铺速满”及“没速鲁蛮”,皆“谋速鲁蛮”之转声也。又按《辽史·诸部表》有普速完部,《金史》群牧十二处有蒲速斡,此云“谋速鲁蛮种”,似一类也。《湛然居士集》卷十二《怀古一百韵》注云:“大石林牙,辽之宗臣,挈众而亡。不满二十年,克西域数十国,幅员数万里。传数主,凡百余年,颇尚文教。西域至今思之,庙号德宗。”卷五《河中春游诗》注云:“寻斯干有西域梭里檀,故宫在焉。”〕

蒲华、苦盏、讹打剌城,皆隶焉。

〔《西域图考》云:“《元太祖纪》:十四年己卯,西域杀使。帝亲征,取讹答剌城。讹答剌,即阿克苏城。也石的石河,即乌什之毕底尔河也。”〕

蒲华之西,有大河入于海。

〔《元史·太祖本纪》:“十五年夏五月,驻跸也石的石河。”但是时克蒲华城及寻思干城,此大河非也石的石河,却是今阿母河。以《元秘史》及《长春真人西游记》知之矣。〕

其西有玉里犍城,

〔《元史·本纪》:“十六年秋,皇子术赤、察合台、窝阔台,分破玉龙杰赤等城,下之。”玉里犍,即“玉龙杰”三字之对音。蒙古谓“官”曰“赤”,故名玉龙杰赤也。《元秘史》曰:“过阿梅河,至兀笼格赤城下营。”“兀笼格”尤与“玉里犍”声近矣。《元史·曷思麦里传》作“月恋揭赤之地。”《元史·耶律希亮传》:“五月,西行至孛劣撒里。六月,至换札孙。又西行九百里,至也里虔城。又从二王还,至不剌城。”按:孛劣撒里,即不剌城。换札孙,即“虎司”之声转,此西辽都也。“九百里至也里虔城”，即“玉龙杰”之转声，此即玉龙杰赤也，又即“玉里犍”三字之对音。“还至不剌城”，又即“孛劣撒里”。盖翻译本一人，而前后不相照，作传者又不相照，作传者又不识蒙古语，故使读者茫然耳。〕

梭里檀母后所居。富庶又盛于蒲华。

〔此母后当是直鲁古之妻，其时乃蛮篡直鲁古之国，而尊其后为皇太后也。〕

又西濒大河，有班城。

〔《元史·本纪》:“十六年辛巳，夏四月，驻跸铁门关。秋，帝攻班勒纥等城。”《白察罕传》:“察罕，西域板勒纥城人。初，察罕生于河中，其夜天气清肃，月白如昼，西域谓白为察罕，故名察罕。”案：河中，即寻思干城；板勒纥，即班城也。〕

又西有砖城。

〔《长春真人西游记》曰:“铁门南岸西有山寨，名团八剌，山势险固。”此“砖城”与“团城”声转也。

故《记》云:“由此东南行三十里，过班里城。”则此城在班里之西，故知“砖城”即彼《记》之“团八剌”也。

《大唐西域记》曰:“羯霜那国西南行二百余里，入山。山路崎岖，溪径危险，既绝人里，又少水草。东南山行三百余里，入铁门。铁门者，左右带山，山极峭峻，虽有峡径，加之险阻，两旁石壁，其色如铁，既设门扇，又以铁锢，多有铁铃，悬诸门扇，因其险固，遂以为名。

出铁门到睹货罗国”云云。此“砖城”盖唐之吐火罗国故也。〕

自此而西，直抵黑色印度城。亦有文字，

〔刘祁《北使记》曰:“有印都回纥者，色黑而性愿。其书契约束，并回纥字，笔苇其管，言语不与中国通。”

《西使记》曰:“印毒国去中国最近，军民一千二百万户，即汉身毒也。”

艾儒略《职方外纪》曰:“中国之西南曰印弟亚，即天竺五印度也，在印度河左右。”《汉书·西域传》:“无雷国北与捐毒接。”

师古曰:“捐毒，即身毒、天笃也。本皆一名，语有轻重耳。”臣召南案:“天笃，即天竺。《后汉书·西域传》之天竺，即此《传》之捐毒，而后世又曰印度国也。”〕

与佛国字体声音不同。佛像甚多。

〔《西使记》曰："乞石迷西，盖传释迦氏衣钵者。"《松漠记闻》曰："回鹘奉释氏最甚，共为一堂，塑佛像其中，每斋必到羊。或酒酣，以指染血涂佛口，或捧其足而鸣之，谓之亲敬。诵经则衣袈裟，作西竺语。"

《大唐西域记》：迦湿弥罗国，旧曰"罽宾"，讹也。〕

不屠牛羊，但饮其乳。土人不识雪。岁二熟麦。盛夏置锡器于沙中，寻即熔铄。马粪堕地沸溢，月光射人如夏日。其南有大河，冷如冰雪，湍流猛峻，注于南海。

〔《新唐书·地理志》曰："天竺西境小国五，至提国。其国有弥兰大河，一曰新头河，自北渤昆山来，西流至提国，北入于海。"《职方外纪》曰："东印度有大河，名安日。国人谓经此水一浴，所作罣业，悉得消除。"〕

土多甘蔗，取其液酿酒、熬糖。印度西北行，有可弗叉国。

〔《元史·郭宝玉传》："辛巳，可弗叉国惟算端罕破乃满国，引兵据挦思干，闻帝将至，弃城南走，入铁门屯大雪山。宝玉追之，遂奔印度。"《旧唐书·西戎传》："波斯国东与吐火罗康国接，北邻突厥之可萨部。"

按：所云可萨者，盖即今俄罗斯之可萨斯克（即哥萨克），此《录》之可弗叉国也。〕

数千里皆平川，无复丘垤，不立城邑。

〔《职方外纪》曰："亚细亚西北之尽境，有大国，曰莫斯哥未亚，东西径万五千里，南北径八千里，中分十六道。有窝儿加河（即伏尔加河）最大，支河八十，皆以为尾闾，而以七十余口入北高海。"

《大唐西域记》："从信度国西南行千五六百里，至阿黠婆翅罗国，国周五千余里。自阿黠婆翅罗国北行七百余里，至臂多势罗国，属西印度境，国周三千余里。从此东北行三百余里，至阿黠荼国，属西印度境，国周二千四五百里，国大都城周二十余里，无大君长，役属信度国。从此东北行九百余里，至伐剌拿国，周四千余里。复从此西北逾大山，涉广川，历小城邑，行二千余里，出印度境，至漕矩吒国。"〕

民多羊马，以蜜为酿。此国昼长夜促，羊膊熟，日已复出。正符《唐史》所载骨利斡国事，

〔《元史·土土哈传》："钦察去中国三万余里，夏夜极短，日暂没即出。"

《地理志·西北地附录》曰："邛可剌者，因水为名，附庸于吉利。吉思去大都二万五千余里，昼长夜短，日没时，炙羊肋熟，东方已曙。"即《唐史》所载骨利斡国也。《新唐书·地理志》曰："仙娥河北岸有富贵城，又正北如东过雪山、松桦林及诸泉，泊千五百里，至骨利斡。又西十三日，行至都播部落。又北六七日，至坚昆部落，有牢山剑水。骨利斡、都播二部落北有小海，冰坚时马行八日可渡。海北多大山，其民状貌甚伟，风俗类骨利斡，昼长而夜短。"又《回鹘列传》："骨利斡处瀚海北，胜兵五千。草多百合。产良马，首似橐它，驰数百里。其地北距海，去京师最远。又北度海则昼长夜短，日入烹羊胛，熟，东方已明，盖近日出处也。"〕

但国名不同，岂非岁时久远，语音讹舛？

〔《庶斋老学丛谈》曰："许献臣佥事说盎吉剌日不落，只一道黑气遮日，煮羊膊熟，日又出也。保定刘敬之往任断事官，亲见之。"此亦符《唐史》骨利斡国事，但地名又不同，或有沿革。观此，则日月不出入乎地中，绕北极之下以为昼夜，信而有证。〕

寻思干去中原几二万里，印度去寻思干又等，可弗叉去印度又等，

〔《西使记》曰："《新唐书》载：'拂菻去京师四万里，在西海上。'所产珍异之物，与今日：道里正同，盖无疑也。"〕

虽萦迂曲折，不为不远，不知几万里也。

〔《双溪集·丁零诗》注："圣朝太宗尝诏和瑞等入北海，往复数年，得日不落之山。"〕

概述

此游记之作者为元代著名政治家和学者耶律楚材。

13世纪初叶，成吉思汗率军20万西征中亚花剌子模国，耶律楚材以书记官和星相占卜家的身份应召前往。

1218年3月，他自永安出发，过居庸关，经武川，出云中（今大同），到达天山北面成吉思汗营地。翌年随军西行，越阿尔泰山，过瀚海，经轮台、和州（即古高昌），更西行经阿里马、虎司斡鲁朵、塔剌思、讹打剌、撒马尔罕，到达花剌子模国首府今布哈拉。

其所记略云：

离开永安（今香山）故居，取道居庸关，经过武川（今内蒙古自治区武川县），云中（今山西大同市），北越天山（今内蒙古自治区呼和浩特市北的大青山），过沙漠，抵达克鲁伦河畔晋见成吉思汗。

1219 年成吉思汗大军西征，过金山（今阿尔泰山）；时逢盛夏，金山积雪，成吉思汗命凿冰开路度师。金山南隅有回鹘都城别石把，唐代称为翰海军。

城西北几百里有翰海（大戈壁沙漠）。

城西二百余里有轮台县。城南五百里为和州，唐代称为高昌，高昌城西有五端城，唐代为于阗国（今新疆和田），产乌白玉。

过翰海军（别石把）千里许，抵达不剌城（今新疆博乐市），城南阴山横亘，山上有湖，周围七八十里（今赛里木湖）。过阴山抵达阿里马城，多野苹果林檎，西域人称林檎为“阿里马”。

西行抵达亦列河（今伊犁河）。河西为西辽都城虎司窝鲁朵。西数百里为塔剌思城，再西南四百余里有苦盏、八普、可伞、芭榄等城。苦盏产大石榴，芭榄城产芭榄而得名；八普城产大西瓜，最大的重五十斤重，甘甜可口。

去芭榄西北五百里，有讹打拉城。此城主曾杀成吉思汗使者及数百商人，导致成吉思汗西征讨伐。由讹打拉城往西千余里，为大城寻思干（撒马尔罕），肥沃土地之意；西辽称为河中府。

撒马尔罕富庶，通行金币、铜币。城周几十里园林遍布，“家必有园，园必成趣。飞渠走泉，方池园沼，柏柳相连，桃李连延”。

城西六七百里为蒲华城，蒲华西有阿姆河，河西留入海。河西有五里犍城、班城。由此入北印度。土产甘蔗，土人以此酿酒、熬糖。

何新著作年表

1.《培根论人生》(第一版),上海人民出版社,1983.

2.《诸神的起源》(第一版),生活·读书·新知三联书店,1986.

3.《人生论》,湖南人民出版社,1987.

4.《艺术现象的符号——文化学阐释》,人民文学出版社,1987.

5.《中国文化史新论》,黑龙江人民出版社,1987.

6.《何新集》,黑龙江教育出版社,1988.

(注:收入何新主编"开放丛书·中青年学者文库")

7.《神龙之谜:东西方文化研究与比较》,延边大学出版社,1988.

8.《人性的探索》,黑龙江人民出版社,1988.

9.《中国远古神话与历史新探》,黑龙江教育出版社,1988.

10.《龙:神话与真相》(第一版),上海人民出版社,1989.

11.《中外文化知识辞典》(何新主编),黑龙江人民出版社,1989.

12.《龙:神话与真相》(修订版),上海人民出版社,1990.

13.《诸神的起源》(韩文版),洪熹译,韩国东文堂,1990.

14.《众神之颂》,杭州大学出版社,1991.

15.《何新与日本经济学教授S的谈话录》,人民日报出版社,1991.

16.《世纪之交的中国与世界——何新与西方记者谈话录》,四川人民出版社,1991.

17.《东方的复兴》(第一卷),黑龙江人民出版社、黑龙江教育出版社联合出版,1991.

18.《东方的复兴》(第二卷),黑龙江教育出版社,1992.

19.《爱情与英雄——天地四季众神之颂》，四川人民出版社，1992.

20.《论何新》（内部发行），四川人民出版社，1993.

21.《论何新·评论及友人书信》（内部发行），黑龙江教育出版社，1993.

22.《诸神的起源续集——〈九歌〉诸神的重新研究》，黑龙江教育出版社，1993.

23.《何新政治经济论文集》（白皮书，内部发行），四川人民出版社，1993.

24.《何新政治经济论集》，黑龙江教育出版社，1995.

25.《中华复兴与世界未来》（上下卷），四川人民出版社，1996.

26.《诸神的起源——中国远古太阳神崇拜》（新版），光明日报出版社，1996.

27.《人生论》，华龄出版社，1996.

28.《培根人生随笔》，人民日报出版社，1996.

29.《危机与反思》（上下卷），国际文化出版公司，1997.

30.《为中国声辩》，山东友谊出版社，1997.

31.《新战略论·何新战略思想库》（共三卷），四川人民出版社，1999.

32.《孤独与挑战》（第一卷），山东友谊出版社，1998.

33.《诸神的起源》（日文版），后滕典夫译，日本东京树花舍，1998.

34.《中华的复兴》（韩文版），白山私塾，1999.

35.《龙：神话与真相》（第二版），上海人民出版社，2000.

36.《大易新解》，四川人民出版社，2000.

37.《思辨逻辑引论》，黑龙江教育出版社，2001.

38.《思考：我的哲学与宗教观》，时事出版社，2001.

39.《思考：新国家主义的经济观》，时事出版社，2001.

40.《艺术分析与美学思辨》，时事出版社，2001.

41.《何新古经新解》（共七卷），时事出版社，2001.

42.《培根人生论》，国际友谊出版社，2002.

43.《培根人生论》，陕西师范大学出版社，2002.

44.《美学分析》，中国民族摄影出版社，2002.

45.《论中国历史与国民意识》，时事出版社，2002.

46.《全球战略问题新观察》，时事出版社，2002.

47.《论政治国家主义》，时事出版社，2003.

48.《圣与雄》，金城出版社，2003.

49.《何新集》（第二版），时事出版社，2004.

50.《风·华夏上古情歌》，时事出版社，2003.

51.《孔子论人生·论语新解》，时事出版社，2003.

52.《人生论》（中英文对照版），中国友谊出版公司，2003.

53.《人生论经典——孔子论人生培根论人生》，中国长安出版社，2003.

54.《培根人生论》，中国友谊出版公司，2004.

55.《谈龙说凤》，时事出版社，2004.

56.《汉武帝新传》，中央编译出版社，2005.

57.《大政宪典——尚书精解》，哈尔滨出版社，2005.

58.《雅与颂——华夏上古史诗》，哈尔滨出版社，2005.

59.《泛演化逻辑引论》，时事出版社，2005.

60.《何新国学经典新解系列》（共十四卷），时事出版社，2007.

61.《我的哲学思考：方法与逻辑》，时事出版社，2007.

62.《思与行·论语新解》，北京工业大学出版社，2007.

63.《天行健·易经新解》，北京工业大学出版社，2007.

64.《宇宙之道·老子新解》，北京工业大学出版社，2007.

65.《诸神的起源》，北京工业大学出版社，2007.

66.《我的哲学思考·方法与逻辑》，时事出版社，2008.

67.《何新国学经典新考系列》（共十五卷），中国民主法制出版社，2008.

68.《何新论金融危机与中国经济》，华龄出版社，2008.

69.《反主流经济学》（上下卷），时事出版社，2010.

70.《哲学思考》（上下卷），时事出版社，2010.

71.《何新国学经典新考丛书》（精），中国民主法制出版社，2010.

72.《论人民币汇率与外汇储备》，中信出版社，2010.
73.《汇率风暴·中美汇率战争真相揭秘》，中国书籍出版社，2010.
74.《何新论美》，东方出版社，2010.
75.《何新论中国经济》，东方出版社，2010.
76.《统治世界·神秘共济会揭秘》，中国书籍出版社，2011.
77.《奋斗与思考》，万卷出版公司，2011.
78.《孔子圣迹图》（何新主编），中国书店出版社，2012.
79.《孔丘年谱长编》，同心出版社，2012.
80.《论孔学》，同心出版社，2012.
81.《圣者·孔子传》，同心出版社，2012.
82.《希腊伪史考》，同心出版社，2012.
83.《统治世界2·手眼通天共济会》，同心出版社，2013.
84.《哲学思考》，万卷出版公司，2013.

85.《新国家主义经济学》，同心出版社，2013.
86.《新逻辑主义哲学》，同心出版社，2014.
87.《老饕论吃》，万卷出版公司，2014.
88.《心经新诠》，同心出版社，2014.
89.《〈夏小正〉新考》，万卷出版公司，2014.
90.《希腊伪史续考》，中国言实出版社，2015.
91.《何新仿名家画集》，上海高诚创意科技集团，2015.
92.《有爱不觉天涯远·何新品〈诗经〉中的情诗》，中国文联出版社，2016.
93.《温柔敦厚雅与颂·何新品〈诗经〉中的史诗》，中国文联出版社，2016.
94.《野无遗贤万邦宁·何新品〈尚书〉》，中国文联出版社，2016.
95.《举世皆浊我独清·何新品〈楚辞〉》，中国文联出版社，2016.
96.《道法自然天法道·何新品〈老子〉》，中国文联出版社，2016.
97.《大而化之谓之圣·何新品〈论语〉》，中国文联出版社，2016.
98.《天地大美而不言·何新品〈夏小正〉》，中国文联出版社，2016.

99.《兵法之谋达于道 · 何新品〈孙子兵法〉》，中国文联出版社，2016.

100.《路漫漫其修远兮 · 何新品〈离骚〉》，中国文联出版社，2016.

101.《奇书推演天下事：何新品〈易经〉》，中国文联出版社，2016.

102.《统治世界 3：世界历史中的神秘共济会》，辽宁人民出版社，2018.

103.《诸神的起源》（增订版），民主与建设出版社，2018.

104.《诸神的世界》，现代出版社，2019.

105.《诸子的真相》，现代出版社，2019.

106.《中国文明的密码》，现代出版社，2019.

107.《何新论美》，华东师范大学出版社，2019.

108.《汉武帝大传》，华东师范大学出版社，2019.

109.《易经入门——何新讲〈周易〉》，华东师范大学出版社，2019.

110.《柔弱胜刚强——何新讲〈老子〉》，华东师范大学出版社，2019.

111.《孔子的智慧——何新讲〈论语〉》，华东师范大学出版社，2019.

112.《哲学沉思录》，现代出版社，2019.

113.《何新谈诗词之美》，现代出版社，2019.

114.《何新世界史新论》，现代出版社，2019.

关于何新的评论与研究

1.《何新批判——研究与评估》，四川人民出版社，1998.

2.《中国高层智囊》，陕西师范大学出版社，2001.

3.《中国高层文胆》（西隐著），浙江人民出版社，2008.

4.《何新批判与研究》（倪阳著），北京师范大学出版集团，2016.